D1727719

FINNISCHER SOMMER

SANNE HIPP

© 2021 Sanne Hipp

Überarbeitete Auflage

sanne.hipp@outlook.de

Buchcoverdesign: Sarah Buhr / www.covermanufaktur.de unter Verwendung Stockgrafiken von A_mikhail; Grisha Bruev; Juro Kovacik / Shutterstock

Bibliografische Information der Deutschen Nationalbibliothek:

Die Deutsche Nationalbibliothek verzeichnet diese Publikation in der Deutschen Nationalbibliografie; detaillierte bibliografische Daten sind im Internet über http://dnb.d-nb.de abrufbar.

Herstellung und Verlag: BoD - Books on Demand, Norderstedt

ISBN (Paperback): 978-3-754-34777-5

Piialle,
suomalaiselle vaimolleni.

KAPITEL 1

*L*enja Tirilä war eine glückliche Frau.

Hätte man sie im Zuge der Datenerhebung beim *World Happiness Report* zu ihrem persönlichen Glücksempfinden befragt, hätte sie es sicherlich mit neun, wenn nicht sogar mit zehn angegeben, gemessen mit einer numerischen Skala von null bis zehn.

Denn trotz des in Finnland früh hereingebrochenen Herbstes mit seinem Grau-in-Grau und seinem ständigen Regen stellte Lenja beglückt fest, dass ihr Leben wieder funktionierte. Warum auch nicht? Sie war gesund, hatte einen sehr guten Job, ein Haus inmitten von Lahti mit einem Blick zum Hafen und sie hatte genügend Geld, um sich keine finanziellen Sorgen machen zu müssen.

Ihre frühere Unbeschwertheit war dabei zurückzukehren. Es tat nicht mehr weh.

Das Leben war wieder schön.

Nun ja, abgesehen von dem Regen, der seit drei Wochen auf Lahti niederprasselte, Hafen wie Innenstadt in ungemütliche Orte verwandelte, an denen man sich nicht länger aufhielt als nötig. Aber dies war eine Phase, die rasch vorüberging. Bald schon fiele der Schnee. Mit diesem Gedanken tröstete sie sich.

Sie konnte nicht ahnen, dass genau in dieser Trübseligkeit bereits etwas keimte, was ihrem Leben eine Form von Glück bescheren sollte, das auf keiner Skala der Welt zu messen wäre.

Und all das würde geschehen, ganz ohne ihr Zutun. Oder fast ohne ihr Zutun. Oder ohne, dass ihr ihre persönliche Mitwirkung daran bewusst gewesen wäre.

»Mom, ich werde bald dreißig, wenn ich noch Kinder haben möchte, sollte ich jetzt damit anfangen! Und es ist mir egal, wenn ich sie allein großziehe!«

»Shahin, sei doch vernünftig! Was willst du denn allein mit einem Kind? Wer soll denn danach sehen, wenn du zur Arbeit musst? Dein Vater und ich können nicht immer ...« Mutter Gelavêj war dabei, sich in Rage zu reden.

Shahin hörte nicht weiter zu. Hätte sie bloß nicht damit angefangen! Wie waren sie auf das Thema gekommen? Sie wollte doch nur noch rasch in die Küche spicken, um sich zu verabschieden. Es war Freitagabend, der zweite im Monat, und damit derjenige, an dem es bei ihren Eltern kurdisches Essen gab. Eine Tradition, die sie beibehalten hatten, auch nachdem Shahin ihre eigene Wohnung im Personalwohnheim der Klinik bezogen hatte.

Und dann hatte ihre Mutter schon wieder damit angefangen, dass es doch sehr schade war, dass Maijra und sie nicht mehr zusammen waren. Maijra hatte ihr Essen immer sehr gemocht, war so ein gern gesehener Gast gewesen. Ein Wort hatte das andere gegeben. Beide Eltern hatten Maijra als ihre Schwiegertochter bereits fest in ihr Herz geschlossen. Ja, eigentlich hatte es sich Shahin auch vorstellen können, mit ihr eine Familie zu gründen, doch dann hatte sie sich unsterblich in eine andere Frau verliebt.

Mutter Gelavêj holte Luft und feuerte eine weitere Schimpf-Kanonade ab. Sie war ein anschauliches Beispiel für orientalisches Temperament. Shahin war daran gewöhnt. Ihre Mutter war immer anders gewesen als die Mütter ihrer Freundinnen. Doch als Tochter kurdischer Eltern, die vor dreiundzwanzig Jahren nach Finnland gekommen waren, fühlte sie sich mittlerweile so sehr als Finnin, dass ihr stoischer Wille allen Einwänden ihrer Mutter standhalten konnte.

Die Stimme ihrer Mutter hatte sich mittlerweile eine Nuance höher geschraubt. »Dein Vater und ich haben es immer akzeptiert, dass du keinen Mann haben möchtest! Wir sind immer hinter dir gestanden. Sind wir das nicht?«

»Ich möchte nicht nur keinen Mann«, fiel Shahin ihr ins Wort, »ich könnte auch keinen haben, wenn ich einen wollte, Mom. Ich bin LESBISCH!« Auch Shahins Stimme war lauter geworden.

»Warum kannst du nicht bei deiner Freundin bleiben, mit der du Kinder haben könntest? Das muss doch nicht sein, dass du das allein … «

Shahin winkte ab. Es machte keinen Sinn. Sie trat auf den Flur, bereit, das Haus ihrer Eltern zu verlassen.

Ihre Mutter folgte ihr.

»Vielleicht würde Maijra auch zu dir zurückkehren, wenn du sie …«

Shahin verlor ihre Contenance. »Ich werde mit keiner Frau zusammenbleiben, nur, weil ich mir ein Kind wünsche! Das kann ich auch allein! Die Welt ist voll von Alleinerziehenden!«

Ihre Mutter blieb völlig unbeeindruckt. »Maijra hat dich geliebt und vielleicht liebt sie dich noch immer.« Es klang vorwurfsvoll.

»Aber ich sie nicht! Zumindest nicht genug. Sie war nicht die Frau, mit der ich mein ganzes Leben verbringen möchte. Und wenn ich nun warte, bis mir meine Traumfrau über den Weg läuft, werde ich nicht mehr in der Lage sein, Kinder zu bekommen.«

Das mit der Traumfrau, auf die sie nicht länger warten wollte, war nur so dahergesagt. Shahin war ihrer Traumfrau bereits begegnet. Sie war der Grund, warum ihre Beziehung mit Maijra letztendlich auseinanderging. Durch sie war es Shahin bewusst geworden, dass es zu wenig war, was sie für ihre Partnerin empfand. Alles an ihren Gefühlen war ihr plötzlich banal erschienen, im Gegensatz zu dem, was die andere in ihr auslösen konnte.

Leider hatte die andere nichts von ihr gewollt. Auch nach unendlichen Versuchen ihrerseits nicht. Ein Mist war das, mit den Traumfrauen!

Bis sie jemals wieder in der Lage wäre, sich verlieben zu können, würde sie ihren zweitgrößten Wunsch angehen – ein Kind bekommen! Und wer weiß? Vielleicht stellte sich dann auch eine neue Traumfrau ein, eine, die ebenfalls Kinder mochte und sich in eine junge Mutter verliebte? Das Leben ging manchmal seltsame Wege.

»Maijra ist ein guter Mensch. Ein herzensguter Mensch!« Alle Dramatik, zu der ihre Mutter fähig war, lag in diesen Worten.

Shahin hatte mittlerweile ihre Schuhe angezogen und war in ihre Jacke geschlüpft. »Ja, das ist sie. Aber das ist kein ausreichender Grund, um mein Leben mit ihr zu teilen.«

Sie klang resigniert. Ein Schuldgefühl überkam sie. Sie hatte mit ihrer damaligen Entscheidung mehr als nur einen Menschen unglücklich gemacht. Aber Shahins Herz hatte gesagt, dass es richtig war. Und das musste genügen.

»Mit ihr hättest du Kinder haben können. Ein ganzes

Haus voll. Sie hatte einen guten Beruf und sie hätte alles für dich getan! Kind, was erwartest du noch vom Leben?«

Es hatte keinen Wert, mit ihr darüber zu streiten. »Mutter, ich bin noch nicht in dem Alter, in dem man sich arrangiert! Du hast Papa doch auch geheiratet, weil du ihn geliebt hast, oder nicht? Wie war das mit deinem Vetter, mit dem sie dich verkuppeln wollten? Deine eigenen Eltern!«

Ihre Mutter wurde still, sah sie erstaunt an.

»Ich wünsche mir ein Kind. Und ich werde nicht länger damit warten, sonst bin ich bald in den Wechseljahren und dann ist es zu spät.«

»Ach, Shahin!«, Mutter Gelavêj seufzte auf. »Moah!«, rief sie plötzlich. »Moah, wo bist du?«

Er saß im Wohnzimmer, schaute fern.

»Vater wird sich hüten, zu uns zu kommen, wenn wir uns anschreien, Mom. Rede mit ihm, wenn ich weg bin. Mein Entschluss aber steht fest, ob es euch passt oder nicht.«

Mit diesen Worten verabschiedete sie sich und zog die Tür hinter sich zu. Es war sowieso längst an der Zeit zu gehen. Morgen hätte sie Frühschicht und sollte ausgeschlafen sein.

Als sie in ihrem Auto saß, hatte sie das Gefühl, zu viel gesagt zu haben. Das mit dem Kind war ihre Entscheidung – ganz allein ihre! Es ihren Eltern vorab mitzuteilen, war völlig unnötig gewesen. Es reichte aus, sie in Kenntnis zu setzen, wenn sie erst einmal schwanger war! Verärgert startete sie den Motor und fuhr los. Zu schnell. Und dann war da noch so ein langsamer Typ vor ihr. Sie hupte, bereute es aber sofort. Warum nur war sie in letzter Zeit so ungeduldig, so aufbrausend? Wünschte sie sich das Kind nur, um diese Leere in sich zu überwinden? Flüchtete sie sich in eine Mutterrolle?

In Gedanken versunken fuhr sie nach Hause.

An den folgenden Tagen stellte sie sich diese Frage immer wieder. Bei der Arbeit, am Abend als sie allein vor dem Fernseher saß, beim Einkaufen in der Stadt. Warum wollte sie ausgerechnet jetzt ein Kind? Weil sie sich schon seit so vielen Jahren eines wünschte, weil Kinder zu ihrem Lebensplan gehörten und weil sie keine zu alte Mutter sein wollte. Der Zeitpunkt zum Schwangerwerden war gekommen. Sicher wäre es schöner, mit der Frau ihres Lebens eine Familie zu gründen und alles Glück und alle Sorge von Anfang an zu teilen, aber das war nun mal nicht der Fall und es machte keinen Sinn, sich länger darüber zu grämen. Sie könnte es ohne Weiteres schaffen, das Kind allein großzuziehen. Sie hatte einen Beruf mit regelmäßigem Einkommen, eine Wohnung, die ihnen beiden reichen würde. Zumindest für den Anfang. Der Kindergarten der Klinik würde ihr Kind bereits mit wenigen Monaten aufnehmen, aber wahrscheinlich bliebe sie das erste Jahr zu Hause, würde Elternzeit in Anspruch nehmen. Sie hatte für den Fall gespart, dass das Geld nicht reichen sollte.

Sehnsüchtig malte sie sich ihre Zukunft aus, fühlte unbändige Freude in sich aufsteigen. Ein Kind! Ja, sie wollte es zumindest versuchen.

Wieder nahm sie die Broschüre der Samenbank zur Hand. Es war die aktuelle Version jener Broschüre, die sie seit drei Jahren vor den Blicken anderer in ihrem Bücherregal aufbewahrte. Mittlerweile hatte sich die Gesetzgebung in Bezug auf Heiminsemination verändert und die Versendung von Samen an Privatpersonen war nicht mehr so leicht möglich wie noch im letzten Jahr. Die Samenbank verschickte ihre Lieferungen nur noch an sogenannte autorisierte Personen in Heilberufen. Das machte die Sache etwas komplizierter. Sie benötigte nun die Adresse einer Klinik oder einer Arztpraxis, die das Päckchen mit dem in flüssigem Stickstoff eingefrorenen Samen entgegennahm. Eine Klinik kam nicht in Frage. Sie würde auf keinen Fall zu einer der Kinderwunschkliniken gehen. Das war ihr zu steril. Auch eine lesbische Frau hatte das Recht, ihr Kind zu Hause in ihrem Bett zu zeugen wie andere Menschen auch. Für einen Augenblick überlegte sie, sich das Paket an die eigene Klinik nach Lahti schicken zu lassen. Aber dann würde ihr Wunsch, schwanger zu werden, allgemein bekannt werden, und das wollte sie auf keinen Fall. Bliebe noch die Möglichkeit, es an eine Arztpraxis über-senden zu lassen. Shahin überlegte. Sie hatte keinen Gynäko-logen. Es war nie nötig gewesen, einen aufzusuchen. Sie brauchte keine Pille. Warum also zum Arzt, wenn ihr nichts fehlte? Die Umsetzung ihres Kinderwunsches begänne also mit der Suche nach einem passenden Gynäkologen oder besser: einer Gynäkologin.

Die Erste, die ihr einfiel, befand sich im Gesundheitszen-trum der Innenstadt. Und sie kannte sie bereits. Sie war sehr kompetent und ausgesprochen freundlich. Zumindest zu ihren Patientinnen. Aber das wäre sie dann ja auch.

Zudem täte es gut, sie noch einmal zu sehen. Und mit einem Anflug von Melancholie gestand sie sich ein, dass es doch schön wäre, wenn sie wenigstens ein klitzekleines biss-chen an der Verwirklichung ihres Kinderwunsches beteiligt wäre.

Mit diesem Gefühl griff sie zum Hörer und wählte die Nummer des Gesundheitszentrums.

egen peitschte in ihr Gesicht und auf ihre beschichtete Allwetterjacke, die dem Wasser standhielt, aber eiskalte Rinnsale auf ihre Oberschenkel weiterleitete. Innerhalb kürzester Zeit klebte der Stoff ihrer Jeans höchst unangenehm an ihren Beinen. Typisches Novemberwetter für eine finnische Stadt wie Lahti. Lenja bemühte sich, mit ganz normalen Schritten weiter zu gehen, zog sich die Kapuze tiefer ins Gesicht. Bis zum Gesundheitszentrum war es nicht mehr weit. Normalerweise legte sie den Weg zur Arbeit mit dem Auto zurück, aber ausgerechnet bei so einem Wetter musste es in der Werkstatt sein!

Lenja schüttelte sich, als sie einen Block weiter ein großes aus Ziegelsteinen errichtetes Gebäude betrat, kämmte mit den Fingern durch ihr Haar, als sie die nasse Kapuze nach hinten klappte.

»Guten Morgen, Lenja.« Helena blickte vom Tresen der Patientenanmeldung auf. Sie schenkte ihr ein mitleidiges Lächeln.

»Guten Morgen.«

»Wenn das doch schon Schnee wäre«, seufzte Helena. Sie

wusste, wie gerne Lenja mit ihren Skiern auf den Langlauf-loipen des hiesigen Waldes unterwegs war.

»Na ja. Wenigstens ist es kein Hagel, das hat es zu dieser Zeit auch schon gegeben.«

Helenas Antwort beschränkte sich auf ein liebevolles Lächeln.

»Was steht auf dem Programm?«, fragte Lenja, die nun zu ihr an den Tresen trat. Sie warf einen Blick auf den Monitor, auf dem ihr heutiger Terminkalender aufgerufen war.

»Für dich einiges. Fünfundzwanzig sind angemeldet und Shahin wollte auch noch einen Termin bei dir.«

»Shahin?«

»Du kennst sie aus deiner Zeit in der Klinik. Ihr habt zusammengearbeitet.«

»Ah, ja?« Lenja konnte sich an keine Kollegin mit diesem Namen erinnern.

»Passt es dir nicht?«

»Doch, doch. Sie soll nur kommen. Ich wollte heute nur ausnahmsweise pünktlich Feierabend machen. Yrjö hat Karten für die Sibelius-Halle bekommen, für die General-probe, und wollte mich anschließend zum Essen einladen. Ich muss also den Bus um kurz nach sechs bekommen, mein Auto ist in der Werkstatt.«

Helena hörte das, was ihr am wichtigsten war. »Oh, ein Date! Wie romantisch! Bei Kerzenschein im Restaurant der Sibelius-Halle.« Sie strahlte. Für Herzensangelegenheiten war sie immer zu haben. Lenja ließ sie in ihrem Glauben, musste grinsen, als sie Helenas neiderfülltes Gesicht sah. Sie war ein junges Ding mitten in der Suche nach dem Mann ihrer Träume.

»Bis später!« Lenja ging weiter den Flur entlang. Sie betrat die Damenumkleide, froh sich ihrer nassen Kleider entle-digen zu können, hängte sie in den Trockenschrank, schnappte sich Hose und Shirt aus dem Stapel weißer Dienstkleidung.

So angezogen warf sie einen prüfenden Blick in den Spiegel. Die Hose passte perfekt, das T-Shirt war okay so. Sie nahm immer Größe L. Es ließ ihr genügend Bewegungsfreiheit, spannte weder an den Schultern noch an der Brust. Kittel mit langen Ärmeln hatten sie aus hygienischen Gründen schon lange abgeschafft. Alle hier, egal welcher Berufsgruppe sie angehörten, trugen Shirts und Hosen mit praktischen Außentaschen. Lenja föhnte noch eine Minute über ihr Haar, verließ die Umkleide, stieg die Treppen nach oben in den dritten Stock, in dessen östlichem Flügel sich drei gynäkologische Behandlungszimmer befanden.

Ihre erste Patientin saß schon auf einem der Stühle im Gang vor ihrem Zimmer. Lenja wünschte ihr einen Guten Morgen: »Huomenta! Du kannst gleich mit reinkommen.« Sie steckte ihren Schlüssel ins Schloss, öffnete die Tür, neben der ein kleines weißes Schild angebracht war.

Dr. med. Lenja Tirilä, Fachärztin für Frauenheilkunde und Geburtshilfe.

Der Morgen verging und ihre Patientinnen gaben sich die Klinke geradezu in die Hand. Lenja führte Gespräche, führte Untersuchungen durch, wechselte Einmal-Unterlagen, wusch sich die Hände, tippte Daten in den Laptop, rief die nächste Patientin herein, ganz im Takt ihrer alltäglichen Routine.

Ihr Ruf, patientenfreundlich zu sein, war nicht allein der Grund, warum sie immer maximal ausgebucht war. Das wäre wahrscheinlich genauso der Fall, wenn sie unfreundlich und grob wäre. Die medizinische Versorgung Finnlands hatte sich im Laufe der letzten Jahre verschlechtert. Viele Mediziner waren aufgrund besserer Verdienstmöglichkeiten ins Ausland abgewandert, meist nach Schweden oder Norwegen. Für Lenja jedoch stellte sich die Frage nach einem Ortswechsel nicht. Ein Leben außerhalb Finnlands wäre ihr auf Dauer unmöglich. Sie brauchte die Luft hier, die Seen, den Schnee ... wenn er doch bald käme!

Bis zum Mittag war sie bei Nummer siebzehn, ohne auch nur eine einzige besondere Diagnose gestellt zu haben. Für die erfahrene Klinikärztin beinahe etwas langweilig. Vor gut einem Jahr hatte sie sich entschieden, vom Krankenhaus ins Gesundheitszentrum der Innenstadt zu wechseln. Manchmal fehlte ihr nun die stationäre Umtriebigkeit. Aber egal! Hier wurde sie gebraucht. Mit ihren Sprachkenntnissen war sie für die Betreuung ausländischer Patientinnen im Gesundheitszentrum nicht mehr wegzudenken. Und, wenn sie ehrlich war, genoss sie die Vorzüge einer Kernarbeitszeit und damit verbunden einem planbaren Feierabend.

Zu Mittag verzichtete sie auf ein Essen in der Stadt, trank eine Tasse Kaffee mit einem Kollegen, holte sich aus der Kantine ein Brötchen dazu.

Bis um fünf Uhr war sie sich noch sicher, dass sie es schaffen würde, den Achtzehn-Uhr-Bus zu bekommen. Zehn Minuten später wäre sie zu Hause. Sie könnte sich noch umziehen und stylen und es zum Bus um zwanzig vor sieben in Richtung Sibelius-Halle schaffen. Dann wäre sie gerade pünktlich genug, um noch eingelassen zu werden.

Dann kam Shahin.

Und mit ihrem Eintreten erinnerte sich Lenja wieder an die Kinderkrankenschwester. Sie war eine Kollegin von Paula, der leitenden Schwester der Wöchnerinnen- und Neugeborenenstation. Merkwürdig, dass sie mit ihrem Namen nichts mehr hatte anfangen können. Vielleicht lag es daran, dass Lenjas Kollege, Doktor Matti Ruhonnen, sie immer anders genannt hatte: Miss Finnland. Er war der Meinung, Shahin sei die schönste Frau Finnlands. Lenja hatte ihn deswegen oft und gerne auf den Arm genommen.

»Moi«, grüßte Lenja auffallend einsilbig.

»Moi! Danke, dass du mich so rasch eingeschoben hast.« Shahins große dunkle Augen funkelten sie an.

»Das war Helena, unsere Sekretärin, die dich eingeschoben hat. Du hattest erwähnt, dass wir uns von der Klinik her kennen, das hatte sie wohl dazu veranlasst, dir möglichst rasch einen Termin zu geben.«

Shahins Lächeln verlor etwas von seiner Strahlkraft.

»Was führt dich zu mir?«, fragte Lenja ganz direkt.

Shahin suchte nach einem passenden Anfang. Die Ärztin lehnte sich etwas zurück, musterte ihre Patientin eingehend und wartete auf eine Antwort. Trotz der inneren Ablehnung, die sie ihr entgegenbrachte, drängte sich ihr die Frage auf, ob Shahins lange Wimpern ein Naturprodukt waren oder Resultat gekonnten Schminkens. Das lange glänzende Haar der Kinderkrankenschwester fiel ihr offen über die Schultern. Es schien in den letzten zwei Jahren noch voller geworden zu sein. Zugegeben, eine Frau, die durchaus eine Chance auf den Sieg einer Miss-Wahl gehabt hätte. Und merkwürdigerweise tat sich diese perfekte Miss Finnland irgendwie schwer, endlich zu ihrem Anliegen zu kommen. Lenja dachte an den Achtzehn-Uhr-Bus und half etwas nach.

»Raus mit der Sprache, wo drückt der Schuh?«

»Ich kenne dich aus der Klinik als eine sehr umgängliche und kompetente Ärztin ...«

Lenja lachte auf. »Na, bei der Einleitung bin ich gespannt, was jetzt kommt.«

Shahin holte Luft. »Ich möchte ein Kind haben.«

Immer noch belustigt zog Lenja eine Augenbraue hoch, fragte das, was naheliegend war: »Wie lange versucht ihr es denn schon?«

»Wie meinst du das?« Shahin schien irritiert.

War diese Frage zu unhöflich? Lenja hatte angenommen, sie konnte so mit ihr reden. Sie korrigierte sich sofort. »Wann hast du die Pille abgesetzt?«

»Ah!« Shahin lächelte entschuldigend. »Ich nehme keine Pille. Ich schlafe nicht mit Männern.«

Lenja sagt nichts dazu.

»Für mich waren schon immer Frauen das erotischere Geschlecht. Ich hatte angenommen, als ehemalige Klinikmitarbeiterin wüsstest du das.«

Ach! Für einen Moment war Lenja wirklich verblüfft. In einem ersten Gefühl bedauerte sie ihren Kollegen von ganzem Herzen, der Shahin immer für eine Wahnsinnsfrau gehalten hatte. Für Lenja hingegen gehörte zu einer Wahnsinnsfrau einiges mehr als nur ihr Aussehen: Kompetenz, Teamgeist, Engagement. Davon schien Shahin wenig zu haben. Lenjas Schulter machte eine Bewegung des Bedauerns. »Ich bin nicht über alle sexuellen Orientierungen meiner ehemaligen Kollegen auf dem Laufenden.«

Der letzte Rest von Shahins Lächeln erlosch. Sie strich sich irritiert die Haare hinter das Ohr.

»Bist du out in der Klinik?« Das interessierte Lenja nun doch, da es sie wunderte, nichts davon mitbekommen zu haben.

»Eigentlich ja. Ich bin davon ausgegangen, es wäre dir bekannt«, wiederholte sich Shahin. »Manches in der Klinik spricht sich ja schnell herum.« Es klang wie eine Entschuldigung. Mit beiden Händen fasste sie wieder in ihr Haar, um es einen Augenblick später wieder loszulassen.

Jetzt erst bemerkte Lenja, wie nervös ihre Patientin war. Sie registrierte es mit Wohlwollen. Es ließ diese perfekt anmutende Frau menschlicher erscheinen. »Was sagt deine Partnerin zu deinem Wunsch?«

Shahin hielt inne in ihrer Bewegung. »Ich habe keine Partnerin.«

»Die Entscheidung, ein Kind zu bekommen, triffst du also allein?« Lenja runzelte die Stirn.

»Ja. Also … wenn ich von meiner Mutter und meinem

Vater absehe, die sich über einen Enkel freuen würden.« Bestimmt würden sie das tun, wenn ich erst einmal schwanger bin, korrigierte sie sich in Gedanken. Ihre Eltern bräuchten einfach noch ein bisschen Zeit.

Lenja präsentierte ihr nachsichtiges Ärztelächeln. »Und was genau führt dich jetzt zu mir?«

»Ich hatte gehofft, du würdest mir dabei helfen. Ich benötige eine klinische Adresse, die das Päckchen der Samenbank annimmt.«

Shahins Augenaufschlag war perfekt. Lenja spürte Unwillen in sich aufsteigen. »Warum gehst du damit nicht einfach zu deinem bisherigen Gynäkologen?«

Shahin schien auf diese Frage gewartet zu haben. »Ich war noch nie bei einem Frauenarzt.«

»Was?«, entfuhr es Lenja. Sie warf einen Blick auf das Geburtsdatum auf dem Etikett der Patientenakte. Shahin war neunundzwanzig Jahre alt. »Du hast dich noch nie untersuchen lassen?«

Shahin schüttelte den Kopf. »Es gab nie einen Grund dafür.«

»Du hattest nie irgendwelche Menstruationsbeschwerden, Infekte oder irgendetwas?«

»Nein.«

»Und auch nie eine Vorsorgeuntersuchung machen lassen?«

»Nein.«

Lenja musterte die Frau, die ihr gegenübersaß, mit ungläubigem Blick. Konnte man so wenig Verantwortung zeigen? Und jetzt kam sie, weil sie eine Ärztin brauchte, die ihre Spendersamen entgegennahm? Shahin war ihr schon in der Klinik immer mehr wie eine Diva erschienen, je länger sie zusammengearbeitet hatten. Eine Frau, die sich ständig in den Vordergrund drängte. Seit sie zum Team der Säuglingsstation gehörte, war sie es immer, die Lenja bei der Arztvisite begleitete, die sie anrief, wenn es irgendein Problem gab. Dabei war doch Paula die verantwortliche Schwester gewesen.

»Und jetzt möchtest du also schwanger werden.« Lenja sprach es aus, als habe Shahin den Wunsch geäußert, sich einen Golden Retriever anzuschaffen.

»Ja.«

Lenja beugte sich vor. Es war an der Zeit für ein paar deutliche Worte. »Die Verantwortung für ein Kind heißt zuerst einmal, Verantwortung für sich selbst zu übernehmen. Es gibt auch andere Gründe für eine ärztliche Untersuchung, zum Beispiel die Krebsvorsorge. Ich denke, damit könntest du anfangen.«

Shahin wollte etwas sagen. Die Ärztin ließ es nicht zu.

»Und die Entscheidung für ein Kind empfehle ich dir mit einer Partnerin gemeinsam zu fällen, da ich die Entscheidung dafür für so weittragend halte, dass sie nicht von einer Person allein gefällt werden sollte.«

Jetzt, wo sie schwieg, sagte auch Shahin nichts mehr, sah sie nur an. Lenja wollte ihrer Patientin auch den letzten Rest ihrer persönlichen Meinung nicht vorenthalten. »Ich denke nicht, dass du ein Problem damit haben könntest, eine Partnerin zu finden, die mit dir gerne deinen Wunsch nach einem Kind realisiert.«

Vor ihr saß die fleischgewordene Fantasie jeder frauenliebenden Frau. Oder zumindest sehr vieler frauenliebenden Frauen.

Etwas in Shahins Augen blitzte auf. »Ich suche keine Partnerin für mein Kind, auch wenn noch so viele Frauen dafür in Frage kämen«, sagte sie ungehalten.

Lenja hob eine Augenbraue. Sie würde sich jetzt nicht auf eine Diskussion über einen polyamourösen Lebensstil einlassen.

Beide Frauen maßen sich mit Blicken.

So ernst hatte sie Shahin noch nie gesehen. Lenja hätte nicht sagen können, welches Gesicht ihr besser gefiel, das mit dem Schauspielerinnenlächeln oder die ernste Version. Aber auch so hatte Shahin eine sehr starke Ausstrahlung. Jetzt nickte sie wie zum Zeichen, dass sie ihre Meinung durchaus akzeptierte. Ihre Lippen öffneten sich und beinahe sanft fragte sie: »Deine ablehnende Reaktion hat aber nichts damit zu tun, dass ich lesbisch bin, oder etwa doch?«

Lenja gab ihrer ersten Gefühlsregung nach und gab ein kurzes, trockenes Lachen von sich. Es war von besonderer Komik, dass ausgerechnet ihr dieser Vorwurf gemacht wurde, lesbische Frauen zu benachteiligen.

Shahin missverstand ihre Gemütsregung. Sie nahm wohl an, Lenja machte sich über sie lustig.

Die Ärztin bemerkte noch, wie sie nach ihrem kleinen Rucksack griff, ihn an sich heranzog, als gewähre er ihr Schutz. Lenja beobachtete es mit Verwunderung, wenn nicht sogar mit Rührung. Noch während sie eine passende Antwort formulierte, die nicht zu viel von ihr selbst offenbarte, stand Shahin auf, hängte sich den kleinen Rucksack über die Schulter.

»Es war nicht meine Absicht, dir deine Zeit zu stehlen. Entschuldige. Einen schönen Abend noch.« Sie versuchte zu lächeln und war aus dem Zimmer, ehe Lenja das Ende ihres Gesprächs bedauerte. Nach kurzem Nachdenken ließ sie sich dazu hinreißen, etwas zu tun, was sie in ihrer ganzen Laufbahn als Ärztin noch nicht gemacht hatte: Sie lief ihrer Patientin hinterher, holte Shahin auf dem Gang ein. Sie ergriff ihren Arm.

»Warte, Shahin! Einen Augenblick!«

Shahin versuchte das Feuchte in ihren Augen vor ihr zu verbergen und das schlechte Gewissen überkam Lenja mit voller Wucht.

»Es tut mir leid, ich wollte dich nicht verletzen«, sagte sie ungeachtet zweier anderer Frauen, die auf den Stühlen in ihrer unmittelbareren Nähe saßen. »Komm noch einmal für einen Moment zu mir herein«, sagte Lenja und geleitete sie zurück zum Behandlungszimmer.

»Bitte, nimm Platz und lass uns von vorne beginnen. Ich mache mich nicht darüber lustig, dass du frauenliebend bist. Ich habe diesbezüglich auch keinerlei Vorbehalte. Wenn ich ein Problem mit deinem Kinderwunsch habe, dann lediglich deshalb, weil du alleinstehend bist. Aber das ist nur meine persönliche Meinung. Als Ärztin habe ich das nicht zu entscheiden, was du mit deinem Leben anstellst.«

Da ihre Patientin keine Anstalten machte, sich irgendwie zu äußern, redete Lenja weiter: »Aber das sollte uns nicht davon abhalten, dein Anliegen mit der notwendigen Gründlichkeit zu besprechen.« Es war vor allem eine Mahnung an sie selbst. Es wurde ihr erst bewusst, als sie es ausgesprochen hatte.

Shahin wischte sich verstohlen über die Augen und Lenja ertappte sich dabei, nach Spuren von verwischtem Eyeliner oder Wimperntusche zu suchen. Aber da war nichts. Als die dunkle Frau sie mit tränennassem Blick ansah, verschlug es ihr beinahe die Sprache.

»Und du glaubst, dass ich mir nicht ausreichend darüber Gedanken gemacht habe?«, fragte Shahin leise.

»Ja«, sagte Lenja knapp. Etwas in ihr blockierte weitere Ausführungen.

»Du liegst falsch. Ich habe mir sehr lange und sehr viele Gedanken darüber gemacht. Und Finnland bietet genügend Möglichkeiten, ein Kind auch allein großzuziehen.«

Lenja holte tief Luft. Sammelte sich. Fragte dann noch einmal nach, was sie partout nicht begriff.

»Warum machst du das allein, Shahin? Warum wartest du nicht, bis du einer Partnerin die Chance gibst, von Anfang an dabei zu sein?«

»Meine biologische Uhr tickt, ich kann und will nicht länger warten.«

Lenja schüttelte den Kopf. »Heutzutage sind Erstgebärende schon mal vierzig. Da hättest du etliche Jahre Zeit, deine ...«

»Ich habe mich mit meinem Kinderwunsch nun schon einige Jahre auseinandergesetzt. Ich habe mich bereits entschieden, es zu versuchen«, unterbrach Shahin sie sanft, aber bestimmt.

»Okay«, räumte Lenja ein, »du brauchst nicht mit mir darüber zu reden, wenn du es nicht möchtest. Ich hatte ja auch schon gesagt, es ist deine Privatangelegenheit, was du mit deinem Leben machst. Nur so viel, damit ich mir sicher bin: Dein Wunsch nach einem Kind entspringt nicht aus einer Frustration heraus und ist auch kein Partnerinnenersatz?«

»Nein. Ich wünsche mir einfach ein Kind.« Ihr Blick verschloss sich, als sie weitersprach. »Ich habe sogar schon einmal mit einem Mann geschlafen, in der Hoffnung, schwanger zu werden. Es hat aber nicht funktioniert.«

Es tat beinahe weh, wie sie es sagte. Sie hatte überhaupt nichts mehr von einer Diva an sich und Lenja verurteilte sich selbst dafür, so etwas jemals angenommen zu haben.

»Obwohl du Männer nicht als erotisch empfindest?«

»Ja. Ich habe es trotzdem getan.«

Lenja wandte ihren Blick ab. Mit jemandem ins Bett zu gehen, nur aus dem Wunsch, ein Kind zu bekommen, und nichts dabei zu empfinden, war für sie eine schreckliche Vorstellung. Wie sehr musste sich Shahin wirklich ein Kind wünschen? Innerlich tat sie zum zweiten Male Abbitte dafür, sie so ungerecht behandelt zu haben, und war dankbar für die Entscheidung, sie ins Behandlungszimmer zurückgeholt zu haben.

Ein Verdacht stieg in ihr auf. War es vielleicht sogar ihr

Kollege gewesen, der damals so hoffnungslos von ihr geschwärmt hatte? Lenja verdrängte diesen Gedanken, stellte eine letzte Frage, die ihr wichtig war. »Warum stellst du dich nicht bei einer der Fertilitätskliniken vor? In Jyväskylä gibt es eine gute oder in Helsinki.«

»Ich möchte dafür nicht in die Klinik. Das ist mir zu steril. Ich möchte gerne in möglichst natürlicher Umgebung ...« Ihre Stimme verebbte.

»Aber die Klinik wäre die Variante mit der größten Chance, du wirst hormonell vorbereitet, der aufgearbeitete Samen wird dir direkt in die Gebärmutter eingespritzt ...«

»Nein. Auf keinen Fall. So möchte ich das nicht. Ich hatte immer gehofft, auch als lesbische Frau ginge das irgendwie natürlicher ...«

»Gut.« Lenja wollte es in aller Deutlichkeit von ihr hören. Sie nickte. Wenn es denn der Wunsch ihrer Patientin war, so sollte sie das Recht haben, es auszuprobieren.

Sie sahen sich an und Lenja wusste, sie hatte etwas wiedergutzumachen. Sie räusperte sich.

»Ich biete dir meine Unterstützung an, allerdings unter einer Bedingung: Wir machen zuerst einen grundlegenden Gesundheitscheck.« Lenja lächelte ihre Patientin an. »All das ist eine Kassenleistung und steht dir zu, aber letztendlich ist es natürlich deine Entscheidung.« Lenja sah ihre Patientin gerade heraus an, wartete auf ihre Antwort.

»Ja, natürlich«, sagte Shahin. »Es wäre sowieso mein Wunsch gewesen.« Ihr Lächeln war in ihr Gesicht zurückgekehrt.

Lenja wunderte sich, dass sie darüber erleichtert war.

»Wir sehen uns also nächste Woche oder wann immer du einen Termin bekommst.«

Shahin erhob sich.

Ihr Gespräch war beendet und im Gegensatz zu dem Ersteren war Lenja mit seinem Verlauf sehr zufrieden.

»Einen schönen Abend noch und bis demnächst!«, sagte Lenja. Ihr Blick wurde vom Bildschirmschoner ihres Monitors angezogen: Viertel nach sechs. So ein Mist! Den Bus hatte sie nun verpasst. Sie hörte nur beiläufig Shahins Abschiedsgruß, und als sie aufsah, stand ihre Patientin immer noch so da.

»Was ist passiert?«, fragte sie.

»Bitte?«, fragte Lenja in einem ersten Impuls, antwortete dann jedoch ehrlich: »Nichts Schlimmes. Ich habe lediglich meinen Bus verpasst.«

»Oh!«, sagte Shahin betroffen. Natürlich konnte sie sich zusammenreimen, woran dies lag. Sie machte keine großen Worte um das, was sie ihr anbot. »Mein Auto steht gleich um die Ecke.«

Lenja überlegte. Aus Prinzip hätte sie das Angebot sofort abgelehnt, andererseits würde sie es mit dem nächsten Bus nicht mehr schaffen. Für einen Moment wog sie den Gedanken ab, sich ein Taxi zu rufen, aber seit deren Zentrale ins Reisezentrum ans andere Ende der Stadt umgezogen war, war der Ruf nach einem Taxi zu einer langwierigen Sache geworden. Jetzt lief sie wirklich Gefahr, die Aufführung zu versäumen. »Das wäre wunderbar, wenn du mich nach Hause fahren könntest. Es ist nicht weit«, sagte sie gegen all ihre inneren Widerstände.

»Ich warte unten am Eingang auf dich, dann kannst du hier in aller Ruhe zum Ende kommen«, schlug Shahin vor.

Es tat gut, wie sie es sagte.

»Danke«, kam der Ärztin ganz leicht über die Lippen. Sie wunderte sich darüber. Shahin nahm Jacke und Tasche an sich und verschwand.

KAPITEL 3

*L*enja konzentrierte sich, gab für heute abschließende Daten in den Rechner, fuhr ihn herunter, raffte ihre persönlichen Sachen zusammen und verließ das Behandlungszimmer. Die Putzfrau würde abschließen, nachdem sie gewischt hatte.

»Hei hei, bis morgen!«, rief sie in Richtung Patientenanmeldung, aber da war keiner mehr, der ihren Gruß erwiderte. Helena war schon fort, die Anmeldung verwaist.

Shahin wartete, wie versprochen, vor der Tür. Ihre Hand wies einladend in die Richtung, in der ihr Auto parkte.

»Das ist wirklich sehr nett von dir, mich zu fahren. Mein Auto ist ausgerechnet heute in der Werkstatt und ich sollte pünktlich der Sibelius-Halle sein, bevor sie die Türen schließen.«

»Was schaust du dir an?«

»Eine Aufführung der Sinfonia Lahti. Eigentlich ist es eine Generalprobe für das kommende Jahr zum Jubiläum.«

»Ah! Zum hundertjährigen Bestehen Finnlands!« Shahin schien beeindruckt. »Du hast Beziehungen dorthin?«

»Meine Begleitung kennt einen der Musiker.«

»Ah.« Shahin verstand. Sie waren da. »Dahinten, der kleine Rote.« Sie zeigte auf einen alten schwedischen Mittelklassewagen, der etwas unglücklich zwischen zwei Geländewagen eingequetscht war. Zudem steckte noch ein kleiner Zettel hinter seinem Scheibenwischer. Shahin nahm ihn an sich, warf nur einen knappen Blick darauf.

»Mist, sie erwischen mich immer«, war ihr ganzer Kommentar dazu. Sicherlich eine Verwarnung in Höhe von fünfzehn Euro. In Lahti überwachte die Polizei den ruhenden Verkehr sehr genau.

»Ich hatte vorhin nicht das passende Kleingeld und keine Zeit mehr zu wechseln.«

Damit war das Thema beendet und sie ärgerte sich nicht weiter. Beeindruckt von solchen Nehmerqualitäten stieg Lenja ein. Es roch angenehm im Inneren des Autos, nach Lavendel oder etwas in der Art.

Lenja nahm ohne zu fragen den Zettel der Stadtverwaltung an sich, den Shahin auf die Mittelkonsole gelegt hatte, um sich anschnallen zu können. »Lass mich das machen. Als Dankeschön fürs Heimfahren.«

»Neeein!«, wehrte Shahin ab, versuchte in einem ersten Reflex, den Bußgeldbescheid zurückzuerobern. Es wurde kein Gerangel daraus, dazu kannten sie sich zu wenig.

»Ich übernehme es gerne«, entschied Lenja, die ihr keine Chance gab, danach zu fassen.

Shahins Widerstand verebbte nur langsam. Lenja lachte innerlich. Es machte ihr zunehmend Spaß mit der Frau, die sich so ganz anders verhielt, als sie angenommen hatte. »Wenn du jetzt bitte losfahren würdest. Ich habe es nämlich eilig.«

Shahin atmete hörbar aus, startete widerstrebend den Motor, parkte souverän aus der engen Lücke aus, indem sie einmal vor und zurück rangierte und ließ sich vom Feierabendverkehr mittreiben. Lenja schaute bangend auf das

Display des kleinen Autos. 18:25. Um zwanzig vor sieben fuhr ihr Bus in Richtung Hafen. »Ich wollte eigentlich noch duschen, aber das wird zu knapp.«

Shahin warf ihr einen Blick von der Seite zu. »Umziehen genügt völlig.« Ihr Lächeln hatte einen merkwürdigen Ausdruck, fast etwas wehmütig. Als Lenja noch irritiert darüber nachdachte, drückte Shahin prompt auf die Bremse. Autos hupten zornig.

»Was ist los?« *Bitte, lass es gleich weitergehen!*, flehte Lenja in Gedanken.

»Ich schätze, das ist der Rückstau von der Baustelle am Marktplatz«, sagte Shahin.

»Die ist doch viel weiter vorne.« Das ging doch schon seit Monaten so.

»Etwas anderes kann es nicht sein. Immerhin ist es jetzt fertig, das Parkhaus. Stand zumindest so in der Zeitung.«

Lenja erinnerte sich, es gelesen zu haben. Die vielen Autos in der Innenstadt konnten nun direkt unter dem Marktplatz parken. Dabei hatte man gleich das gesamte Kopfsteinpflaster neu gestaltet. Natürlich wurden alle Marktstände für diese Zeit aus der Stadtmitte verbannt und Lenja fragte sich, ob diese jemals wieder zurückkehren würden. Viele von ihnen hatten sich mittlerweile nach anderen Verdienstmöglichkeiten umgesehen oder mussten die Direktvermarktung ganz einstellen.

Shahin stellte den Motor ab. »Mist.« Ihr Tonfall war sympathisch verzweifelt. »Wann kommt dein Bus in Richtung Sibelius-Halle?«

»Ich fürchte, zu bald«, stöhnte Lenja, schaute sich um. Nichts bewegte sich. Wäre sie allein gewesen, hätte sie ihrem Unwillen lautstark kundgetan, so jedoch riss sie sich zusammen. Sie erspähte einen Polizisten, der durch die stehenden Autoreihen ging und Informationen weitergab. Schließlich hatte er auch sie erreicht, grüßte Shahin durch die heruntergelassene Scheibe: »Päivää! Geht gleich weiter. Vorne wird ein schweres Gerät aus dem Baustellenbereich rangiert. Dauert nur ein paar Minuten.«

Nach zehn Minuten, die sie mit Small Talk überbrückten und Erinnerungen vom Krankenhaus austauschten, standen sie immer noch. Shahin hatte die Lüftung auf die höchste Stufe geschaltet. Die Scheiben waren von innen beschlagen. Fußgänger eilten an ihnen vorbei, überquerten mit gesenkten Köpfen die Straße, schlängelten sich zwischen die stehenden Autos hindurch.

»Warum muss das Rangieren ausgerechnet während der Hauptverkehrszeit stattfinden?« Lenja rieb sich die kalt gewordenen Hände, unterdrückte wieder ein Fluchen. Ein Blick auf das Display frustrierte sie. Auch wenn der Verkehr demnächst wieder fließen sollte, waren sie noch zehn Minuten von ihrem Zuhause entfernt. Innerlich formulierte sie bereits eine Entschuldigung für Yrjö, denn nun war es auch für ihn zu spät, um nach einer Ersatzperson zu suchen. Er würde sich das Konzert allein ansehen müssen, wenn sie es wirklich nicht schaffte.

Es ging voran. Hoffnung keimte in ihr auf. Shahin spürte ihre Anspannung, machte ihr einen Vorschlag. »Wenn du möchtest, warte ich, bis du fertig bist und fahre dich zum Hafen hinunter. Ich bin heute Abend nur noch zum Essen bei meinen Eltern eingeladen und da kommt es auf eine halbe Stunde nicht an. »Also, wenn du möchtest ...«

»Nein danke, das ist nicht nötig«, antwortete Lenja, bevor sie über das Angebot überhaupt nachgedacht hatte.

Die Frau am Steuer fuhr schweigend weiter.

Sie hatte sehr schöne Hände, bemerkte Lenja mit einem Blick in Richtung Lenkrad. Helle, wohlgeformte Nägel, sorgfältig maniküft, die sich bei ihrer dunklen Haut deutlich abzeichneten. Mokkafarbene Hände. Der Anblick tat ihr weh. Sie sah weg.

»Da vorne bitte rechts und die nächste gleich wieder links.«

Shahin gab Gas, fuhr so schnell wie möglich. Lenja hielt sich fest. »Am Kreisel geradeaus und beim Einkaufscenter links rein. Dann sind wir da.«

Kurze Zeit später standen sie vor Lenjas Haus. Ein typisch finnisches Holzhaus, gelb gestrichen, mit weißen Fensterrahmen und einem großen, wenn auch wenig gepflegten Garten. Es stand in einer Wohngegend, die für Familien typisch war, mit Spielplätzen, nahe am Wald, nicht zu weit weg vom Hafen. Lenja wusste, dass sie nicht hierher passte, denn sie wohnte allein hier. Aber sie hatte das Haus Anfang des Jahres mit überzogenen Erwartungen gekauft. Mit völlig überzogenen Erwartungen, wie sich herausgestellt hatte.

»Vielen Dank, Shahin, das war sehr nett von dir. Wir sehen uns, ja?« Sie wollte schon aussteigen, erfüllt von dem Willen, es auf jeden Fall zu versuchen, ihren Bus zu erreichen. Vielleicht hatte er ja Verspätung. Die Bushaltestelle war nur ein paar Meter von ihrem Haus entfernt, sie würde ihn kommen sehen.

Sie öffnete schon den Mund, um sich höflich zu verabschieden, doch da fuhr ein Bus vor, hielt zwanzig Schritte von ihnen entfernt. Seine Bremsen quietschten, der laufende Motor ließ seinen starren Körper vibrieren, die hintere Türe öffnete sich, spuckte eine einzige Person aus, dann schloss sie sich wieder. Er fuhr weiter und hinterließ eine Wolke schweren Dieselgeruchs. Lenja hatte seine Nummer gelesen, die in großen roten Ziffern entgegenleuchtete: 43. Sie wusste, sein Ziel würde der Hafen sein, wo sich auch die Sibelius-Halle befand. Sie seufzte nicht einmal mehr.

Shahin lachte. Aus tiefstem Bauch, ohne Rücksicht auf Lenjas Frustration. Trotz allem, es klang voll und warm. Das Aufblitzen ihrer goldenen Teilkrone im vorderen Backenzahnbereich fiel Lenja überflüssigerweise auf.

»Entschuldige«, erschrak Shahin über ihre eigene Reaktion, legte rasch eine ihrer schönen Hände auf den Mund. »Aber du hast gerade so ...« Sie sagte es nicht. Stattdessen schenkte sie Lenja ein Lächeln, das dazu taugte, ihr alles zu verzeihen, was sie jemals angestellt hatte und auch zukünftig anstellen würde. Und es war völlig echt, kein bisschen aufgesetzt. Shahin hatte wirklich sehr schöne Zähne und sinnlich geschwungene Lippen. Warum sollte sie es auch verbergen, nur weil es dazu geeignet war, in ihren Mitmenschen heimliche Wünsche zu erwecken?

»Wie gesagt, ich warte jetzt gerne und bringe dich auch gerne runter zum Hafen«, sagte dieser Mund nun sehr förmlich zu ihr.

Lenja gab auf. »Darf ich dich hereinbitten? Drinnen wartet es sich angenehmer.«

»Aber sehr gerne.« Entgegenkommend zog Shahin den Schlüssel ab und stieg aus. Lenja war ihr dankbar dafür, dass sie kein großes Aufheben darum machte.

Sie schloss die Haustür auf, streifte hastig ihre Schuhe ab. »Komm rein, mach's dir bequem. Du brauchst deine Schuhe nicht auszuziehen, das lohnt sich nicht. In der Küche findest du was zu trinken. Bedien dich!« Damit eilte sie die Treppe nach oben und überließ Shahin sich selbst.

Shahin zog trotzdem ihre Schuhe aus, durchschritt die Diele, sog die Atmosphäre des Hauses geradezu in sich ein. Sie schwärmte vom Landhausstil, von Holzdielen und registrierte mit Begeisterung die bunten, grob gewobenen Teppiche, die in der Diele und im Wohnzimmer lagen. Ein breites Sofa lud zum Verweilen ein. Alles war sehr sauber. Vielleicht lag der Eindruck auch daran, dass es nicht viel war, was dieses Haus ausfüllte. Es fehlte die Unordnung, die eine Familie verursachte: durcheinandergewürfelte Schuhe im Eingangsbereich, eine überquellende Garderobe, Spielzeug, das im ganzen Haus verteilt war.

»Du wohnst hier allein?«, fragte Shahin erstaunt. Dann wurde ihr erst bewusst, dass Lenja schon längst im oberen Stockwerk war. Ja, beantwortete sie sich die Frage selbst. Die Ärztin musste hier allein leben.

Völlig in ihre Betrachtungen versunken, schlüpfte Shahin aus der Jacke und legte sie auf die nächstbeste Stuhllehne. Sie entdeckte einen Kaminofen, der den Übergang vom Essbereich zum Wohnzimmer darstellte, sah die gemütlichen Sitzkissen, die jetzt aufgestapelt an der Seite lagen. Sie konnte ihre Neugier nicht bezwingen und ihre Blicke fanden zum Bücherregal. Das also las sie! Bücher über Musik, Kultur, Bibeln. Erfreut entdeckte sie einen Koran, daneben Fotobücher, Kunstbände und alle Bücher der Mumins. Shahin lachte. Wie süß! Dann senkte sie plötzlich den Blick. Was sie machte, gehörte sich nicht. Ihre Eltern würden sich für sie schämen. Sie ging in die Küche, sich etwas zu trinken holen. Lenja hatte es ihr angeboten. Sie war entzückt von den blau gestrichenen Hängeschränken, den Arbeitsflächen aus grauem Granit, dem steinernen Spülbecken. Sie öffnete den Trockenschrank über der Spüle, der noch Teller, Gläser und Tassen enthielt, entnahm ein Glas, hielt es unter den Wasserhahn und trank voller Wohlbehagen. Der Gedanke drängte sich ihr auf, dass bis vor Kurzem Lenja aus diesem Glas getrunken hatte. Vielleicht gestern oder heute Morgen.

Von ihren Gefühlen aufgewühlt, setzte sie sich auf einen der Stühle im Essbereich und wartete.

»Ich komme! Bin schon fertig!« Lenja polterte die Treppe herunter. Alles an ihr zeugte von höchster Eile, bot einen merkwürdigen Kontrast zu der Frau, die ganz ruhig auf einem der Stühle saß. Rasch erhob sie sich nun, zog ihre Jacke an, während Lenja ihre Pumps aus dem Schuhregal zog.

Sie musste sich bücken, um sie anzuziehen. Shahin beobachtete sie dabei. Lenja trug Seidenstrümpfe und einen engen schwarzen Rock mit passendem Oberteil. Beides unterstrich ihre weibliche, aber auch sportliche Figur. Und diese langen, durchtrainierten Beine gingen nun ein paar Schritte weiter, beinahe nackte Arme nahmen einen Mantel vom Bügel und die Frau schlüpfte mit einer fließenden Bewegung in ihn hinein, während Shahin unfähig zu irgendeiner Bewegung war. Sogar ihr Blick blieb starr auf sie gerichtet.

Lenja fiel Shahins Reaktion nicht auf, sie schnappte sich ihre Handtasche, kontrollierte deren Inhalt, nahm den Hausschlüssel und Geldbeutel vom Board. »Fertig! Wir können!«

Erst jetzt bückte sich Shahin, nun ganz mit dem Anziehen ihrer Schuhe beschäftigt. Ihre Finger stellten sich dabei schrecklich ungeschickt an.

»Komm schon!«

Shahins Beine staksten der Ärztin ungelenk hinterher, als die schon voraus zum Auto eilte. Glücklicherweise funktioniere Shahins Gehirn noch so weit, dass sie die Haustür hinter sich zuzog.

Lenja lachte über Shahins holpriges Anfahren. Beinahe hätte sie den Motor abgewürgt.

»Wir schaffen das. Wir schaffen das!«, beruhigte sie Shahin und sich selbst. »Ich zeig dir den kürzesten Weg zum Hafen.« Das Display zeigte zwölf Minuten vor sieben. Um sieben schlössen sich die Türen des Aufführungssaals.

Es war sechs Minuten vor sieben, als sie an der Sibelius-Halle vorfuhren. Lenja bedankte sich schon seit der letzten Kreuzung und versprach ihr, im Nachhinein zu berichten, wie es ihr ergangen wäre. Sie dachte nicht daran, dass sie von Shahin weder Handynummer noch Mailadresse hatte.

Durch die angelaufenen Scheiben sahen sie einen Mann einsam mit einem Regenschirm am Foyer stehen. Er wartete. Immer noch.

»Yrjö!«, entfuhr es Lenja. Du treue Seele! Ein letztes Danke in Richtung ihrer Fahrerin, dann sprang sie aus dem kaum zum Stehen gekommenen Auto, eilte auf ihn zu.

Shahin sah noch, wie der Mann Lenja entgegeneilte, sie herzlich umarmte, beschützend den Arm um sie legte, den Schirm über sie haltend. Sein eigenes Jackett wurde nass dadurch, aber es kümmerte ihn nicht. Ein Anblick, der Shahin einen schmerzvollen Stich versetzte. Sie fuhr weiter, weg vom Foyer, hielt aber am nächstbesten Parkplatz an, stellte den Motor ab.

Ihre Augen schlossen sich und ein leises Stöhnen entfuhr ihrem Mund. Shahin sank mit der Stirn auf das Lenkrad hinab. Sie musste sich sortieren, versuchte in Ruhe alles, was in der letzten Stunde geschehen war, noch einmal Revue passieren zu lassen. Ihre Gedanken stoben völlig wirr durcheinander. Ihre Gefühle ebenfalls. Von wegen darüber hinweg! Ihr Herz pochte, sie war völlig aufgewühlt, als stünde sie unter der Wirkung von Aufputschmitteln.

»Von wegen darüber hinweg!«, schimpfte sie laut. Nichts hatte sich verändert, gar nichts. Es war immer noch dasselbe wie vor einem Jahr! Ja, sie wollte die Hilfe der Ärztin für ihren Kinderwunsch beanspruchen, vielleicht aus einem Gefühl der Melancholie heraus, vielleicht, um es sich selbst zu beweisen. Und nun stellte sie fest, dass allein ihr Anblick genügte, sie zu einer Salzsäule erstarren zu lassen. Es war so schrecklich ungerecht!

Es verging einige Zeit, ehe sie wieder in der Lage war zu fahren. Sie wischte sich die Tränen aus den Augen, setzte sich auf, bevor noch Passanten auf sie aufmerksam würden. Zeit, zum Essen zu ihren Eltern zu fahren. Sie käme sowieso schon zu spät.

Wenn es einen Gott gibt, dachte sie während des Fahrens, egal, ob er nun Allah hieß oder anders, warum regelte er das mit der Liebe nicht anders? Wie konnte er zulassen, dass sich ein Mensch in einen anderen verliebte, den es völlig kalt ließ?

Wie lange hatte sie auf eine Chance gehofft, Lenja Tirilä näher kennenzulernen. Und ausgerechnet jetzt, zu einem

Zeitpunkt, wo sie für sich entschieden hatte, das mit der Traumfrau bleiben zu lassen und ihren zweitsehnlichsten Wunsch anzugehen – ein Kind zu bekommen – bekam sie plötzlich Einblicke in das Leben der Ärztin, sah sie, wo und wie sie wohnte. Der Gedanke daran, dass sie sich zukünftig wieder häufiger sehen würden, verursachte ihr auf einmal Unbehagen. Wie sollte sie das überstehen?

Sie versuchte, so natürlich wie möglich zu wirken, als sie das Haus ihrer Eltern betrat. Aber allein der Gedanke, jetzt etwas essen zu müssen, verursachte ihr Übelkeit.

KAPITEL 4

»*U*nd ich war schon dabei, die Hoffnung aufzugeben.« Yrjö strich sich glücklich über sein nass gewordenes Haar, während sie durch die Stuhlreihen liefen und nach ihren Plätzen suchten.

»Ich auch.«

Yrjö lachte leise. Glücklich zog er Lenja mit sich. Kaum hatten sie ihre zwei Plätze eingenommen, legte sich seine Hand auf ihre.

»Genießen wir es«, sagte er noch ein bisschen außer Atem, »und nachher kannst du mir bei einem Abendessen erzählen, was dich davon abgehalten hat, stressfrei anzukommen, wo dein neuer Job im Gesundheitszentrum doch um so viel entspannter ist als in der Klinik.« Sein Lächeln vertiefte sich, als er Lenjas Gesichtsausdruck bemerkte. Sie wirkte zerstreut. Was es auch immer war, was sie aufgehalten hatte, es musste wichtig gewesen sein. Er drückte zärtlich ihre Hand und lächelte. »Schön, dass du es noch geschafft hast. Habe ich dir schon gesagt, dass du umwerfend aussiehst?«

»Nein, hast du nicht.« Lenja zwang sich zu einem Lächeln. »Danke.«

Die Türen schlossen sich. Das Licht wurde gedimmt. Sie hatte es wirklich noch geschafft! Shahin sei Dank!

Der Intendant begann seine Begrüßungsrede, Lenja konnte seinen ersten Sätzen noch folgen, dann schweiften ihre Gedanken ab, fanden zu der Kinderkrankenschwester zurück, die sie so bereitwillig hierhergefahren hatte. Wie konnte sie sich nur so ein völlig falsches Bild von ihr machen? Was hatte sie dieser Frau nicht alles unterstellt! Dabei war Shahin kein bisschen die extravagante Diva, die sich in den Mittelpunkt spielen wollte. Sie sah zwar sehr gut aus, ja, das tat sie, aber damit ist ein Mensch noch lange nicht arrogant oder exzentrisch. Shahin war völlig in Ordnung. Und ihr Kinderwunsch entsprang auch nicht dem Willen nach Geltungsbedürftigkeit und noch weniger warf sie sich irgendwelchen ärztlichen Kollegen an den Hals, wie sie angenommen hatte. Sie war lesbisch! Noch deutlicher konnte ihr nicht gespiegelt werden, dass sie völlig falsch gelegen hatte. Ein tiefes Schamgefühl stieg in ihr auf und gleichzeitig erwachte der Entschluss, dass sie diese Vorverurteilung nicht einfach so unter den Tisch fallen lassen konnte. Sie müsste es wiedergutmachen, in irgendeiner Form. Zumindest, wenn sie ihr eigenes Spiegelbild zukünftig noch ertragen wollte.

Der Intendant wünschte allen einen schönen Abend. Die Musiker traten auf die Bühne, bezogen ihre Plätze. Die erste Geige, eine Frau mittleren Alters, verneigte sich vor dem Publikum, bevor sie die letzten Einstimmungen der Musiker leitete. Dann betrat der Dirigent die Bühne. Bevor er sein Podest erreichte, forderte er die Musiker mit einer lässigen Geste seiner Hand auf, sich zu erheben. Frenetischer Applaus war ihnen schon zu Anfang gewiss.

Lenja seufzte auf, jetzt käme gleich Musik, die sie davontrüge in himmlische Gefilde. Sie verdrängte Shahins Bild vor ihren Augen. Es war Zeit, den weiteren Abend zu genießen. Als es wieder still wurde, lehnte sie sich zurück.

Erste zaghafte Töne erklangen, ein Werk von Sibelius natürlich: Sinfonia No. 5. Lenja genoss die Gänsehaut, die über ihren Körper kroch. Sie hielt den Atem an. Was für ein Segen das kommende Jahr des hundertjährigen Jubiläums doch war! Sie freute sich auf die vielen Konzerte, die noch folgen würden. Wieder verwunderte es sie, dass es gerade mal zwei, drei Generationen vor ihr waren, die die Unabhängigkeit Finnlands im Winterkrieg erkämpft hatten. Ihr Opa war noch mit in diesen Krieg gezogen, der ein Sinnbild für finnisches Durchhaltevermögen geworden war. Auch ihm hatten sie es zu verdanken, dass dies ein ganz besonderes Jahr werden sollte. In Lenja regte sich ein patriotisches Gefühl. Ja, sie war stolz darauf, eine Finnin zu sein.

Yrjö beobachtete sie. Er freute sich wie ein Kind, dass es ihm gelungen war, ihr einen schönen Abend zu bieten. Weitere Sinfonien von Sibelius folgten. Zwischendurch Rachmaninoff, dann ein Stück von Mozart. Plötzlich war Pause. Schon?

Sie sah auf die Uhr. Siebzig Minuten waren vergangen, seit die ersten Instrumente erklungen waren. Warum verging die Zeit hier so rasch? Mit Bedauern erhob sie sich, ließ sich mit den anderen aus dem Saal treiben.

»Komm. Ich habe uns einen Stehtisch reserviert«, sagte Yrjö.

In der lichthellen, gläsernen Vorhalle war ein Tisch am Rand, mit Blick über die Bucht Lahtis, mit ihrem Namen versehen. Darauf standen zwei Gläser Sekt, eine Kleinigkeit zu knabbern.

»Du bist süß!«, entfuhr es Lenja. »Ein Trost für die musikalische Unterbrechung.«

»Freut mich sehr, dass es dir so gefällt.«

Sie sahen sich um. Die Vorhalle füllte sich. Alle Tische und Stehtische, die vorab reserviert wurden, füllten sich mit Menschen, die sich wie sie austauschten über die gute

Darbietung, den großartigen Klang, die Architektur des Hauses. Sie waren nicht die Einzigen. Yrjö entschuldigte sich und ging Richtung Herrentoilette. Sie würde erst zur Toilette gehen, wenn die Schlange bei den Damen etwas abgenommen hätte. Durch das dicke Glas sah sie die Laternen am Hafen, deren Licht sich in den kleinen Wellen des Wassers spiegelte. Romantisch. Für die, die noch dem Hang der Romantik nachgeben konnten. Yrjö kehrte zurück.

Ein Gong ertönte, erinnerte Lenja daran, was sie noch tun wollte, bevor es weiterging. Nun hatte sie es eilig. Auch zur zweiten Halbzeit erreichten sie ihre Plätze erst kurz bevor die Musiker begannen. Eine wunderbare Fortsetzung trug Lenja davon.

Nachdem auch der letzte Beifall verklungen war und alle Zuschauer sich erhoben, zog Lenja Yrjö an sich, küsste ihn auf seine raue Wange. »Vielen Dank! Das war eine wunderbare Idee!«

»Der Abend ist noch nicht zu Ende. Ich darf dich doch noch zum Essen einladen?«, fragte er erschrocken.

»Aber natürlich.«

»Hast du Lust auf einen Aperitif vorneweg?«

»Da sage ich nicht Nein!«

Das Restaurant befand sich im Erdgeschoss. Sie mussten nicht weit gehen, ließen sich von der Menschenmenge, die zum Ausgang drängte, einfach mitziehen. Im Restaurant waren die Tische bereits belegt oder reserviert. Yrjö hatte um einen romantischen Ecktisch gebeten. Er war für sie beide eingedeckt mit einer weißen Tischdecke, darauf ein schmaler blauer Tischläufer, auf dem eine weiße Kerze stand. Sehr festlich. So wie es aussah, wurde alles schon für das Jahr der großen Unabhängigkeit dekoriert.

»Oh«, entfuhr es Lenja, »wie schön!« Der Kellner kam sofort herbei, zündete die Kerze an. Wenn Helena das jetzt sehen könnte! Sicher würde sie wieder aufseufzen, im Anblick dieser romantischen Inszenierung.

Yrjö bestellte einen Aperitif für sie beide. »Die Sinfonia Lahti ist doch das beste Orchester, das es gibt! Noch besser als das in Helsinki. Meinst du nicht auch?«, fragte er. Der Stolz, der in seiner Stimme mitschwang, war nicht zu überhören.

»Ja, das denke ich auch.« Dann grinste sie. »Auch wenn ich das aus Helsinki noch niemals live gehört habe.« Sie lachten beide. Ihre Verbundenheit mit der Stadt, in der sie wohnten, entschuldigte ihre mangelnde Objektivität. Aber vielleicht war es tatsächlich so, vielleicht hatten sie in Lahti einfach die besten Musiker. Und die Sibelius-Halle mit seiner Akustik war sowieso kaum zu übertreffen. Nicht umsonst waren sie eine feste Größe in Finnlands kulturellem Angebot.

Zwei Gläser mit einer rötlichen Flüssigkeit und einer Orangenscheibe garniert wurden ihnen auf den Tisch gestellt. Yrjö hob es an, wartete, bis sie es ihm gleichtat. Sie stießen an auf einen wunderschönen Abend und Lenja nahm einen zaghaften Schluck. Ganz schön kräftig. Sie nahm sich vor, es nur langsam zu trinken, sonst stiege es ihr zu rasch in den Kopf. Sie hatte heute kaum etwas gegessen.

»Und?«, fragte er lächelnd und lehnte sich entspannt zurück. »Wie geht es dir so? Was macht die Arbeit?«

»Gut, danke. Ich habe meine geregelte Arbeitszeit und jedes Wochenende frei.« Lenja lächelte etwas schief, wohl wissend, dass sie bei ihrem letzten Treffen von ihrer Unterforderung gesprochen hatte.

»Wie war das mit deiner Langeweile? Hat sich da was geändert?«

»Es ist abwechslungsreicher geworden. Wir haben immer mehr Flüchtlinge, die ich in ihrer Therapie begleite. Das macht die ganze Sache abwechslungsreicher. Manchmal bin ich sogar in der Klinik, um zu übersetzen. Das letzte Mal sogar Samstagabend, aber das war eine Ausnahme. In der Regel habe ich nach wie vor jedes Wochenende frei und sehr geregelte Arbeitszeiten.

»Und trotzdem bist du heute nicht pünktlich rausgekommen. Was war passiert?«

»Eine Frau mit Kinderwunsch hat mich noch aufgehalten.«

»Konntest du ihr helfen? Bei ihrem Kinderwunsch?«

»Nicht unbedingt.«

Er runzelte die Stirn. »Warum nicht? Wenn sie sich doch vertrauensvoll an dich wendet?«

»Es ist nicht mein primäres Aufgabengebiet. Dafür gibt es spezielle Kinderwunschkliniken. Zudem ist sie alleinstehend.«

»Hat sie keinen Mann abkriegt?« Er grinste selbstgefällig.

»Geht der Macho mit dir durch oder warum möchtest du das wissen?«, ärgerte sich Lenja.

»Sorry.«

Zu spät. In ihr der Unmut hoch. »Sie würde mit Leichtigkeit einen Partner finden, denn sie hat alles, wovon einer wie du nur träumen kann.«

Der Ober kam mit der Vorspeise und unterbrach jegliches weitere Wort. Er schenkte ihnen Wasser ein, fragte nach weiteren Getränken. Sie entschieden sich für einen trockenen Weißwein und das Menü mit Fisch und Wurzelgemüse. Kaum war er weg, gab Yrjö sich versöhnlich. »Also, warum hat sie keinen Partner?«

»Schön, dass dich meine Arbeit so interessiert«, antwortete Lenja, die das Interesse an dieser Unterhaltung verloren hatte.

»Sag schon. Es ist völlig anonym.«

»Ich würde mal behaupten, dass Männer bei ihr grundsätzlich keine Chance haben.«

»Ach, sie ist ...?«

»... frauenliebend«, brachte Lenja seinen Satz zu Ende, um das Wort lesbisch zu vermeiden. Es klang nicht schön genug in ihren Ohren.

Das Zucken seiner Schultern drückte Bedauern aus. »Dann wundert es mich jetzt umso mehr, dass du ihr nicht sofort beistehst.«

»Sie ist alleinstehend.«

»Oh, und du springst nicht auf sie an?« Er grinste provozierend.

Lenja griff nach ihrem Weinglas. »Auf den sexistischsten und primitivsten Freund, den ich jemals hatte!«

Yrjö lachte gutmütig. »Nun komm!« Versöhnlich hob er sein Glas. »Lass uns richtig anstoßen. Auf die interessanten Fälle in deinem beruflichen Alltag!«

»Und ganz besonders auf deine«, ergänzte Lenja mit dem Vorsatz, heute Abend keine Silbe mehr über ihre berufliche Tätigkeit zu verlieren. Sollte es doch etwas zu ihrer Unterhaltung beisteuern. Sie übernähme gerne den Part, sich darüber lustig zu machen. Aber wahrscheinlich konnte er gar nichts von sich erzählen, denn sein Job war todlangweilig. Er war Notar, hatte vor Kurzem die erfolgreichste Praxis in der Stadt übernommen. Immer mal wieder versuchte er Lenja davon zu überzeugen, dass sein Beruf sehr abwechslungsreich und interessant wäre. Für Lenja war die Tätigkeit eines Notars gleichgesetzt mit Aktenstaub, mit dem Herableiern langweiliger Textphrasen.

Ihr Essen kam und es sah wieder sehr originell aus. Der Lachs lag auf einem Kartoffel-Lauch-Arrangement, gespickt mit Möhrchen und roter Bete. Ein Salatblatt lag dezent am Tellerrand mit Cranberrys verziert.

»Einen guten Appetit!« Yrjö stach mit der Gabel in seinen Lachs und Lenja tat es ihm nach. Sie führte die Gabel zum Mund, zog genießerisch die Luft ein. »Hmmm. Was für eine gute Idee, mich hierhin einzuladen. Wenn ich auch zunehmend mit meinem Gewissen kämpfe, ob ich mir das weiterhin antun muss.«

Yrjö kaute genüsslich. »Du weißt doch, von wem es kommt. Ich bin kein Frauenfeind. Ganz bestimmt nicht, sonst würde ich nicht mit dem besten Ableger dieser Gattung an einem Tisch sitzen.«

»Ich bin mir nicht sicher, ob ich mich mit ›der Ableger‹ überhaupt angesprochen fühle. War das gar ein Kompliment?«

Yrjö ließ die Frage unbeantwortet. Etwas anderes drängte sich ihm auf. »Was veranlasst eine Frau, sich allein für ein Kind zu entscheiden?«

»Das Thema lässt dich jetzt nicht mehr los, was? Wünschst du dir Kinder? Möchtest du mit mir darüber reden?«

Yrjö horchte in sich. »Ja, vielleicht ist es das. Vielleicht rührt es mich irgendwie, wenn eine Frau sich allein für ein Kind entscheidet. Möchte sie es denn partout allein oder hat sie einfach nicht die passende Partnerin dafür?«

»Ehrlich gesagt …« Lenja nahm noch einen Bissen, kaute ausführlich und schluckte, während Yrjö geduldig auf ihre Antwort wartete, »... ich weiß es nicht.«

»Vielleicht hätte ich auch gerne ein Kind. Aber mir fehlt meine Traumfrau dazu. Dann hätten wir vielleicht etwas gemeinsam, deine Patientin und ich.«

Lenja legte ihre Gabel zur Seite. »Hör auf, ja? Wir hatten eine Vereinbarung.«

»Entschuldige«, lenkte Yrjö sofort ein. Er hatte ihr versprochen, nicht mehr damit anzufangen. Nie wieder. Lenja wollte keine Beziehung mit ihm und er war bereit, sich mit dem zu begnügen, was er bekommen konnte – ihre Freundschaft.

Eine peinliche Pause entstand.

»Sorry!«, sagte Yrjö noch mal. »Vermutlich ist es das

Thema Kinder, was mich so aufwühlt. Vielleicht komme ich so langsam in meine Midlife-Crisis.«

Lenjas Blick schweifte über sein hellbraunes Haar, dessen Schläfen bereits etwas grau wurden, sah sein markantes Kinn, das einen Schatten seines Bartes aufwies. Wahrscheinlich hatte er sich heute Abend, bevor er ging, kein zweites Mal rasiert. Er sah männlicher aus als der durchschnittliche Finne. Er war charmant und er hatte Geld – und seit Neuestem also einen Kinderwunsch!

»Ich wünschte mir, dass du endlich die Frau findest, die zu dir passt.«

Er presste demonstrativ seine Lippen aufeinander. Nein, er würde jetzt schweigen. Aber sein Blick sagte: *Ich hatte geglaubt, sie bereits gefunden zu haben.*

Sie wusste es. Er stand auf sie, schwärmte von ihren hellen Augen, ihrer Figur, ihrem klaren Verstand. Schon allein die Tatsache, dass er es genau in dieser Reihenfolge aufzählte, wäre für sie Grund genug, ihn als Partner abzulehnen, auch, wenn sie nicht frauenliebend wäre. War es überhaupt zu verantworten, sich weiterhin mit ihm zu treffen?

Yrjö musste ihre Gedanken erraten haben. Es war, als legte sich bei ihm ein Schalter um. Den Rest des Abends erzählte er nur noch unverbindliche Geschichten über seine Kollegen, Vorfälle, die sein Beruf mit sich brachte, erkundigte sich höflich nach ihren Plänen in diesem Jahr und zerstreut ihre Bedenken für den Rest des Abends. Nach dem Nachtisch und einem letzten Glas Kräuterbitter brachte er sie nach Hause, verabschiedete sie in aller Form, erwartete keinen Kuss von ihr. Lenja küsste ihn trotzdem – auf die Wange.

»Danke, es war ein wunderschöner Abend. Vielen Dank für alles.« Morgen würde sie ihm noch eine WhatsApp schicken: *Kiitos viimeisestä*, vielen Dank für gestern, nahm sie sich vor.

KAPITEL 5

*V*ater Gelavêj trug nach Feierabend Jogginghosen und Turnschuhe und machte mit seinem Hund noch eine Runde um den Block. Nichts unterschied ihn von seinen finnischen Nachbarn. Nur sein dunklerer Teint verriet seine fremdländische Herkunft. Die spärlich verbliebenen schwarzen Haare waren über die kahlen Stellen seines schokoladenfarbenen Kopfes gekämmt und seine dunklen Augen blitzten aus tief liegenden Augenhöhlen heraus beinahe schwarz. Meist belustigt, so wie jetzt, wenn er sich mit seinen Nachbarn unterhielt. Er ging verschwenderisch mit seinem Lachen um, das seine kleinen weißen Zähne entblößte, die unter einem buschigen schwarzen Oberlippenbart hervorlugten. Vielleicht war es gerade sein Lachen, seine feine, humorige Art, die ihn bei den Einheimischen beliebt machte, die sich selbst eher in typisch finnischer Zurückhaltung übten. Aber grundsätzlich redeten sie gerne mit ihm, wenn er den Anfang machte. Seine zartgliedrigen Hände hielten eine Leine fest, fuhren, während er sich unterhielt, ab und zu dem Hund übers Fell. Plötzlich sah er auf die Uhr, schlug sich mit der flachen Hand gegen die Stirn.

»Oh, ich muss mich beeilen. Es ist ja schon weit nach sieben!«

Heute war Freitag. Seine Tochter käme zum Essen.

»Einen schönen Abend noch«, beendete er den Plausch, hob die Hand zum Abschied. Sein Hund wedelte erfreut mit dem Schwanz, als er sich hastig wieder in Bewegung setzte und die paar Straßen bis nach Hause im Laufschritt hinter sich brachte.

Ein kleines rotes Auto stand schon an der Straße. Seine Tochter war bereits eingetroffen. Hastig öffnete er die Haustür: »Hallo! Ich bin zu Hause!« Er zog seine Schuhe aus und ging ins Wohnzimmer, der Hund lief schwanzwedelnd voraus. Er bellte erfreut, als er Shahin erblickte. Sie bückte sich zu ihm herab, kraulte ihm sein Fell, wie er es mochte.

»Wo bleibst du denn? Kommt heute denn jeder zu spät?«, fragte seine Frau vorwurfsvoll.

»Hallo, Isä!«, sagte seine Tochter zu ihm, wie alle finnischen Kinder zu ihrem Vater sagten. Sein schönes Kind lächelte verschwörerisch. »Ich bin auch erst gerade eingetroffen. Mom ist stinkig.«

Er küsste sie auf beide Wangen. »Schön, dass du da bist, Shahin. Wie war dein Tag?«

»Ganz gut, danke.«

»Was macht die Arbeit?«, fragte er interessiert, doch seine Tochter kam nicht dazu zu antworten.

»Holt Großmutter jetzt und setzt euch an den Esstisch, alle zusammen. Das Essen ist schon völlig verkocht«, schimpfte Frau Gelavêj aus der Küche, verschob damit jegliche weitere Unterhaltung an den Esstisch. Vater und Tochter gingen ins Nebenzimmer, holten Shahins Großmutter, die in einem bequemen Sessel sitzend mit einem Kopfhörer auf dem Kopf alte Spielfilme in ihrer Heimatsprache ansah.

»Dapîr, komm, es gibt Essen!«, sagte Shahin auf Kurdisch.

Sie nahm ihrer Großmutter den Kopfhörer ab, küsste sie, streichelte ihr liebevoll übers Haar. Großmutter Gelavêj lächelte mit ihrem zahnlosen Mund. Sie mochte das künstliches Gebiss nicht, das man ihr angefertigt hatte. Es war immer ein fremder Gegenstand in ihrem Mund geblieben. In den letzten Jahren war sie schwerhörig und vergesslich geworden.

»Essen?«, fragte sie.

»Ja, Großmutter, Essen!«, sagte ihre Enkelin laut und deutlich.

Der Vater schaltete den Fernseher ab. Er brauchte nicht darauf zu achten, an welcher Stelle er das tat. Großmutter würde sowieso vergessen haben, wenn sie ihn das nächste Mal wieder einschaltete.

Shahin hakte sich bei Großmutter unter und begleitete sie ins Wohnzimmer, wo sie ihr half, am Tischende Platz zu nehmen. Ab jetzt sprach die Familie kurdisch, denn die alte Dame hatte alle Worte der finnischen Sprache, die sie so mühsam erlernt hatte, im Lauf der letzten Jahre wieder vergessen. Frau Gelavêj legte der Mutter ihres Mannes von allem etwas auf den Teller, zerkleinerte es mundgerecht, gab ihr einen Löffel in die Hand. »Iss, Dapîr, iss! Guten Appetit.«

Und an ihre Tochter gewandt sagte sie resolut: »Kind, nimm dir mehr! Wegen dir habe ich extra weniger Knoblauch ins Essen getan.« Sie legte der Tochter noch zwei weitere Kutilks auf den Teller, stellte Joghurt daneben. »Die magst du doch sonst immer so gerne.«

Ja, Shahin liebte diese frittierten Grießklößchen mit Hackfüllung, nur war ihr heute nicht nach essen. Ihr war eher nach etwas Starkem zu trinken. Aber das gab es im Hause ihrer Eltern nicht. Also begann sie zaghaft mit der Gabel in ihrem Essen zu stochern, nachdem sie sich alle gegenseitig einen guten Appetit gewünscht hatten. Shahin bemerkte nicht den besorgten Blick ihrer Mutter, der auf ihr ruhte. Vater goss ihnen allen Wasser ein.

»Hast du was?«, fragte er.

Die Tochter sah auf, zögerte ihre Antwort heraus, indem sie ein Klößchen auf ihre Gabel spießte, es in die Knoblauch-Joghurt-Soße tauchte und es pflichtbewusst in ihren Mund schob. Sie musste mit ihren Eltern darüber reden. Natürlich bemerkten sie, dass irgendetwas heute vorgefallen war.

»Ich war heute beim Frauenarzt.«

»Ah«, machte ihr Vater nur, denn er wusste natürlich schon Bescheid. Mutter hatte also ausgiebig mit ihm darüber geredet, während sie selbst demonstrativ dazu schwieg.

»Und?«, fragte ihr Vater freundlich. »Was hat er dazu gesagt?« Er sprach es nicht aus, das Wort ›Kinderwunsch‹.

»*Sie* hilft mir dabei.«

»Sie hilft dir?«

»Ja.« Auch wenn dies nur die halbe Wahrheit war. Sie würde ihr die nötigen Unterlagen ausfüllen. Alles Weitere war ihre Privatangelegenheit. Sie hatte es deutlich gesagt. Aber ihr Vater schien beeindruckt und Mutter Gelavêj sah nun überrascht auf. »Wo hat sie ihre Praxis? Kenne ich sie?«

»Frau Doktor Tirilä. Sie hat ihre Praxis im Gesundheitszentrum.«

»Und sie nimmt dich auf als ihre Patientin?«

»Ja, ausnahmsweise, hat mir die Frau von der Anmeldung erzählt. Normalerweise sind die niedergelassenen Ärzte dort nur für die ausländischen Mitbürger zuständig.«

Mutter verkniff sich einen nahe liegenden Kommentar, sagte stattdessen: »Das ist schön! Wie kann sie dir helfen?« Ihre Mutter führte die Gabel zum Mund, kaute, schluckte entschlossen, um weiterreden zu können. »Ich meine, schwanger zu werden.«

Die Nachricht über den Kinderwunsch ihrer Tochter war für sie und ihren Mann das Hauptgesprächsthema der letzten

Tage und hatte sie beinahe so aus der Fassung gebracht wie die Offenbarung vor über zehn Jahren, als sie ihnen gestand, Frauen zu lieben.

»Sie wird mich erst einmal gründlich untersuchen.« Shahin erzählte nichts von dem Päckchen von der Samenbank, das an eine Arztadresse geschickt werden musste. Das war alles so schrecklich unromantisch. Am liebsten hätte sie gesagt, Frau Doktor Tirilä wird mir bei der Insemination behilflich sein. Aber das hatte sie leider nicht angeboten.

»Ist sie nett?«, fragte ihre Mutter.

Frau Gelavêj hatte die Begabung, völlig unwichtige Dinge zu erfragen, oder täuschte das?

»Ja, das ist sie. Ich kenne sie bereits aus der Klinik«, sagte Shahin so neutral wie möglich. »Sie war damals schon eine sehr kompetente Ärztin und sehr beliebt ...« Ihre Stimme verlor sich für einen Moment. Dann sagte sie entschlossen: »Wäre sie geblieben, wäre sie heute sicher schon Oberärztin.«

Vater und Mutter warfen sich einen kurzen Blick zu.

»Und sie hat nicht gesagt, du solltest damit warten bis ...«, suchte ihr Vater einen Einwand, »zu einem späteren Zeitpunkt, wenn du ...«

»Nein, das hat sie nicht gesagt«, unterbrach Shahin ihn. Zumindest nicht mehr beim zweiten Anlauf des Gesprächs.

Großmutter, die bisher schweigend gegessen hatte, strahlte über das ganze Gesicht. »Du bekommst ein Kind?«

»Nein, Dapîr«, stellte Shahin richtig, »aber ich wünsche mir ein Kind.«

Großmutter strahlte noch immer. »Dann hast du jetzt einen Mann gefunden?« Erwartungsvoll sah sie ihre Enkelin an, legte den Löffel zur Seite.

»Dapîr«, sagte Shahin liebevoll zu ihr, sicher nicht das erste Mal, »ich möchte doch keinen Mann.«

»Nicht?«

Mutter Gelavêj mischte sich ein. »Das weißt du doch

längst. Shahin möchte lieber mit einer Frau zusammenleben.«

Großmutter nickte. Sie erinnerte sich wieder daran, wenn es auch so etwas zu ihrer Zeit nicht gegeben hatte, wie sie immer wieder versicherte. »Dann hast du jetzt eine Freundin? Wann stellst du sie mir vor?« Sie schenkte Shahin ein so herzergreifendes Lächeln, dass es der unmöglich war, ihr zu widersprechen. »Bald, Dapîr. Bald!« Sie würde es ja doch gleich wieder vergessen haben.

»Iss jetzt weiter«, sagte Frau Gelavêj zu ihrer Mutter.

»Aber als Ärztin hat sie natürlich wenig Zeit«, sagte Dapîr einige Zeit später, als sich ihr Gespräch längst um ein anderes Thema drehte. »Aber irgendwann musst du sie mir vorstellen.«

Shahin begann zu husten.

Vater und Mutter warfen Großmutter einen vorwurfsvollen Blick zu. Musste sie immer alles durcheinanderbringen? Beide wünschten ihrer Tochter alles Glück dieser Welt, wie das auch immer aussah. Allah sei Dank, lebten sie jetzt in einem aufgeklärten Land. Beide beteten dafür, dass ihre Tochter eines Tages die Frau treffen würde, die ihre Liebe von ganzem Herzen erwiderte.

»Vielleicht werdet ihr beide bald Großeltern«, sagte Shahin, weil sie das Gefühl hatte, irgendetwas sagen zu müssen.

»Großeltern?«, freute sich Großmutter. »Ich werde Großmutter!«

»Aber das bist du doch schon, Großmutter. Wenn Mama und Papa Großeltern werden, wirst du Urgroßmutter.« Shahin lachte.

Selig lächelte die alte Dame. »Das ist schön.«

»Und du möchtest wirklich nicht noch etwas damit warten, Shahin? Was willst du denn allein mit einem Kind?«, wiederholte sich ihr Vater, völlig überflüssigerweise. Mutter kam ihm sofort zur Hilfe.

»So ein Kind ist ein Haufen Arbeit. Das unterschätzt man gerne. Und alles bleibt allein an dir hängen.«

Shahin verdrehte die Augen, hatte keine Lust mehr, immer dasselbe zu sagen und hatte noch weniger Lust, ihren Eltern davon zu erzählen, dass sie seit Langem hoffnungslos in eine Frau verliebt war und das immer noch. Dass diese Frau in der Lage war, sie allein durch ihren Anblick zu einer Salzsäule erstarren zu lassen. Das alles wollten und sollten sie nicht wissen, ihre Eltern. Nur das mit dem Kinderwunsch ließe sich nicht verheimlichen. Es gab ihr das Gefühl, dem Schicksal doch etwas Glück abringen zu können.

»Finnland bietet jedem Kind, egal ob von einer alleinerziehenden oder verheirateten Mutter, einen Platz in einer Kindertagesstätte oder einem Kindergarten. Die Klinik, in der ich arbeite, hat sogar ihren eigenen, der sich an der Schichtarbeit der Mitarbeiterinnen orientiert.« Das sagte sie sehr entschieden.

»Und du meinst, das schaffst du alles?«, fragte ihre Mutter, während sie ihrem Mann noch einmal Essen auf den Teller häufte.

»Ich habe doch euch«, antwortete Shahin zunehmend genervt.

Ihr Vater wollte schon protestieren, als er bemerkte, dass es seiner Tochter nicht ernst war. »Deine Mutter und ich möchten nur eines, Kind: dass du glücklich bist«, sagte er voller Ernst.

Shahin legte ihr Besteck zur Seite. »Das weiß ich, Isä. Dann hört jetzt auf, es mir ausreden zu wollen.« Sie legte ihre Hand auf seine, merkte, wie sie plötzlich mit ihren Tränen kämpfte. So kannte sie sich selbst nicht. Ihre Gefühle wurden heute schon zu stark strapaziert - mehr ging nicht!

Ihre Eltern wechselten betreten das Thema, als sie merkten, dass das Gespräch ihrer Tochter mehr zusetzte, als sie angenommen hatten, und waren für den Rest des Abends bemüht, lustige Geschichten von sich und ihren Nachbarn zu erzählen. Sie brachten Shahin und Großmutter damit zum Lachen. Das Nachwuchs-Thema würden sie vorläufig nicht mehr anschneiden, wusste Shahin. So gut kannte sie ihre Eltern. Im Prinzip waren sie beide sehr sanftmütig und immer auf das Wohl ihrer Tochter bedacht – ihr einziges Kind.

ALS SHAHIN spätabends in ihre Wohnung zurückkehrte, war ihr geradezu feierlich zumute. Noch nie war sie sich ihrer Sache so sicher gewesen. Sie hatte das Gefühl, mit ihrem Plan nicht allein zu sein. Und ob neues Leben entstand oder nicht, lag nicht allein in Menschenhand.

KAPITEL 6

Schon Anfang der nächsten Woche kam Shahin wieder in die Sprechstunde. Als Lenja morgens den Gang entlangkam, saß sie da auf einem der Stühle. Lenja freute sich über ihren Anblick.

»Guten Morgen!«, rief sie schon von Weitem. Shahin wandte den Kopf in ihre Richtung. Ihre langen Haare waren heute zu einem asymmetrisch geflochtenen Zopf zusammengefasst. Sie trug eine grobe helle Baumwollbluse, kombiniert mit einem in erdfarben gemustertem Halstuch. Beides stand ihr ausgesprochen gut.

»Hei!«, antwortete Shahin.

Lenja bemerkte das Aufleuchten in ihren Augen in dem Moment, als sie sie sah.

»Ich wollte mich am selben Abend noch bei dir melden, aber erst dann wurde es mir bewusst, dass ich von dir weder eine Handynummer noch eine E-Mail-Adresse habe.«

Zwar hatte sie nach dem Konzert in Erwägung gezogen, eine E-Mail ins Krankenhaus zu schicken. Aber das war ihr doch zu weit gegangen. Schließlich wäre es eine private Nachricht gewesen, die nicht für alle bestimmt war.

Shahin winkte großzügig ab. »War es denn schön?« Der Glanz in ihren Augen war noch nicht verschwunden.

»Phänomenal! Es war ein richtig toller Abend. Dank deines Einsatzes!« Lenja war immer noch begeistert. Am meisten von der grandiosen Darbietung der Musiker, aber immer noch von der Tatsache, dass es noch geklappt hatte. Aber auch mit ihrer männlichen Begleitung war es ein schöner Abend gewesen, rief sie sich in Erinnerung.

»Hast du dir für heute freigenommen?«, fragte sie ihre Patientin interessiert.

»Nein, ich habe Spätschicht.«

»Na, dann verschwenden wir keine Zeit. Mal sehen, ob wir dich gleich ins Labor schieben können.« Die Ärztin ging ein paar Schritte den Gang zurück, öffnete die Tür des Labors. Es saß noch kein Patient darin. Die anwesende medizinisch-technische Assistentin war beim Einräumen von Spritzen und Nadeln.

»Huomenta, Paivi!« Lenja wartete einen Augenblick, bis sie zu ihr herübersah. »Kann ich dir gleich jemanden reinschicken?«

»Guten Morgen, Lenja! Wenn's dieser jemand schon so eilig hat!« Sie lachte. »Soll reinkommen!«

Lenja besprach sich mit ihr, welche Blutwerte sie haben wollte.

Shahin hatte Paivis Stimme gehört und stand bereits an der Tür. Lenja informierte sie, da sie ja eine Kollegin war, nur knapp darüber. »Nehmen wir zuerst Blut ab. Wir machen ein großes Labor, Schilddrüsenhormone, Gestagen, Progesteron. Wenn du damit fertig bist, komm in mein Behandlungszimmer.«

Shahin zog einen dicken Umschlag aus ihrer Tasche. »Hier sind die Unterlagen der Samenbank, falls es dich interessiert.«

Lenja nahm alles an sich. »Bis gleich.«

· · ·

ZEHN MINUTEN später saß ihr Shahin am Schreibtisch gegenüber, an ihrer linken Ellenbeuge befand sich ein kleines weißes Pflaster. Lenja sah auf.

»Okay. Alles, was die Samenbank an Untersuchungen empfiehlt, können wir hier erledigen. Und wir machen wie abgemacht eine Krebsvorsorge dazu, nicht wahr?«

»Ja.«

Lenja zog eine Augenbraue hoch. Es klang nicht sonderlich begeistert.

Shahin wurde ausführlicher. »Sicher möchte ich es. Erst vor Kurzem sagte eine Ärztin zu mir, ich solle endlich anfangen, etwas wie Eigenverantwortung zu übernehmen.«

»Ach, ja?« Lenja schmunzelte. Dann vertiefte sie sich in die Papiere, die Shahin ihr gegeben hatte. »An deinem Kinderwunsch hat sich die letzten Tage nichts geändert? Oder hast du es dir anders überlegt?«

Shahin erkannte sofort, dass sie die Frage nur der Form halber stellte und sagte ebenso offiziell: »Ich wünsche mir ein Kind – immer noch.«

Lenja nickte, macht ein Kreuz auf dem Papier, dass sie als Ärztin die Absicht ihrer Patientin geprüft hatte.

»Deine bisherigen Versuche beschränkten sich also auf eine einmalige private Insemination und du bist sicher, du hattest einen Eisprung.«

Shahin nickte. Es entsprach den Tatsachen, wohltuend neutral ausgedrückt.

»Nun, das soll nichts heißen. Wir reden von Fertilisationsproblemen, wenn sich nach zwei Jahren bei regelmäßigem Geschlechtsverkehr kein Erfolg einstellt.«

Lenja machte eine Pause, notierte sich etwas, bevor ihr Blick zu Shahin zurückfand. »Du weißt, dass selbst bei fachgerechter Insemination die Erfolgsquote lediglich bei dreißig

Prozent liegt und du dich darauf einstellen musst, deinen Versuch mehrmals zu wiederholen.«

»Ja, ich weiß. Ich habe darauf gespart.«

Lenja nickte. »Da es dein erstes Mal ist, dich überhaupt gynäkologisch untersuchen zu lassen …«, Lenja bemühte sich um einen sachlichen Tonfall, »machen wir das heute etwas ausführlicher. Insgesamt werde ich drei Abstriche von deinem Gebärmuttermund machen. Einen schicken wir ein zwecks Krebsvorsorge. Unterleib und Brust werde ich dir im Zuge der Prävention abtasten, dann machen wir uns ein Bild von Gebärmutter und Eierstöcken mithilfe des Ultraschalls. Hast du noch Fragen?«

»Nein«, gab Shahin sich wortkarg.

Die Ärztin runzelte die Stirn. »Mit was möchtest du anfangen?«

Shahin konnte sich zu nichts durchringen.

»Was ist dir unangenehmer? Untersuchungsstuhl oder Abtasten?«

»Ich glaube, dieser blöde Stuhl …«, sagte Shahin und warf einen unsicheren Blick auf das Edelstahlgestell mit den Polstern in patientenfreundlichem Mint.

»Gut«, entschied Lenja, »dann fangen wir damit an.« Ihre Hand wies in Richtung Vorhang, hinter dem sich die Patientinnen auskleiden konnten. »Du kannst dich dahinter auskleiden. Erst mal nur Hose und Slip, bitte.«

Bis ihre Patientin so weit war, wusch sich Lenja die Hände, richtete alle benötigten Utensilien auf dem fahrbaren Beistelltisch. Merkwürdig. Shahin schien sich dazu überwinden zu müssen. Lenja nahm sich vor, während der Untersuchung sehr auf das Befinden ihrer Patientin zu achten. Als Shahin wieder auf der Bildfläche erschien, stand alles für sie bereit. Mit dem Fuß schob Lenja ihr den Tritthocker zu, der ihr das Aufsteigen erleichterte.

Shahin setzte sich zögerlich auf die weiße Einmalunterlage. Ihre dunkle Haut schimmerte samtweich. Lenja fiel auf, dass sie, entgegen ihres stärker pigmentierten Hauttypus, keinerlei Haarwuchs an den Beinen aufwies, im Intimbereich nur sehr reduziert. Shahin war es anzusehen, dass sie sich nun richtig unwohl fühlte.

»Er ist bequemer, als er aussieht«, gab sich die Ärztin betont salopp, sie versuchte, die Unsicherheit ihrer Patientin zu überspielen.

Zögerlich, um nicht zu sagen verkrampft lehnte sich Sahin zurück, spreizte die Beine.

»Nun komm«, drängte Lenja sie gutmütig. »Du bist schließlich Krankenschwester.«

»Kinderkrankenschwester«, war alles, was Shahin sagte.

Lenja wartete, bis Shahin die richtige Position eingenommen hatte. »Rutsch bitte noch etwas weiter vor.«

Shahin tat es.

»Gut so.« Lenja stellte sich zwischen ihre Beine, bemerkte, wie die dunkle Frau den Atem anhielt. »Und? Geht's?« Shahins fast schwarze Augen begegneten ihr. »Alles, was ich nun tue, kündige ich dir vorher an. Okay?«

»Ja, ja. Schon gut.« Shahins Blick verlor sich irgendwo im Untersuchungszimmer.

»Vertrau mir. Bis jetzt haben es alle überlebt.« Lenja lächelte. »Leider geht es nicht anders. Es war nicht meine Idee, die Geschlechtsorgane einer Frau ins Innere zu verlegen.« Sie erreichte, was sie wollte. Shahin lachte und entspannte sich für den Augenblick.

»Entschuldige.«

»Was?«, hakte die Ärztin nach.

»Dass ich mich so anstelle.«

»Es ist schließlich dein erstes Mal. Bleib einfach so entspannt wie möglich. Ich ertaste zuerst die Lage deiner Gebärmutter und der Eierstöcke.« Lenjas warme Hände legten sich auf Shahins Unterleib, übten an der einen oder anderen Stelle Druck auf ihre Bauchdecke aus. Sie hatte keine Handschuhe an, bemerkte Shahin. »Tut das weh?«, fragte sie mehrmals nach.

»Nein.«

Ihre Patientin hatte eine gut entwickelte Bauch- muskulatur, das Ertasten der Gebärmutter war dadurch gar nicht so einfach. Dennoch fühlte sie ein birnengroßes Organ, vielleicht etwas zu sehr nach hinten gekippt, aber das stand einer Schwangerschaft nicht im Wege. Auch die Eierstöcke waren von normaler Größe und druckunempfindlich.

»Schön. Der Tastbefund ist schon mal ganz normal. Kommen wir zum Abstrich. Muss ich dir viel erklären? Ich führe ein Instrument in dich ein, um dein Scheidengewölbe zu entfalten und mache mit einem Watteträger einen Zellabstrich von deinem Muttermund.«

»Ich kenne es vom Sehen.«

Lenja richtete die Beleuchtung aus, zog sich ein Paar Einmalhandschuhe an, fasste schon nach einem Satz Spekula, als sie bemerkte, wie sich Shahin völlig verspannte. Sie legte die Untersuchungsutensilien wieder aus der Hand.

»Sollte ich irgendetwas wissen im Vorfeld, was es dir erschwert, dich untersuchen zu lassen?«, fragte sie vorsichtig in einem sanfteren Ton als bisher.

Shahin erschrak. Lenjas Frage war ihr peinlich. »Nein, nein! Ich stell mich einfach nur blöd an. Das ist alles. Mach dir bitte keinen Kopf.«

Lenja zögerte.

»Es ist nichts. Wirklich. Ich bin weder ein Opfer früherer Vergewaltigung noch eines Missbrauchs. Ich bin einfach ...« Sie suchte nach einem passenden Wort, fand es nicht.

Was es auch immer war. Lenja glaubte ihr so weit, dass es für sie als Ärztin selbstverständlich war, weiter zu machen. Wäre es anders, könnte sie nicht so unbeschwert darüber reden.

»Gut. Dann atme einfach tief ein. Es hilft, wenn du etwas dagegen presst, wenn ich das Spekulum einführe. Ja?«

»Ja«, sagte Shahin. Es klang tapfer. Die letzte Patientin, die so Angst vor einer Untersuchung gehabt hatte, war gerade mal elf Jahre alt gewesen. Sie war mit ihrer Mutter gekommen, weil das Kind zur Verwunderung der Eltern ihre Monatsblutung bekommen hatte.

Lenja führte vorsichtig das Spekulum ein. Shahin hatte ihren Blick abgewandt, sie fokussierte irgendetwas anderes im Raum, lenkte sich gedanklich ab, wie Lenja betroffen bemerkte. Sie würde es im Nachhinein ansprechen, nahm sie sich vor. Behutsam zog sie die beiden Blätter des Spekulums auseinander.

»So, damit hast du das meiste ja schon geschafft.«

Lenja setzte sich ihr gegenüber, korrigierte noch einmal das Licht, dann hatte sie den Blick frei auf den Muttermund einer Frau, die noch nicht geboren hatte. Es gab keine sichtbaren Veränderungen oder irgendwelche Besonderheiten. Ihre rechte Hand griff nach einem Watteträger. »Das spürst du wahrscheinlich.«

Shahin blieb ruhig, Lenja meinte zu fühlen, dass sie sich entspannte. Noch weitere zwei Mal entnahm Lenja eine Probe der Vaginalflüssigkeit, tupfte sie auf den vorbereiteten Objektträger.

»Geht's?«

»Ja, danke. Geht gut.«

Als Lenja mit allen Abstrichen fertig war, zog sie mit einer sanften Drehung das Spekulum wieder heraus. »So, das war's. Dann kannst du dich wieder anziehen. Wenn du als Nächstes bitte Bluse und BH ablegst.«

Bevor sie den Satz beendet hatte, war Shahin vom Untersuchungsstuhl herunter und hinter dem Vorhang verschwunden. Lenja legte ein kleines gläsernes Plättchen auf den Tropfen ihres Objektglases, schob es unter das Mikroskop.

»Es war eigentlich gar nicht schlimm, ich habe kaum etwas gespürt. An was liegt das?«, drang Shahins Stimme durch den Vorhang.

»Die Spekula, die ich verwende, sind angewärmt und ich feuchte sie an, bevor ich sie einführe.«

Shahin schob den Vorhang beiseite, kam auf sie zu, oben ohne, mit ihrer Jeans bekleidet. Wäre ihr Haar offen gewesen, hätte ihr Anblick jedem Bild aus einem Herrenmagazin Konkurrenz gemacht.

»Nur in dem Fall, wenn sich Patientinnen so anstellen wie ich, oder grundsätzlich?«

Lenja brauchte einen Augenblick, um ihre Frage mit dem davor Gesagten in Verbindung bringen zu können. »Immer. Es ist für Patientinnen einfach angenehmer.«

»Danke«, sagte Shahin und Lenja begriff nicht.

Shahin wurde ausführlicher. »Danke, für dein Einfühlungsvermögen und deine Achtsamkeit.«

Lenja atmete hörbar aus. »Du kannst ja mal bei Papst Franziskus ein gutes Wort für mich einlegen. Vielleicht spricht er mich heilig deswegen.« Sie verzog ihr Gesicht zu einem gutmütigen Grinsen, streifte amüsiert ihre Handschuhe ab, warf sie in den Abfall, stellte sich Shahin gegenüber. Beide Frauen waren etwa gleich groß. Shahin antwortete nichts darauf, verharrte still in Erwartung ihrer Berührung.

»Bleib einfach so stehen, lass die Arme locker nach unten hängen, dann kann ich dich am besten abtasten.« Mit routinierter Selbstverständlichkeit begannen Lenjas Hände vom Schlüsselbein kommend, das Drüsengewebe ihrer Patientin abzutasten, vom äußeren Quadranten zum inneren. Shahin roch angenehm, fiel ihr auf. »Untersuchst du deine Brüste auch mal selbst ab und zu?«

»Bis jetzt noch nie.« Der Blick ihrer Patientin war konsequent zur Seite gewandt.

Lenja kannte diese Situation zu Genüge. Die palpatorische Untersuchung der weiblichen Brust verschaffte eine, von den meisten als unangenehm empfundene Nähe und Intimität. Meist unterhielt sich Lenja mit den Frauen, um das Ganze etwas aufzulockern. »Dann gewöhn dir das zukünftig an. Es ist durchaus sinnvoll.« Lenjas Hände waren nun im Bereich unter ihren Achseln, auf beiden Seiten synchron. Shahins Brustwarzen hatten längst auf die Berührung reagiert und sich zusammengezogen. »Jetzt bitte die Arme nach oben nehmen. Merkst du schon mal irgendeine Verhärtung deiner Brüste im Lauf deines Zyklus.«

Die dunklere Frau überlegte. »Ja, immer mal wieder meine ich, eine feste, schmerzende Stelle zu fühlen, die nach meiner Blutung aber wieder von selbst verschwindet.«

Lenja selbst ertastete keinerlei Verhärtung, keinen Knoten. »Zur Sicherheit machen wir noch einen Ultraschall.«

Sie trat einen Schritt zurück, deutete mit der Hand auf die Liege neben dem Ultraschallgerät. »Die letzte Station für heute. Dann hast du es geschafft.«

Während sich Shahin auf der Liege ausstreckte, ergriff Lenja eine Tube mit Gel. »Das wird jetzt etwas kalt. Dieses Zeug habe ich leider nicht in vorgewärmter Form da.« Lenja verteilte mit dem Schallkopf das glibberige Gel großzügig auf ihren Brüsten, nahm ein paar Korrekturen am Gerät vor, bis es ein Bild erzeugte, mit dem sie zufrieden war. Shahin beobachtete sie dabei.

»So, lass mal sehen.« Sie fing mit der Brust an, die am weitesten von ihr entfernt war, fuhr mit dem Schallkopf unter ihre Achseln, zog ihn langsam über die gesamte Brust. Shahins Blick fand zum Monitor und sie verfolgte interessiert das Bild, das er zeigte. Immer wieder hielt die Ärztin für einen Augenblick inne, machte ein Foto. Shahins unsicherer Blick fiel ihr auf.

»Nichts Besorgniserregendes«, warf sie ein.

»Warum machst du dann ein Bild?«

»Damit man es nachverfolgen kann. Irritationen an den Lymphknoten können bei Frauen, die sich die Achselhaare rasieren, durchaus vorkommen.« Als Lenja zur nächsten Brust wechselte, trafen sich ihr Blicke für einen kurzen Moment.

»Dein Drüsengewebe ist ziemlich dicht. Ich empfehle dir, zusätzlich zur Mammografie immer noch einen Ultraschall machen zu lassen.«

»Kannst du das nicht übernehmen? Kannst du mich nicht als deine Patientin aufnehmen?«

Lenja speicherte die Bilder ab. Sie hatte alles gesehen, was sie sehen wollte. Sie griff hinter sich, legte Shahin einen Stapel Zellstoff auf den Bauch zum Abwischen der Brust. »Kann ich dir nicht sagen, da musst du unten bei der Anmeldung fragen. Du weißt, dass ich in der Regel nur ausländische Patientinnen aufnehme?«

»Ich bin mit sechs Jahren aus dem Iran gekommen. Reicht das?«

»Aber du hast mittlerweile die finnische Staatsbürgerschaft. Oder nicht?«

»Ja, sicher.«

»Frag mal Helena unten bei der Anmeldung, ob das dauerhaft mit der Kasse abzurechnen ist.« Sie sah ihre Patientin mit ernster Miene an. »Aber wenn ich damit erreichen könnte, dass du regelmäßig zum Arzt gehst, würde ich das befürworten. Sag ihr einen Gruß von mir.«

Sie konnte sich nicht verkneifen, noch eine Spitze daraufzusetzen: »Von einer Frau, die auf die dreißig zugeht, sollte man diese Verantwortung sich selbst gegenüber tatsächlich erwarten können, insbesondere wenn sie Mutter werden möchte.« Als sie schon dachte, Shahin würde ihren wiederholten Seitenhieb kommentarlos wegstecken, sagte die unvermittelt: »Wer sagt mir das? Eine Frau, die auf die vierzig zugeht und noch nicht einmal ein einfaches ›Danke‹ akzeptieren kann?«

Die Finger der Ärztin, die gerade noch an den Knöpfen des Ultraschallgerätes gedreht hatten, hielten kurz inne. Zu weiteren Reaktionen ließ sich die Ärztin nicht hinreißen.

»Wenn du bitte noch mal die Hose öffnest und etwas nach unten ziehst.« Lenja drückte eine ordentliche Menge Gel auf Shahins Unterleib, fuhr mit dem Ultraschallkopf über ihren gesamten Bauch und verteilte wieder alles großzügig auf ihr. Sie beschallte Eierstöcke und die Gebärmutter. Ab und zu hielt sie wieder inne, machte Fotos von diesem schwarzweißen Ausschnitt, den der Monitor zeigte. Shahin vermied es, sie anzusehen. Beide Frauen schwiegen.

»Schön!«, sagte Lenja endlich. »Wir sind fertig. Wir besprechen den Befund, wenn du dich wieder angezogen hast. Hinter dem Vorhang befindet sich auch eine Tür, die zu einem Waschraum führt. Waschlappen und Handtücher liegen dort bereit.«

Bis Shahin wieder an ihrem Schreibtisch Platz nahm, hatte die Ärztin alle Befunde in den Computer eingegeben. Sie sah auf. »Die Blutwerte habe ich bis morgen, aber auf den Befund des externen Labors müssen wir eine Woche warten. Dein Befund heute weist nichts auf, was aus medizinischer Sicht einer Schwangerschaft im Wege stünde. Deine Gebärmutter ist normal entwickelt, die Eileiter durchgängig.«

Ihre Fingerspitzen fanden zueinander, verblieben für einen Moment in dieser Position, bevor sich ihre Hände wieder öffneten. »Wir warten jetzt noch, was der Hormonstatus sagt. Wenn der unauffällig ist, dann kannst du es probieren. Du misst schon längere Zeit deine Körpertemperatur?«

»Ja. Jeden Morgen um die exakt gleiche Zeit.«

Lenja nickte. Sie sah auf den Monitor. Die Daten ihrer Patientin hatte sie eingegeben und so sah sie Shahins

Monatszyklus bereits grafisch dargestellt. »Hm, dein Zyklus ist immer dreißig Tage?«

»Ja. Fast immer.«

»Dann weißt du ungefähr, wann du deine fruchtbaren Tage hast. Ich gebe dir mal ein paar LH-Tester mit. Die zeigen es dir noch genauer an. Sobald der erste Tester ein positives Ergebnis zeigt, meldest du dich bei mir. Das ist dann der Zeitpunkt für den ersten Versuch. Ich schätze, dass bis dahin die Sendung der Samenbank hier eingetroffen ist. Du möchtest es beim nächsten Zyklus bereits versuchen?«

Shahin lächelte. »Ja«, sagte sie. »Sehr gerne.«

»Alles klar. Wir sehen uns!«

Als Lenja sich schon wieder ihrem Schreibtisch zuwenden wollte, sagte Shahin: »Es tut mir leid wegen meiner Bemerkung gerade. Es war mir nur so herausgerutscht in einem ersten Abwehrreflex. Ich weiß natürlich, dass ich schon längst einmal zu einem Frauenarzt hätte gehen sollen.«

Lenja brauchte einige Zeit, um sich an die vermeintlich übergriffige Bemerkung zu erinnern. »Ah! Schon gut. Übrigens werde ich fünfunddreißig, keine vierzig.«

Shahin kam ins Stocken, ihre Äußerung schien ihr im Nachhinein wirklich peinlich zu sein. »Äh, ich ... nein, ich sagte nur, du gehst auf vierzig zu, nicht, dass du es bist.«

Lenja sah sie amüsiert an.

Shahin fing sich wieder, sagte überraschend bestimmt: »Und ich bin dir wirklich sehr dankbar, dass du so achtsam mit deinen Patientinnen umgehst, auch wenn du es nicht hören möchtest.«

Der Ärztin fiel spontan nichts ein, was sie hätte erwidern können.

»Ich wünsche dir noch einen schönen Tag«, sagte die schöne Frau nun mit einem bezaubernden Lächeln und verschwand durch die Tür.

»Danke, dir auch«, murmelte Lenja vor sich hin. Sie

machte sich noch ein paar Notizen, bevor sie auf den Gang trat und die Nächste hereinbat.

Etwas von dem angenehmen Geruch ihrer Patientin war im Behandlungszimmer zurückgeblieben, stellte sie fest, als sie dorthin zurückkehrte.

KAPITEL 7

Mit klopfendem Herzen betrat Shahin den Gehweg vor dem Gesundheitszentrum, blieb für einen Moment stehen, sog die feucht-kalte Luft in ihre Lungen.

Sie hatte es geschafft!

Dabei hatte sie schon befürchtet, kapitulieren zu müssen. Doch als die routinierten Hände der Gynäkologin ihre Arbeit aufnahmen, war sogar die intimste Berührung auszuhalten gewesen. Tiri war so herrlich professionell distanziert.

Aber warum auch nicht? Eine Gynäkologin machte nun mal den ganzen Tag nichts anderes, als Frauen zu untersuchen. Dabei hatte sie allein die Vorstellung, sich von ihr berühren zu lassen, sehr verunsichert. Shahin war sich nicht sicher, was letztendlich schlimmer gewesen war: Die Angst, sie könnte ihre Gefühle bemerken, oder die Enttäuschung darüber, zwar von ihr berührt zu werden, aber ganz anders, als sie sich das gewünscht hätte.

Natürlich war es der Gynäkologin nicht entgangen, wie angespannt sie war. Warum konnte sie die Reaktionen ihres

Körpers nicht einfach abschalten, jetzt wo sie endgültig wusste, dass ihre Schwärmerei umsonst war?

Tiri war vergeben.

Seit letzter Woche hatte sie doch den Beweis. Es war ein stattlicher Mann, mit dem sie sich getroffen hatte. Wirklich gutaussehend. Arm war der bestimmt nicht. Und dass dieser Mann sie liebte, hatte sie ihm angesehen. Wie er fürsorglich seinen Schirm über sie gehalten hatte, ungeachtet dessen, dass er selbst nass geworden war! Es tat weh, zu wissen, dass es noch einen anderen Menschen gab, der sie so liebte, wie sie es tat.

Shahin rechnete nach. Vor genau eineinhalb Jahren war sie der Ärztin zum ersten Mal begegnet. Während sie sich langsam in Bewegung setzte, rief sie jenen Tag in ihre Erinnerung zurück. Es war an einem Dienstag.

* * *

Der sterile Gang in der Central Klinik Lahti verstärkte das Geräusch ihrer Schritte. Frau Doktor Tiriläs Lachen war schon von Weitem zu hören, genauso wie die tiefe Stimme ihres männlichen Begleiters. Sie und Doktor Ruhonnen schienen sich prächtig zu unterhalten auf dem Weg ins Schwesternzimmer der Säuglingsstation. Shahin war mit Paula dabei, die Infusionen zu richten, als Paula innehielt und grinste.

»Oh, da kommt Tiri!« Sie korrigierte sich sofort. »Sie heißt natürlich nicht so, sondern Doktor Tirilä. Aber alle sagen ...«

Zu mehr Worten reichte es nicht. Beide Ärzte standen schon im Zimmer. Tiri erspähte Paula und ein Lächeln trat in ihr Gesicht. »Hei! Wo warst du denn gestern? Ich dachte, du kämst auch?«

»Hei!« Paula machte eine zuckende Bewegung des Bedauerns mit ihrer Schulter. »Ich musste zu Hause bleiben. Jonne

war krank geworden. Sorry. War es ein schöner Abend?«
Bevor Doktor Tirilä antworten konnte, erinnerte sich Paula
an ihre neue Kollegin. »Ich darf dir übrigens Shahin vorstellen, unsere neue Kollegin.«

»Ah! Hei, Shahin!« Tiri schüttelte ihr herzlich die Hand.
»Ich bin Lenja Tirilä, Stationsärztin der B3. Einen guten Start
wünsche ich dir bei uns. Ist das heute dein erster
Arbeitstag?«

»Nein, der zweite.« Shahin war hoch erfreut. Noch nie
hatte sie eine Frau mit grauen Augen gesehen, deren Blick so
warm und empathisch war.

»Dann hoffe ich, du hattest gestern schon einen guten
Einstieg. Du bist Krankenschwester?«

»Danke. Äh, nein ... Kinderkrankenschwester.«

Paula mischte sich ein. »Genauer gesagt ist sie Säuglings-
schwester. Shahin wird nur im Kinderzimmer und bei den
Wöchnerinnen eingesetzt.«

Lenja lächelte. »Dort ist es ja auch am schönsten.«

Ihr Kollege Doktor Matti Ruhonnen schüttelte Shahin
ebenfalls die Hand. Sie lächelte freundlich, aber ihr Blick fand
rasch zu der Ärztin zurück. Die hatte sich schon wieder Paula
zugewandt. Tiri war so eine typische finnische Frau mit ihren
superblonden, glatten Haaren und ihrer hellen, ebenmäßigen
Haut. Eine sehr attraktive Frau mit einer sympathischen Art
zu reden. Jetzt berührte sie Paulas Arm und lachte leise.
Dann zog sie die Augenbraue hoch, sah sich um. »Warum
sind die Infusionen noch nicht gerichtet?«

»Es liegt an mir. Paula musste mir zu viel erklären«, sagte
Shahin schnell.

Die grauen Augen sahen wieder zu ihr. »War nur Spaß.
Mach dir keinen Kopf«, sagte Frau Doktor Tirili. Ihr Lächeln
war etwas abgekühlt, als ihr Blick von Paula zu ihr gewech-
selt war. Es war Shahin nicht entgangen.

»Vielleicht sehen wir uns mal in der Kantine zum Essen«,

beendete Matti Ruhonnen ihre Unterhaltung. Er klang hoffnungsvoll.

Shahin blinzelte. »Ja, natürlich. Wir sehen uns.«

Er nickte erfreut und Tiri nahm das Tablett mit den Spritzen und Infusionen an sich. »Wir sind dann mal weg!«

»Bis später!«, meinte nun auch ihr Kollege.

Als sie weg waren, sagte Paula: »Sie ist meine Lieblingsärztin.« Überflüssig es zu erwähnen. Jeder hätte bemerkt, dass die beiden Frauen sich aufrichtig mochten.

»Wie ist sie bei den Patientinnen?«, fragte Shahin vorsichtig.

»Sehr nett. Sie erklärt ausführlich und außerdem ist sie eine hervorragende Diagnostikerin.«

Shahin verstand. Wenn sie mit Paula zukünftig gut zusammenarbeiten wollte, wäre sie gut beraten, Tiri auch großartig zu finden. Aber das würde ihr nicht schwerfallen.

»Eigentlich ist sie die Ärztin, die hier am meisten Ahnung hat. Vom Chef vielleicht abgesehen.«

»Ich habe schon verstanden«, sagte Shahin und lachte. »Sie ist supernett, supertoll und kompetent. Dazu ist sie noch auffallend hübsch. Was sind ihre Schwächen?«

Paula sah sie überrascht an. »Schwächen?« Sie musste überlegen. Zuerst schien ihr nichts einzufallen, aber dann sagte sie bestimmt: »Sie arbeitet zu viel.«

HEIMLICH HATTE Shahin sich anfangs über Paula lustig gemacht, über ihre unumstößliche Loyalität und Bewunderung. Doch schon bald ging es ihr ähnlich, mit einem Unterschied – sie bewunderte Tiri zusätzlich noch als Frau, nicht nur als Mensch.

Zum ersten Mal bemerkte sie Tiris außergewöhnliche Ausstrahlung, als die Ärztin neben ihr stand. Shahin hatte sie gerufen wegen eines kleinen Jungen, dessen Bilirubinwert rapide angestiegen war.

Die Ärztin kam ins Säuglingszimmer und untersuchte ihn.

»Wie viel hat er denn heute getrunken?«, war ihre erste Frage.

Shahin hatte bereits in die Akte gesehen. Das Gewicht vor dem Stillen und nach dem Stillen war exakt dokumentiert worden. Die Menge war ausreichend.

»Hat er Durchfall?«

In der Akte stand kein Vermerk.

Tiri zog ihn aus, wechselte die Windel. Shahin sah ihr zu dabei, tat nichts. Sie war plötzlich zu sehr mit sich selbst beschäftigt, fühlte die wunderbare Leichtigkeit zum ersten Mal, die sie fortan in Doktor Tiriläs Nähe immer empfand. Es verblüffte sie. Nein, sie war nicht esoterisch veranlagt, aber neben Tiri fühlte sie sich merkwürdig vollständig und einfach nur glücklich. Das war ihr noch nie passiert. Sicher hatte es in ihrem bisherigen Leben Frauen gegeben, deren Gegenwart sie nervös machte, ihren Puls beschleunigen ließ. Aber keine, keine Einzige war darunter, auf deren bloße körperliche Präsenz sie glücklich reagierte. Ab diesem Zeitpunkt wusste Shahin: Sie war es! Sie war die Frau ihres Lebens!

ABER IHR VERHÄLTNIS zu der Ärztin blieb immer verkrampft, so sehr sie sich auch anstrengte. Oft hätte sie sich gewünscht, sie könnte mit Tiri so ungezwungen umgehen wie Paula.

Auch blieb Frau Doktor ihr gegenüber immer etwas distanziert. Zwar höflich, durchaus auch kollegial, aber immer irgendwie anders. Und nichts konnte sie dagegen tun, egal was sie auch anstellte.

* * *

SHAHIN WAR bei ihrem Auto angekommen. Erschöpft ließ sie sich fallen, schaltete umgehend die Sitzheizung an. Als sie sich anschnallen wollte, bemerkte sie, dass ihre Hände noch nicht vollkommen gehorchten.

Beruhige dich, es ist vorüber!

Alles war gut verlaufen und die Ärztin hatte nichts Ungewöhnliches an ihr bemerkt, außer dass sie sehr angespannt war.

Beherzt fuhr sie in Richtung der Klinik, in dessen angrenzendem Personalwohnheim sie eine Wohnung zur Miete hatte.

Zum Glück würde sie Paula heute Nachmittag sehen.

Paula, die ihre Verbündete geworden war. Sogar beim Fahren ließen sich die Bilder der Erinnerung nicht abstellen.

In ihrer Not hatte sie Paula damals ins Vertrauen gezogen, da sich ihr Verhältnis zu einer richtigen Freundschaft entwickelt hatte. Paula war sehr von ihrem Geständnis überrascht gewesen. Vielleicht auch geschockt. Für den Rest des Tages hatte Shahin schon Angst, ihr berufliches Verhältnis würde darunter leiden. Aber die Befürchtung war unbegründet. Paula benötigte lediglich einen Tag, um sich zu fassen, dann war sie wieder ganz die Alte.

»Ich weiß nicht, ob Tiri eine feste Beziehung hat«, hatte sie auf Shahins Frage geantwortet und vor lauter Nachdenken waren ihre Augen verschwörerisch schmal geworden. »Sie hat nie etwas von einem Freund erzählt. Von einer Freundin aber auch nicht. Eigentlich weiß ich kaum etwas über Tiris Privatleben, außer dass sie gerne Ski fährt, ins Konzert geht oder sich mit Freunden zu einem gemeinsamen Abendessen trifft. Tut mir leid. Verheiratet ist sie auf jeden Fall nicht, das ist das Einzige, was wir mit Gewissheit sagen können.«

Und am nächsten Tag hatten sie einen Plan geschmiedet

66

und Shahin noch mehr Möglichkeiten eingeplant, auf Doktor Tirilä zu treffen. Fortan war immer Shahin die Schwester, die sie zur Visite begleitete, diejenige, die neben ihr saß bei Teambesprechungen, diejenige, die sie anrief, wenn sie Dienst hatte und auf der Säuglingsstation benötigt wurde. Merkwürdigerweise hatte die Frühgeborenenabteilung sehr oft ein Problem, das Tiri lösen musste. Und beinahe immer war Shahin im Dienst. Als alles nichts half, hatte Paula diese blöde Idee mit ihrer Geburtstagsparty. Sie planten eine große Feier und luden alle Ärzte ein. Es war ein Riesenaufwand. Es kamen auch recht viele. Beinahe alle – bis auf Tiri. Dafür war Matti Ruhonnen gekommen, der ihr seit diesem Tag deutlich zu verstehen gab, dass er sich mit ihr mehr vorstellen konnte als nur eine berufliche Verbindung. Was sollte sie ihm sagen? Aber Shahin spielte mit offenen Karten, outete sich als frauenliebend. Er nahm es sehr gefasst auf, versprach, ganz Kavalier, es niemandem weiterzuerzählen. Und selbst wenn er es getan hätte, es wäre ihr egal gewesen. Mittlerweile wussten es ihre Kollegen sowieso. Shahin hielt nichts davon, ein Doppelleben zu führen.

»Soll ich sie mal ganz direkt fragen, ob sie auch Frauen daten würde?«, hatte Paula sie irgendwann gefragt.

»Um Himmels willen!«, war Shahin erschrocken. »Bitte nicht. Tu mir das nicht an. Das wäre mir zu peinlich. Wirklich!«

Und dann hatte Schwester Paula versucht, sie zu trösten und gesagt: »Jede Frau, die in ihrem Alter noch nicht verheiratet ist, hat ihre besonderen Gründe dafür. Noch ist sie nicht offiziell liiert. Mit niemandem.«

Und so war Shahin immer darum bemüht, auf sich aufmerksam zu machen. Da hatte sie sich ja ganz schön zum Affen gemacht! Wenn sie im Nachhinein darüber nachdachte, war es ihr fast peinlich. Aber was hätte sie denn anderes tun können?

Shahin hatte das Gefühl, sofort mit Paula reden zu müssen. Doch musste sie sich noch ein paar Stunden gedulden. Sie stellte das Auto am Straßenrand ab, stieg die Treppen hoch in den zweiten Stock. *Shahin Gelavêj* stand in freundlichen Großbuchstaben neben der Klingel.

* * *

»ERZÄHL, wie ist es gelaufen?«

Paula war eine Viertelstunde vor Dienstbeginn gekommen und zog sich mit ihrer Kollegin in den Pausenraum zurück.

»Ich war ihre erste Patientin heute Morgen und sie hat mich gründlich untersucht. Labor, Ultraschall, Abstriche ... Weißt du eigentlich, dass ich zuvor noch nie beim Frauenarzt war?«, sprudelte es aus Shahin heraus.

»Und? Hilft sie dir?« Paula kam auf den Punkt, sah ihre Kollegin mit erwartungsvollen Augen an.

»Tiri war gar nicht sonderlich begeistert von meinem Wunsch, ein Kind zu bekommen.«

»Warum?«

»Das habe ich sie auch gefragt. Ich habe sie gefragt, ob es damit zu tun hat, dass ich lesbisch bin.«

»Oha!« Paula nickte voller Respekt. »Und? Wie hat sie reagiert? Hast du ihr irgendetwas angemerkt, dass sie vielleicht auch ...?«

Shahin schüttelte den Kopf, bevor ihre Kollegin den Satz beendet hatte. »Nein, im Gegenteil. Es hat sie amüsiert. Und sie meinte, sie fände die Idee deshalb nicht gut, weil ich keine Partnerin habe, die mit mir gemeinsam die Verantwortung für ein Kind übernehmen möchte.«

Paula stutzte. Mit einer Absage in dieser Deutlichkeit hätte sie nicht gerechnet. Sie kannte Tiri nur als eine sehr entgegenkommende Ärztin. Aber nach einiger Überlegung gab sie zu: »Grundsätzlich hat sie damit nicht Unrecht. Aber für dich ist das natürlich blöd.«

Dann meinte sie mit ihrem trockenen Humor: »Du hättest sie natürlich fragen können, ob sie diejenige sein wollte, die sich mit dir die Verantwortung teilt!«

Als sie Shahins leidende Miene sah, nahm sie ihre Bemerkung zurück. »Entschuldige, das war nicht witzig.«

Ihre Kollegin winkte ab. »Aber ich habe sie wenigstens so weit, dass sie mir hilft, den richtigen Zeitpunkt zu finden für einen ersten Versuch. Sie hat mir eine Handvoll LH-Tester mitgegeben.«

Paula drückte aufgeregt Shahins Arm. »War es schlimm, sich von ihr berühren zu lassen?«

Shahin verdrehte die Augen, lächelte schief. »Eigentlich dachte ich, ich hätte die Sache mit ihr längst überwunden. Aber nachdem ich sie wiedergesehen hatte, wusste ich, dass es nicht vorbei war.« Shahin machte eine Pause. »Was soll ich sagen? Sicher fiel es mir nicht leicht, mich von ihr berühren zu lassen. Aber da muss ich durch. So ist es nun mal.«

Paula schwieg nachdenklich.

Shahin seufzte. »Ich bin immer noch so verliebt wie letzten Sommer. Ich finde sie einfach nur fantastisch. Es lässt nicht nach.«

»Warum musstest du ausgerechnet zu ihr gehen? Hätte dir ein anderer Arzt nicht besser helfen können?«

»Ach, Paula! Vielleicht war es ein Hauch Melancholie oder der Wunsch, sie noch einmal zu sehen oder sie in irgendeiner Form an der Verwirklichung meines Kinderwunsches zu beteiligen. Ich weiß es auch nicht genau.«

»Ein gewagter Wunsch.«

»Ja«, gab Shahin zu. »Ich hatte gedacht, wenn ich schwanger werde, dann durch ihre Hilfe. Ist das schon krankhaft?«

»Es wird dich hoffentlich nicht kaputtmachen.«

Shahin zuckte mit den Achseln.

Beide Frauen fielen wieder in nachdenkliches Schweigen. Bis Shahin sagte: »Weißt du, dass sie in der Zeit, seit sie fort ist, noch interessanter aussieht? Sie ist eine jener Frauen, die immer schöner werden. Ihre blonden Haare trägt sie immer noch so kurz und ihre Augen sind einfach faszinierend. Auch wenn sie nicht vor Begeisterung sprühen, wenn sie mich ansehen, habe ich immer das Gefühl, sie erkennt mich wie keine andere.« Wieder seufzte sie auf. »Das Gefühl hatte ich noch nie.« Shahin schwelgte für einen kurzen Augenblick in ihren Erinnerungen.

Paula brachte sie recht unsanft zurück in die Realität. »Ich habe gehört, sie sei umgezogen, in ein Haus oberhalb der Bucht. Nicht dass sie doch geheiratet hat.«

»Meinst du?«, erschrak Shahin.

»Nein, ich überlege nur, was es für einen Grund gehabt haben könnte. Niemand weiß etwas Genaues.« Paula überlegte, ob sie weiterreden durfte. Aber es war ja nur gut, wenn ihre Kollegin davon wusste. »Tiri wurde in männlicher Begleitung in der Sibelius-Halle gesehen, eine Kollegin von der Ambulanz hat mir davon berichtet.«

Zu ihrer Überraschung blieb Shahin gefasst. »Ich weiß. Ich habe ihn auch gesehen.«

»Du hast ihn gesehen?« Paula war baff.

»Ja, ich habe sie zur Sibelius-Halle gefahren. Er hat auf sie gewartet.«

»Was?« Paula glaubte, sich verhört zu haben.

Shahin kam nicht darum herum, ihr bisher sorgsam gehütetes Geheimnis bis ins Kleinste zu erzählen. Der verpasste Bus, die Fahrt zum Hafen, der Mann, der sehnsüchtig auf Tiri gewartet hatte. Nur, dass sie anschließend noch einige Zeit im Auto verbrachte, um sich zu sammeln, das verschwieg sie.

»Shahin«, Paula nahm nun ihre Hand, »es gibt so viele Frauen, die auf Frauen stehen. Du siehst so toll aus! Da gibt es eine Schwester auf der Chirurgie, die mich jetzt schon so oft über dich ausgefragt hat ...«

»Fang nicht wieder damit an, Paula. Ich möchte sie nicht kennenlernen.«

Paula runzelte die Stirn. »Und wie soll das alles weitergehen?«

»Ich suche mir einen Spender aus dem Katalog aus und bekomme ein Kind.« Es war Shahins völliger Ernst. »Und ich werde mich für einen Spender entscheiden, der so blonde Haare und so graue Augen hat wie sie«, legte Shahin noch eins drauf.

»Du bist verrückt.«

»Ja. Das weiß ich selbst.«

Paula seufzte. »Wir müssen ins Schwesternzimmer. Die Übergabe beginnt gleich. Kannst du so überhaupt arbeiten, aufgewühlt wie du bist?«

»Ich konnte auch arbeiten, als Tiri noch leibhaftig neben mir gestanden hat.«

Paula lachte. »Wo du recht hast, hast du recht. Komm, die Arbeit ruft.«

KAPITEL 8

*T*otensonntag, morgens halb neun.

Es begann zu dämmern. Lenja schlüpfte in ihre Hausschuhe, stieg die Treppen hinunter ins Wohnzimmer, entzündete den Kaminofen, um zumindest in ihren eigenen vier Wänden Behaglichkeit zu schaffen. Sie schaute aus dem Fenster. Für das, was sie sah, gab es nur ein einziges Wort: Trostlosigkeit. Sie wusste, dass die Sonne es heute den ganzen Tag über nicht schaffen würde, die Wolkendecke zu durchdringen. Kaum ein Mensch war an diesem Morgen auf den Straßen unterwegs. Kein einziger Jogger. Auch sie würde sich heute nicht dazu aufraffen können.

Sie entschied sich, ihr angefangenes Buch zu Ende zu lesen, vielleicht später den Berg Bügelwäsche anzugehen, ungeachtet der Tatsache, dass heute Sonntag war. Sie könnte heute Nachmittag ins Hallenbad gehen. Mal sehen. Wieder sah sie nach draußen. Unter den Finnen war es beliebt, jetzt einen Flug nach Thailand zu buchen, zumindest auf die Kanaren. Für die, die es sich leisten konnten und jetzt schon wieder Urlaub hatten, bot Finnair Direktflüge an. Einen Augenblick überlegte sie, ob ihr das auch gefallen würde.

Einfach fliehen für ein paar Wochen und erst zurückkehren, wenn Finnland von einer geschlossenen Schneedecke überzogen wäre. Schön wär's.

Sie trank Kaffee, aß zwei Scheiben Roggenbrot mit Frischkäse und einem Klacks Moltebeerenmarmelade darauf, duschte ausgiebig, schlüpfte in einen Jogging-Anzug, kuschelte sich auf ihr Sofa, nahm sich den Krimi zur Hand, den sie letzte Woche aus der Bücherei ausgeliehen hatte. Sicher hätte sie dieses Buch auch online ausleihen können mit ein paar Klicks auf ihren E-Reader laden, aber Lenja liebte es, ein Buch in der Hand zu halten. So war es schon immer gewesen. Der Anblick voller Bücherregale löste seit ihrer Kindheit ein Glücksgefühl in ihr aus, die Atmosphäre in einer Bibliothek ließ sie beinahe andächtig werden. Es gab nichts Schöneres, als bei diesem Wetter auf dem Sofa zu liegen bei brennendem Kaminofen und zu schmökern.

Doch bereits nach einer halben Stunde legte sie das Buch resigniert zur Seite. Die innere Ruhe fehlte ihr. Sie war noch nicht wieder zu sich zurückgekehrt seit der Sache mit Ayasha. Instinktiv griff sie nach ihrem Handy, checkte ihre WhatsApps. Sie schaute nach, ob Yrjö ihr vielleicht geschrieben hatte. Dies war nicht der Fall. Es enttäuschte sie zu ihrer eigenen Verwunderung. Es war schön gewesen mit ihm in der Sibelius-Halle. Dafür fand sie eine Nachricht von Tuula, die schon vor einer Stunde eingegangen war. *Hallo. Lenja, hast du Lust, mich heute Abend zu sehen?*

Lenja stieß hörbar die Luft aus. Tuula! Sie sprang vom Sofa, legte Holz nach. Warum meldete sie sich noch einmal?

Einen kurzen Augenblick ging sie in sich, dann gab sie ihrem ersten Gefühl nach, das sie beim Lesen der Nachricht empfunden hatte. Nein, sie würde sich kein zweites Mal mit ihr treffen!

Das Date letzten Monat war eine einmalige Sache gewesen. Sie hatte sich dazu hinreißen lassen, sich in einem

Lesben-Chat anzumelden. Tuula war ihr sehr sympathisch erschienen und sie hatte sich mit ihr getroffen.

Mit einer Frau, die sicher ihre Gründe hatte, warum sie sich auf unverbindliche Treffen mit Frauen einließ.

Sie hatten gemeinsam zu Abend gegessen, sich angeregt unterhalten. Über unverbindliche Themen natürlich, die nicht zu viel von sich selbst preisgaben: Sport, kommunale Politik, Gesundheit. Dann waren sie gemeinsam in ein Hotel gegangen, hatten miteinander geschlafen und Lenja hatte kurz vor zwölf das Hotelzimmer mit einem durchaus beschwingten Gefühl verlassen. Es war ihr, als könnte sie Ayasha erst jetzt versöhnt ziehen lassen, als wäre sie erst jetzt wieder eins mit sich und ihrem Leben. Sie konnte sich wieder berühren lassen und sie konnte wieder eine Frau berühren.

Diese glückliche Erkenntnis überkam sie letzten Sonntag.

Und dabei wollte sie es belassen. Frauen regelmäßig aus dem Chat für erotische Treffen kennenzulernen, war nicht ihr Lebensstil. Aus diesem Grund ließ sie Tuula nicht mehr länger auf eine Antwort warten, sagte ab, bat höflich, aber bestimmt darum, ihre Nummer zu löschen.

Es hinterließ ein gutes Gefühl in ihr. Sie trat ans Fenster, sah wieder hinaus. Und dann wusste sie, was sie mit dem Tag heute anfangen würde. Sie sprang die Treppen hoch in ihr Schlafzimmer, kleidete sich an, wappnete sich gegen das unfreundliche Wetter mit Thermounterwäsche, Pullover und einer Allwetter-Kombination, die aus einer gefütterten wasserdichten Hose und einer ebensolchen Jacke bestand. An beiden befanden sich unzählige praktische Taschen mit Reißverschlüssen und Druckknöpfen.

Sie schlüpfte in ihre festen Schuhe, nahm Autoschlüssel und Hausschlüssel vom Haken und noch einen dritten, den sie sorgsam in einer Tasche mit Reißverschluss verstaute.

Es war höchste Zeit, ihre Sommerhütte winterfest zu

machen. Seit Ayasha fort war, hatte sie das Grundstück am See nicht mehr betreten. Wie viele Tage waren sie dort glücklich gewesen! Fast den ganzen Sommer über. Zu lang, als dass es nicht furchtbar wehgetan hätte, dorthin allein zurückzukehren.

Aber nun wusste sie, sie würde darüber hinwegkommen. Seit letzten Sonntag war ihre Lebensfreude zu ihr zurückgekehrt.

Der Zeitpunkt war gekommen, um Ordnung zu schaffen.

LENJA VERLIESS Lahti auf der Straße in Richtung Jämsä. Der Regen ging in einen Graupelschauer über. Im diesigen Grau war kein Weitblick möglich. Es war wenig Verkehr auf den Straßen, von den üblichen Lastwagen einmal abgesehen. Lenja stellte ihren Tempomat auf achtzig Stundenkilometer ein. Es war Vorsicht geboten auf dieser Strecke, schon einmal war sie hier geblitzt worden. Es hatte sie ein Vermögen gekostet. In Finnland orientierte sich die Höhe des Bußgeldes am monatlichen Einkommen. Es war das erste und einzige Mal gewesen, dass Lenja sich darüber geärgert hatte, so gut zu verdienen.

Bevor sie Asikkala erreichte, bog sie noch einmal links ab. Die Straße wurde schmaler. Und als sie noch einmal abbog, war sie plötzlich nicht mehr asphaltiert, sondern nur noch gewalzt. Im Sommer hatte es immer gestaubt, wenn sie über diese Straße gefahren war. Heute spritzte Dreck und Kies hoch. Man würde es ihrem Auto ansehen, wo sie gewesen war. Es machte nichts. Ihr Auto war ein Gebrauchsgegenstand. Nicht mehr und nicht weniger. Die Straße wurde noch schmaler, war letztendlich nicht mehr als zwei feste Spuren aus Kies. Das letzte Stück des Weges ging bergab und war sehr holperig. Lenja fuhr nicht mehr schneller als Schrittgeschwindigkeit.

Dann war sie da.

Eine Lichtung tat sich auf. Inmitten des nassen, knie-hohen Grüns stand ein Haus in finnischem Rot mit weißen Fensterrahmen, schwarzem Dach. Eine Feuertreppe verlief vom Dach die Hauswand herab. Ein Kamin war zu sehen. Verwaist thronte er da oben. Höchste Zeit, wieder hier zu sein, dachte sie sich mit einem Anflug eines schlechten Gewissens.

Sie parkte ihr Auto auf der gekiesten Fläche neben dem Haus, stellte den Motor ab. Es war ihr etwas flau zumute und ihr Herzschlag beschleunigte sich. Aber mehr geschah nicht.

Ayasha würde nie wieder mit ihr hierher zurückkehren.

ALS SIE EINES Tages von der Arbeit nach Hause gekommen war, lag da ein Brief.

Ayasha hatte sich entschieden, in ihre Heimat zurückzu-kehren, um ihren Cousin zu heiraten. Ihr Cousin sei ein guter Mann, sie wolle viele Kinder mit ihm haben und eine richtige Familie sein – nicht so eine mit zwei Frauen. Es hatte so furchtbar wehgetan!

Lenja war außer sich gewesen vor Schmerz, vor Enttäu-schung, hatte laut Nein geschrien, war umgehend in ihr Auto gestiegen und zum Flughafen nach Helsinki gefahren. Aber sie konnte Ayasha nirgends mehr entdecken.

Natürlich gab man ihr keine Auskunft, ob und wohin eine Frau dieses Namens geflogen war. Vielleicht war sie auch von Tampere aus geflogen oder sie hatte ein ganz anderes Ziel: irgendeine europäische Stadt, ein anderes Krankenhaus, in dem sie sich doch operieren ließ, bevor sie heiraten würde. Lenja war am Boden zerstört gewesen, hatte sich den Rest der Woche krankgemeldet.

Wie konnte sie nur so dumm sein?

. . .

Ayasha, deren Name übersetzt ›mein Leben‹ hieß, war letzten Sommer vom Irak nach Finnland gekommen, um sich verschiedenen Operationen zu unterziehen. So ließ sie sich ihre Nase korrigieren, aber wahrscheinlich hatte diese Operation nur eine Alibifunktion, um für einige Zeit ins Ausland zu gehen. Denn sofort danach kam sie zu ihr auf die gynäkologische Abteilung zur Hymenoplastik, zur Rekonstruktion des Jungfernhäutchens.

Sie habe Tampons benutzt, sagte sie zu ihr. Dabei habe es sich wohl zerstört und sie sollte doch nächstes Jahr heiraten. Eine ältere Frau, die sich als ihre Mutter vorstellte, nickte eifrig zu ihren Worten.

Lenja hatte auch genickt. Natürlich.

In Ayashas Patientenzimmer saß den ganzen Tag über ein junger Mann. Es war Lenja bis zuletzt nicht möglich, herauszubekommen, ob er Ayashas Bruder oder ihr Vetter war. Sein Englisch war besser als Ayashas und er bot sich an, für sie zu übersetzen. Aber Lenja wollte mit ihrer Patientin allein reden, schickte ihn hinaus. Sie konnten sich auf Kurdisch unterhalten, und so erklärte ihr Lenja das Verständnis des Zusammenlebens von Mann und Frau in der westlichen Welt. Erzählte ihr von den Rechten einer Frau auf ihre eigene Sexualität und der freien Wahl ihres Partners. Ayasha entpuppte sich als sehr wissbegierig und es folgten weitere Gespräche. Sie schafften es, die Operation unter dem Deckmantel medizinischer Gründe zu verschieben und sahen sich fortan beinahe täglich. Lenja erlag immer mehr dem Charme der orientalisch anmutenden Frau mit dem weichen Lächeln. Ayasha wollte alles wissen, von Finnland, von Europa, auch von ihr. Auf Ayashas Frage, ob sie schon einen Mann hätte, hatte Lenja den Kopf geschüttelt.

»Warum nicht?«

»Weil ich keinen haben möchte«, hatte sie geantwortet und ihr erzählt, dass sie Frauen liebte.

»Möchtest du keine Kinder?«, hatte Ayasha sie entsetzt gefragt.

Und Lenja erzählte ihr von der Möglichkeit der Samenspende hierzulande. Selbstverständlich war es auch Frauenpaaren möglich, eine Familie zu gründen. Ayasha konnte es kaum glauben.

Sie war geblieben, auch als nach etlichen lauten Worten im Patientenzimmer ihre vermeintliche Mutter und Bruder abgereist waren. Sie war geblieben – letztendlich in Lenjas Wohnung. Aber niemals hätte Lenja sie berührt. Sie räumte für sie ihr Wohnzimmer und sie verbrachten viel gemeinsame Zeit miteinander. Ayasha entdeckte mit ihr die Städte ihrer Umgebung sowie Lenjas Sommerhütte im Wald. Sie waren, Lenja rechnete nach, volle drei Wochen nur hier im Wald gewesen. Für Lenja war es ein wunderbarer Sommer. Sie hatten gegrillt, am Steg unten gegessen, waren schwimmen gewesen, hatten die Sauna angefeuert.

Als sie am ersten Abend nach der Sauna in ihren Betten lagen, hatte Ayasha sie gefragt, warum sie sie nicht berührt habe in der Schwitzhütte, wenn sie doch Frauen liebte.

»Wie meinst du das?«, hatte Lenja gefragt.

»Nun, du liebst Frauen und ich sitze nackt neben dir. Warum hast du mich nicht berührt?«

Lenja hatte ihr erklärt, dass gemeinsame Saunagänge nichts mit Sexualität zu tun hatten, selbst wenn beide nackt waren. In Finnland saß man auch mit seinem Nachbarn, sogar mit seinem Chef und der gesamten Belegschaft in der Sauna auf Betriebsausflügen. Männer und Frauen getrennt, versteht sich. Aber niemand berührte den anderen auf irgendeine intime Weise.

»Ah«, hatte Ayasha gesagt. »Und wo trefft ihr euch, wenn ihr euch berühren wollt?«

Lenja hatte gelacht über ihre Frage. »Dort, wo alle

anderen Menschen sich auch treffen, im Bett oder an irgendeinem anderen Ort, der beiden beliebt.«

Ayasha hatte gelächelt und war in dieser Nacht zu ihr ins Bett gekommen.

Lenja dachte, ihr Herz bliebe stehen. Sie wähnte sich im Himmel mit dieser anschmiegsamen, sanften Frau. Und Lenja zeigte ihr allzu gerne, wie eine Frau mit einer Frau schlief.

Es war nicht bei diesem einen Mal geblieben. Ayasha war eine Frau, die sich dem Sex ganz ungeniert hingeben konnte. Mit jedem Mal sagte sie deutlicher, was ihr gefiel, wie sie es haben wollte, genoss immer ungehemmter das Zusammensein mit ihr. Für Lenja war es nicht weniger schön. Der Sex mit Ayasha war so erfüllend wie bei keiner Frau zuvor. Auch wenn Lenja nur über wenig Vergleichsmöglichkeiten verfügte.

Ayasha blieb. Als ihr Visum abzulaufen drohte, hatten sie über Heirat geredet. Ayasha hatte gelächelt über ihren Vorschlag.

Für Lenja war es ein Ja. Und dann hatte sie tatsächlich dieses Haus gekauft, weil sie denjenigen kannte, der es verkaufte, und sie rasch mit ihm einig wurde. Und sie träumte von einem Leben mit Ayasha.

Es war ein Traum.

Nur ihr Traum.

Lenja atmete tief durch, blieb noch eine Weile im Auto sitzen. Es war vorbei. Heute würde sie einen Schlussstrich ziehen und zum ersten Mal ihre Sommerhütte betreten, seit Ayasha sie verlassen hatte.

SIE SCHLOSS den Reißverschluss ihrer Jacke, zog sich die Mütze auf und stieg aus dem Auto, stakste rasch durch das hohe, nasse Gras auf die verglaste Veranda zu. Sie schob die Glastür zur Seite, betrat die Veranda aus groben Holzdielen, zog den kleinen Schlüssel aus der Tasche. Mit ungeschickten Händen öffnete sie die Tür. Im Inneren war es so kalt wie draußen. Es roch nach Rauch und Holz. Wie eine Sommerhütte eben roch, die seit über drei Monaten nicht mehr betreten wurde. Alles war so, wie sie es verlassen hatten. Aufgeräumt, sodass sie im Sommer jederzeit hätten wiederkehren können. Der Kühlschrank war noch in Betrieb. Das Geschirr, das sie zuletzt gespült hatten, stand noch so im Trockenschrank. Alles dünstete Ayashas Gegenwart aus. Lenja betrachtete lange die Tasse, aus der sie am liebsten getrunken hatte. Einen kurzen Moment überlegte sie, ob sie sie zertrümmern sollte oder lieber im See versenken. Dann entschied sie sich, alles zusammen zu räumen, was sie an Ayasha erinnerte und in den Müll zu werfen.

Rasch suchte sie nach einer Kiste. Darin verstaute sie alle Tassen und Teller, Bettzeug, Kissen, Handtücher, alles was Ayasha benutzt hatte. Den Kühlschrank schaltete sie aus, taute das Eisfach ab. Sie schaute sich um. Radio und Kaffeemaschine waren bereits ausgesteckt. Bis zum Frühjahr konnte sie die Hütte so verlassen.

Sie zögerte. Es sei denn, sie wollte Heiligabend hier sein. Einen Augenblick spielte sie mit dem Gedanken, hier völlig allein zu feiern. Der Gedanke gefiel ihr. Entschlossen packte sie die Kiste, lud alles in ihren Kofferraum, häufte Bettzeug und Kissen oben drauf. Gewissenhaft drehte sie den Wasserhahn an der Außenwand zu, bevor sie zum Steg hinunterging. Ihre Schuhe waren nass und matschig, bevor sie auch nur die Hälfte der Strecke hinter sich gebracht hatte. Es interessierte sie nicht. Ihr Blick krallte sich fest an den schwarzen, rutschigen Planken, die nun so wenig einladend wirkten.

Hier war sie mit ihr gesessen, hatte ihre Hand gehalten. So zärtlich. Lenja zurrte sich die Kapuze fest, trat auf das Holz, das wankend unter ihren Schritten nachgab. Der See war abweisend, beißender Wind pfiff durch ihre Kleider. Im Sommer hatte er in tiefstem Blau gestrahlt, jetzt war er von einem schmutzigen Braun-grau. Schaumkronen schwammen darauf, wo sich im Sommer Enten und Haubentaucher treiben ließen.

Alles vorbei!

Der letzte Sommer – eine einzige Illusion.

Sie würde den Steg erneuern lassen, entschied Lenja. Den hier würde das Eis des kommenden Winters sowieso dahin-raffen. Sie wollte einen mit einer Plattform vorne, auf den man einen Tisch und Bänke hinstellen konnte.

Lenja warf noch einen Blick in das kleinste Häuschen des Grundstücks, ihre Sauna. Im Vorraum war nichts mehr, was den Winter nicht gut überstehen könnte. Zufrieden schloss sie auch hier ab und kehrte zu ihrem Auto zurück.

Auf dem Rückweg hielt sie bei dem Müllhäuschen der umliegenden Sommerhütten an, entsorgte alles, was sie im Kofferraum hatte. Trennte Energiemüll von Restmüll, entle-digte sich aller Gegenstände, die sie nicht mehr sehen wollte.

Mit der Gewissheit, eine gute Grundlage für ihr zukünf-tiges Liebesleben geschaffen zu haben, fuhr sie nach Hause, freute sich auf ihren Kaminofen, auf eine Tasse heißen Tee und ein schönes Buch.

KAPITEL 9

*D*as Wetter hatte sich auch am Montag noch nicht verändert, trotzdem war Lenja beinahe in festlicher Stimmung, als sie früh morgens ins Gesundheitszentrum fuhr.

Wie konnte sie sich damals nur so von ihrem Gefühl irreleiten lassen? Ayashas Lächeln hatte offenbar ihr vernünftiges Denken außer Kraft gesetzt. Dieses sanfte Lächeln, ihre großen dunklen Augen, ihre anmutige Gestalt. Ja, sie hatte ihr sehr gefallen. Sie hatte es bedauert, dass sie sich ihre Nase hat korrigieren lassen, denn sie hätte sie auch mit krummer Nase geliebt. Vielleicht war es gerade ihre liebenswerte Unvollkommenheit, die sie so gemocht hatte: Ihre zu kleinen Brüste, wie sie von sich sagte, ihren zu dünnen Körper. Lenja hatte ihr immer widersprochen, doch in Ayashas Heimatland wurden üppige Proportionen an einer Frau geschätzt. Sie litt darunter, dass sie diesem Schönheitsideal nicht entsprach. Und sie hatte so zierliche mokkafarbene Hände. Wo hatte sie vor Kurzem ähnliche Hände gesehen? Lenja überlegte. Ah, ja! Shahin. Ihre Hände am Lenkrad, als sie sie zum Hafen gefahren hatte. Kam sie nicht auch aus dem Irak? Lenja versuchte, sich an das zu erinnern, was sie ihr gesagt hatte. Ihre Eltern waren kurdische Flüchtlinge gewesen. Dann stammte sie aus der Türkei, dem Irak oder aus dem Iran. Ja, der Iran könnte es gewesen sein.

Shahins Hände waren größer und kräftiger und wie alles an ihr waren sie von geradezu eintöniger Perfektion, mit ihren schön geformten und sorgfältig manikürten Nägeln. Shahin hätte auch Hand-Modell werden können, dachte sie amüsiert, wenn sie sich schon nicht als Miss Finnland zur Wahl stellte. Lenja war überzeugt davon, dass sie exakt die Körpermaße besaß, die die Modewelt ihnen als schön vorschrieb. Ihre Brüste entsprächen sicher Körbchengröße B wie bei allen Schaufensterpuppen. Schöne Menschen haben es in ihrem Leben leichter, erinnerte sich Lenja an den Artikel, den sie heute Morgen in der Zeitung gelesen hatte. Allerdings waren sie auch oft überheblich, verwöhnt oder eingebildet. Bei Shahin hatte sie das auch angenommen. Zu Unrecht. Sie war ausgesprochen hilfsbereit, freundlich und völlig natürlich gewesen bei ihrem letzten Zusammentreffen. War sie das nur ihr gegenüber?

Lenja nahm sich vor, Paula nach ihrer Kollegin zu befragen, wenn sie das nächste Mal im Krankenhaus bei einer ihrer ausländischen Patientinnen wäre. Unauffällig natürlich.

IHR ARBEITSTAG BEGANN mit einer französischen Studentin, die unter einer Blasenentzündung litt, setzte sich mit einem deutschen Au-pair-Mädchen fort, die wegen diffusen Unterleibsbeschwerden kam. Mit beiden Patientinnen unterhielt sich Lenja in ihrer Muttersprache.

Französisch, Deutsch und Englisch waren Voraussetzung gewesen, diese Stelle im Gesundheitszentrum anzutreten. Natürlich konnte Lenja auch Schwedisch, aber dies war in Finnland ja sowieso üblich. Mit fast einem Drittel ihrer Patientinnen sprach sie Schwedisch, dicht gefolgt von Englisch und Deutsch. Durch Ayasha hatten sich ihre Kenntnisse in Nordkurdisch noch vertieft, die ihr in der letzten Zeit gute Dienste leisteten.

War es anfangs eine Umstellung für sie gewesen, ihre Patientinnen in der geordneten Abfolge einer Arztpraxis zu untersuchen und nicht mehr im umtriebigen Klinikalltag, empfand sie ihre Arbeit mittlerweile als sehr interessant. Es lag an der Zunahme der Flüchtlinge, die sie zu betreuen hatte. Da sie auch Belegärztin in der Klinik war und ihre Patientinnen auch dorthin begleitete, mit dem Arzt vor Ort die Behandlung besprach und es für die jeweiligen Frauen übersetzte, ergab sich in ihrem Alltag eine willkommene Abwechslung.

Dass eine Frau wie Shahin zu ihrem Patientenstamm gehörte, die längst integriert war und über ein akzentfreies Finnisch verfügte, amüsierte Lenja insgeheim. Bei der finnischen Krankenkasse galt sie also noch als Ausländerin, auch wenn sie seit über zwanzig Jahren hier war. Aber wenn sie damit bewirken konnte, dass Shahin regelmäßig zum Arzt ginge, würde sie die Letzte sein, die diesem Entscheid widerspräche.

Es war um die Mittagszeit, als sie ein Anruf erreichte. Eine syrische schwangere Patientin war mit einer Blinddarmentzündung in das Central Hospital von Lahti auf die chirurgische Station eingewiesen worden.

Ihr Mann war zwar bei ihr, aber er verstand kaum ein Wort Englisch. Französisch hatten sie bereits versucht. Ohne Erfolg.

»Du sprichst doch auch Kurdisch. Kannst du nicht vorbeikommen?«, fragte ihr Kollege hoffnungsvoll.

Lenja stöhnte auf. Ihr Terminkalender war übervoll.

Da hatte sie eine Idee. Oben im Säuglingszimmer arbeitete schließlich Shahin. Kurdisch musste ihre Muttersprache sein.

»Ah, ja. Shahin!« Der Name schien ihm ein Begriff zu sein. Kein Wunder, dachte sich Lenja. Es hätte sie eher gewundert, wenn er mit diesem Namen nichts hätte anfangen können. Plötzlich hatte er es eilig, sich zu verabschieden. »Danke für den Tipp. Hei hei!«

»No hei!«, antwortete Lenja, aber er hatte schon aufgelegt. Sie lächelte. Da konnte es wohl jemand kaum erwarten, einen Grund zu haben, Miss Finnland zu kontaktieren.

UM FÜNF VERABSCHIEDETE sie ihre letzte Patientin. Nach kurzer Überlegung entschied sie sich, nach Hollola zu fahren und im Päijät Häme Central Hospital ihre Patientin zu besuchen. Es war zwar nicht mehr unbedingt nötig, denn ihr Kollege hatte sich kein weiteres Mal gemeldet. Sie nahm an, sie waren zurechtgekommen, aber es würde nicht schaden, sich darüber Gewissheit zu verschaffen. Dann könnte sie auf der gynäkologischen Abteilung Paula besuchen, sofern sie Dienst haben sollte. Und wer weiß, vielleicht ergäbe sich die Möglichkeit zu einem kleinen Plausch unter Kollegen.

LENJA PARKTE ihr Auto in der Tiefgarage für die Mitarbeiter des Hauses, obwohl sie genau genommen keine Mitarbeiterin des Klinikums mehr war. Aber sie war immer noch Belegärztin und als solche hatte sie ihren Ausweis nicht zurückgeben müssen.

Mit dem Aufzug fuhr sie in den zweiten Stock, wo sich die chirurgische Abteilung befand.

Ihre Patientin war nicht mehr auf Station. Sie war sofort operiert worden und befand sich nun im Aufwachraum. Die

OP-Einverständniserklärung hatte sie unterschrieben. Eine Schwester vom Haus hatte es ihr übersetzt.

»Schwester Shahin?«, fragte Lenja die diensthabende Schwester.

»Keine Ahnung, wie sie geheißen hat. Eine sehr Hübsche.«

Also Shahin! »Danke«, sagte Lenja und ging hoch in den vierten Stock auf die gynäkologische Abteilung. Es hatte also geklappt.

Der vertraute Geruch der Säuglingsstation schlug ihr schon auf dem Gang entgegen. Diese Mischung aus Fencheltee und Desinfektionsmittel. Erwartungsvoll betrat sie das Schwesternzimmer. Von Paula war keine Spur.

»Hei«, sagte sie zu der Lernschwester, die am Schreibtisch saß. »Hat Paula zufällig Dienst?«

»Ja, Paula ist hier«, antwortete sie zu Lenjas Freude, »die ist gerade in Zimmer 15. Soll ich sie rufen?«

»Danke, nein. Ich wollte nur kurz vorbeischauen. Ich warte.«

Es dauerte zehn Minuten, bis Paula auf der Bildfläche erschien. Sie erkannte die Ärztin schon von Weitem.

»Lenja!«, rief sie über den Gang, begrüßte sie freudig.

»Das ist ja mal nett, dass du dich blicken lässt. Hast du eine Patientin bei uns?«, erkundigte sie sich wissbegierig.

»Nicht bei euch, aber auf der Chirurgie. Blinddarm. Ich dachte, ich schau kurz vorbei.«

»Hast du Zeit für einen Kaffee?«

»Immer.«

Paula zog sie mit sich ins Dienstzimmer und schob sie auf einen Stuhl. Die Schülerin wagte ein schüchternes Lächeln, als Paula die Tür hinter ihnen schloss, drei Tassen auf den Tisch stellte und Kaffee aus einer Thermoskanne hineingoß.

»Wer arbeitet heute mit dir?«, fragte Lenja arglos.

»Riita, Terttu und Maya. Aber ich glaube, Maya kennst du noch nicht. Sie ist neu.«

Shahins Name fiel nicht. »Ah.« Lenja fragte sich, ob sie enttäuscht war. Sie führte ihre Tasse zum Mund, nahm einen großen Schluck. »So gut wie früher«, schwärmte sie. Lenja hatte Paulas Kaffee immer am meisten gemocht.

Ein Piepsen ertönte. Die Patientin in Zimmer 13 rief nach der Schwester. Die Schülerin erhob sich und verließ den Raum. Kaum war sie fort, senkte Paula ihre Stimme und sagte verschwörerisch: »Ich habe gehört, Shahin ist nun deine Patientin.«

Lenja zog lediglich die Augenbraue hoch.

»Du brauchst nichts dazu zu sagen. Ich wollte nur, dass du weißt, wie sehr mich das freut. Weißt du, ich arbeite sehr gerne mit ihr zusammen und ich gönne es ihr von Herzen, dass du sie betreust, weil ... sie wünscht sich schon so lange ein Kind.« Irgendwie erschien ihr Paula heute etwas konfus. Was war plötzlich mit ihr los? Auf einmal redete sie sehr viel und sehr durcheinander.

»Komisch«, sagte Lenja und packte die erste Gelegenheit beim Schopf, die sich ihr bot, um zum Thema zu kommen, »ich hatte immer angenommen, Shahin sei etwas eingebildet.«

»Eingebildet?« Paula war empört. »Shahin ist eine ganz wunderbare Kollegin. Wie kommst du darauf, sie sei eingebildet?«

»Ich dachte ja nur. Als ich auf Station zur Visite kam, war immer sie es, die mich begleitete und bei der Teambesprechung redete auch immer nur sie. Irgendwie hatte ich angenommen, sie spiele sich in den Vordergrund.«

Paulas Augen wurden groß. »Nein, nein. Überhaupt nicht, das hatte ganz andere Gründe.« Sie zögerte, führte aber nicht aus, welche es waren. »Shahin ist die kollegialste, liebste

.

87

Mitarbeiterin, die wir hier jemals hatten«, schob sie mit Nachdruck hinterher.

»Schön.« *Dann ist das ja geklärt.*

Die Schülerin kam zurück. »Kannst du mal kommen? Frau Häämaleinen geht es nicht gut.«

Paula sprang sofort auf, nicht ohne Lenja einen bedauernswerten Blick zuzuwerfen.

»Ich muss sowieso los«, sagte Lenja. »Danke für den Kaffee.«

»Kommst du nächsten Montagabend zum Mitarbeitertreffen? Wir sind wieder beim Türken«, fragte Paula beim Gehen.

»Klingt nicht schlecht. Wenn ich es einrichten kann, komme ich.«

»Bis dann!«, sagte Paula und lächelte hoffnungsvoll.

»Bis dann.« Lenja spülte die Tassen, bevor sie das Stationszimmer verließ und sich zufrieden auf den Heimweg machte.

So, so, Shahin ist also die liebste und kollegialste Mit- arbeiterin, die sie je hatten.

Es tat ihr gut, das zu hören. Und Shahin wünschte sich schon lange ein Kind. Es war nicht die bloße Laune einer Diva.

Wie hatte sie das jemals annehmen können?

KAPITEL 10

*E*s hatte aufgehört zu regnen und erste zaghafte Schneeflocken fielen auf Lahti. Lenja war es, als hätte sich die friedliche Stille des einbrechenden Winters auf ihr Gemüt übertragen. Ihre Welt war in Ordnung, so wie sie war.

Die geregelte Arbeitszeit des Gesundheitszentrums ließ ein verlängertes Wochenende zu, in dem sie ihre Schwester Tapi in Oulu besuchte. Ihr Mann war auf Tagung und die Kinder zu Besuch bei den Großeltern. Was war naheliegender, als mit der älteren Schwester ein sturmfreies Wochenende zu feiern?

»Bist du Weihnachten in Rovaniemi?«, fragte ihre Schwester Lenja beim ersten gemeinsamen Essen am Abend. Wie jedes Jahr besprachen sie rechtzeitig, wer von ihnen beiden die Eltern an Weihnachten besuchte. Ihre Schwester hatte nicht vor, jedes Jahr so weit in den Norden zu fahren.

»Ich weiß noch nicht, was ich mache. Vielleicht bin ich auch in der Hütte.«

»Allein oder zu zweit?« Tapi zwinkerte ihr zu.

Lenja ging nicht darauf ein. »Allein.«

»Oh, hast du Liebeskummer?« Sie runzelte ihre Stirn.

»Nicht mehr«, sagte Lenja. »Es ist vorbei.«

»Möchtest du darüber reden?«

»Nein. Das ist die Sache nicht wert. Ich war naiv, das ist alles.«

Ihre Schwester schwieg eine Zeit lang. Dann fragte sie: »Eine deiner ausländischen Patientinnen?«

Lenja klappte der Mund auf. »Ja«, gestand sie. »Woher weißt du das?«

»Wenn du sagst, du warst naiv, dann hast du etwas anderes geglaubt und angenommen, als die Frau deines Herzens. Und wo könnte das leichter passieren, als wenn zwei Menschen eine unterschiedliche Sprache sprechen und einen unterschiedlichen kulturellen Hintergrund haben.«

Lenja dachte darüber nach. »Ist das ein Vorurteil?«

»Nein, Erfahrungswerte. Ich hatte doch mal etwas mit einem Senegalesen. Weißt du noch?«

Lenja lachte. »Ja, ich erinnere mich. Aber mit Ayasha war es anders. Trotzdem hätte ich es wissen müssen.«

Ihre Schwester lächelte. »Sei nicht so streng mit dir. So ist es nun mal, wenn man verliebt ist.«

»Dass man sich zum Affen macht?«

Die Schwester nickte. »Ja. Das ist so. Machst du es nicht, liebst du nicht richtig.«

Es war ihr völlig ernst und in diesem Moment verzieh Lenja sich selbst ihren Irrtum. »Merkwürdig, wie der Verstand einfach aussetzt, wenn man sich etwas so sehr wünscht.«

»Frag mich einfach das nächste Mal. Ich sag es dir dann, ob es Zukunft hat«, bot sie sich an, grinste ungeniert und goss Wein nach.

»Kippis!« Prost.

»Kippis«, antwortete Lenja. Was für eine gute Entscheidung, ihre Schwester zu besuchen.

Sie blieb zwei Nächte und sie verbrachten viel Zeit miteinander, gingen bummeln, saßen in Cafés, philosophierten über das Leben, über Männer, Kinder und Freunde. Sie sahen sich nicht mehr oft. In der Regel zweimal im Jahr, wenn kein runder Geburtstag oder eine Beerdigung dazwischenkam. Es war nicht die Quantität, die ihr Verhältnis ausmachte. Lenja wusste, wenn sie ihre Schwester bräuchte, wäre sie da. Und andersherum war es genauso der Fall.

Es fing an zu schneien, als sie heimfuhr. Als sie Lahti erreichte, war die Stadt endlich mit einer geschlossenen Schneedecke überzogen.

Das Gesundheitszentrum wurde weihnachtlich dekoriert. Schlagartig zog eine festliche Stimmung ein. Lenja gefiel es.

Mitte der Woche kam ein Päckchen, das an sie persönlich gerichtet war. Als Helena von unten anrief und ihr einen Paketboten anmeldete, erriet Lenja bereits, um was es sich handelte. Sie nahm das Päckchen der Samenbank entgegen, quittierte mit ihrer Unterschrift. »Kiitos«, sagte sie. Danke. Irgendwie fühlte sie sich wirklich beschenkt. Sie musste Shahin anrufen. Dass es so rasch gehen würde, hatte sie gar nicht gedacht.

Als es ihre Zeit im Laufe des Nachmittags zuließ, wählte sie die Handynummer, die Shahin bei der Aufnahme angegeben hatte. Sie erreichte sie nicht, sprach stattdessen auf die Mailbox. Sie meldete sich mit Gesundheitszentrum Lahti, damit Shahin gleich wusste, um was es sich handelte, wurde dann aber weniger förmlich: »Hei, Shahin! Hier ist Lenja. Ich wollte dir nur kurz Bescheid geben, dass dein Päckchen angekommen und bei mir in guten Händen ist. Melde dich einfach, wann du es abholen möchtest. Ich bin immer bis sechs Uhr abends da.«

Als sie auflegte, dachte sie, Shahin hatte sicher Frühschicht und käme wahrscheinlich im Laufe des Nachmittags. Aber sie kam nicht. Auch am nächsten Tag nicht und dem Tag darauf. Am Freitag versuchte Lenja noch einmal, sie anzurufen. Aber wieder war nur die Mailbox dran. Kurzerhand delegierte sie den Anruf an Helena von der Patientenaufnahme: »Sei so gut, versuch doch mal, Shahin Gelavêj zu erreichen, und stell sie zu mir durch.«

Es dauerte keine zwei Minuten und ihr Telefon klingelte erneut. Lenja meldete sich: »Shahin ist in der Leitung!«, hörte sie Helena sagen.

»Wie hast du das denn so schnell geschafft?«, fragte Lenja verblüfft.

»Ich, äh ...« Helena hielt sich auffallend zurück. »Shahins Nummer hat sich geändert.«

»Wie geändert? Seit wann?«

»Hatte ich vergessen, das im Programm zu ändern?«, stellte Helena sich dumm. »Shahin hatte irgendwann einmal angerufen und eine andere Nummer durchgegeben. Ihr anderes Handy war wohl gestohlen worden.«

Na, toll! »Danke für deine prompte Benachrichtigung!«, konnte sich Lenja nicht verkneifen zu sagen, bevor sie auf die Taste drückte und sich um einen freundlicheren Tonfall bemühte, was ihr nicht schwerfiel, als sie Shahins erfreute Stimme hörte. Shahin überhäufte sie mit Fragen.

»Ja. Das Päckchen ist da ... nein, schon seit drei Tagen. Ich habe dich nicht erreicht. Helena ... ja, das ging wirklich rasch ... nein, das hätte ich auch nicht vermutet.«

Shahin erschien ihr völlig aufgelöst. Und es dauerte nicht lange, da erfuhr sie den Grund dafür. Sie hatte heute Morgen den LH-Tester benutzt, mehr auf gut Glück, sie war noch gar nicht in der Mitte ihres Zyklus. Doch der Tester hatte reagiert!

»Ah«, sagte Lenja und machte eine Pause. »Ein Irrtum ist ausgeschlossen?«

»Ja.«

»Und du möchtest sobald als möglich einen Versuch starten?«

»Ja. Natürlich. Gerne. Was mache ich denn jetzt? Ich habe Spätschicht bis um neun. Kann jemand anderes für mich das Päckchen abholen?«

»Natürlich.«

»Und wenn ich nicht damit zurechtkomme?«

»Es ist nicht sonderlich schwer. Eine Anleitung liegt anbei. Du nimmst einfach immer zwei Kapillaren pro Insemination, ziehst sie in eine Spritze auf ...« Lenja stockte mitten im Satz, als ihr noch etwas einfiel. »Bist du mit dem Handling von einem Menstruationscup vertraut?«

»Was? Nein. Bisher habe ich nur OBs verwendet. Warum brauche ich den?«

»Du weißt, dass du nach der Insemination mindestens eine Viertelstunde liegen sollst. Anschließend empfehle ich immer einen Menstruationscup einzuführen, damit der Samen, auch wenn du aufstehst, noch länger am Gebärmuttermund verbleiben kann. Es erhöht die Chance einer Aufnahme.«

Es wurde still am anderen Ende der Leitung. Sie fühlte, wie Shahin mit sich kämpfte.

»Ich glaube, es ist besser, ich mache es doch erst ab nächsten Monat«, hörte sie Shahins Stimme. Eine warme Stimme, die jetzt bemüht war, gefasst und vernünftig zu klingen. »Ich sollte mich erst mal mit der Materie vertraut machen.«

Shahin wünscht sich schon lange ein Kind, erinnerte sich Lenja an Paulas Bemerkung und versuchte ihre Bedenken zu relativieren. »Es ist kein großes Ding, weder das mit dem Cup, noch der Umgang mit dem Samen.«

Als Shahin nicht auf ihre Bemerkung einging, fragte sie: »Wolltest du es wirklich so bald wie möglich versuchen?«

»Ja, schon«, kam umgehend die Antwort.

Man sollte den Kinderwunsch einer Frau immer ins Zentrum stellen, hatte Lenjas Professor zu ihren Zeiten an der Uni wiederholt rezitiert.

»Wie lange arbeitest du heute?«

»Bis neun.«

»Und das Wochenende hast du frei?«

»Ja.«

»Gut.« Beste Voraussetzungen für einen ersten Versuch. »Dann werde ich nach deiner Schicht bei dir vorbeikommen. Ich bringe dein Päckchen mit, auch ein paar Modelle von Menstruationstassen, die mir eine Vertreterin dagelassen hat. Wäre das okay?«

»Das würdest du tun?«, fragte Shahin entgeistert.

Lenja schmunzelte. »Ich habe das Gefühl, ich habe etwas wiedergutzumachen.« Shahin konnte das gerne auf ihre Fahrt zur Sibelius-Halle beziehen. Sie musste nicht wissen, dass Lenja etwas anderes wiedergutzumachen hatte.

»Ja, das wäre ... großartig.« Shahin war so gerührt, dass sie nach Worten rang.

»Schön. Halb zehn? Wir sprechen alles ausführlich durch, dann kannst du es am Wochenende angehen, okay?«

Shahin stieß die Luft aus. »Wahnsinn!«

»Bis dann.«

»Halt. Ich muss dir doch sagen wohin du …«

»Ich habe deine Adresse, Shahin, sie steht auf deiner Karteikarte.« Lenja lachte. Shahin war ja wirklich ganz durcheinander. »Moi, moi«, sagte sie zum Abschied. Bis dann!

Sie legte auf und nahm sich vor, mit Helena gelegentlich noch ein paar Takte zu reden. Aber andererseits, woher hätte sie wissen sollen, dass sie ihre Patientin in einer ganz besonderen Angelegenheit dringend erreichen wollte?

Also hakte sie das Thema ab.

Sie erhob sich, öffnete die Tür. Es wurde Zeit für die nächste Patientin.

»Frau Lindström, bitte!«

ALS LENJA zehn nach sechs das Gesundheitszentrum verließ, trug sie einen Klappkorb mit sich. Darin befand sich ein Päckchen mit flüssigem Stickstoff, einige Menstruationstassen in unterschiedlicher Größe und ein kleines Schächtelchen mit Vitaminen des B-Komplexes. Dies hatte sie zuletzt hineingelegt. Jede Frau, die schwanger werden wollte, sollte sicher sein, über genügend Vitamin B zu verfügen.

Mit dem sperrigen Korb hatte Lenja Probleme, die Tür zu öffnen. Zu Hause würde sie ihn gegen eine unauffällige Tasche eintauschen.

Aber nun war es an der Zeit, sich in ihr Wochenende zu stürzen. Und das wollte sie mit dem Besuch in der Schwimmhalle beginnen.

KAPITEL 11

*L*enja warf einen Blick auf die Uhr in der Schwimmhalle. Halb neun. Sie stieg aus dem Wasser.

Für heute musste es genügen, wenn sie noch in der Sauna sitzen wollte.

Der Besuch im Schwimmbad an einem Freitagabend war ihr gewöhnliches Ritual zum Wochenendauftakt. Die schöne Jugendstilhalle trug immer rasch zu ihrer Entspannung bei. Sie entledigte sich ihres Badeanzuges, nahm sich eine Sitzunterlage und begab sich in die Sauna. Sie war fast leer. Eine Mutter und ihr Kind saßen darin. Lenja grüßte sie freundlich, legte sich auf die oberste Bank und schloss die Augen. Nach fünfzehn Minuten setzte sie sich wieder auf. Mittlerweile war sie allein, brauchte sich mit niemandem mehr abzusprechen. Ihre Hand griff nach der Kelle mit dem Wasser und sie leerte sie über dem Ofen. Es zischte und heißer Dampf erfüllte den Raum, schlug sich auf sie nieder.

Herrlich.

Ihr Magen knurrte hörbar. Schade, dass sie Shahin nicht schon besser kannte, sonst hätte sie auf dem Weg zu ihr zwei Pizzen mitgebracht.

. . .

PÜNKTLICH UM HALB ZEHN stand Lenja vor Shahins Tür mit einer Umhängetasche, die gut gefüllt aussah.

Shahin öffnete, kaum, dass sie geklingelt hatte.

»Hei! Vielen Dank, dass du dir die Mühe machst, um diese Zeit noch zu kommen. Ich konnte es kaum fassen, als du ...«

»Hei!«, fiel ihr Lenja ins Wort. »Darf ich reinkommen?« Lange Dankesreden waren ihr unangenehm.

Shahin trat sofort zur Seite. »Sorry, klar. Komm doch.«

Lenja nahm die Tasche von der Schulter, drückte sie ihr in die Hand. »Dein Päckchen. Mit den besten Empfehlungen.« Sie grinste, bückte sich, zog sich die Schuhe aus.

Anstatt sich dem Inhalt der Tasche zu widmen, stellte Shahin sie lediglich irgendwo ab und machte Anstalten, ihr beim Ausziehen der Jacke behilflich zu sein.

»Geht schon, danke«, sagte Lenja rasch.

Shahin ließ es sich nicht nehmen, ihre Jacke an den Haken zu hängen. Dabei fragte sie: »Kann ich dir etwas anbieten? Kaffee vielleicht?« Ihre Hand machte eine einladende Geste in Richtung Wohnzimmer. »Komm doch kurz rein.«

Lenja nahm die Einladung an, schaute sich wenig später verblüfft um. *Wow!* »Gemütlich hast du es hier!«

»Gefällt es dir?«

Das Wohnzimmer erstrahlte bunt und farbenfroh. Überall wuchsen Pflanzen, hingen Tücher, Mobiles, Traumfänger. An den Wänden standen Regale voll von Büchern. Trotzdem erschien alles geordnet und aufgeräumt. Ein Chaos mit System, fiel ihr als Erstes ein.

Lenja lächelte. »Du bist ein kreativer Mensch, wie ich sehe.«

»Ich weiß, es ist zu voll, aber ich kann mich von manchen Dingen einfach nicht trennen.«

Irgendwie wartete Lenja noch darauf, dass ein Hund oder eine Katze unter dem Sofa hervorgekrochen kam.

»Du hast kein Haustier?«, fragte sie.

Shahin wunderte sich nicht über ihre Frage. »Haustiere sind hier leider verboten. Vielleicht ist es auch besser so. Ich hätte ja doch keine Zeit.«

Das Wohnzimmer mit seinem beigefarbenen Rattan-Sofa ging in eine Küche über, abgegrenzt durch eine Bar mit zwei Hockern. Sehr einladend. Die Arbeitsplatte der Küche stand voll mit Kräutern, einem Messerblock, diversen Mörsern, Küchengeräten und einem Kaffeeautomaten.

»Trinkst du einen normalen Kaffee, Cappuccino oder Mokka?«

»Mokka. Danke.«

Eine weitere Tür führte wohl ins Schlafzimmer, eine schmalere auf den verglasten Balkon hinaus. Auch jetzt standen dort überall winterharte Pflanzen, zum Teil schon mit Lichterketten geschmückt. Lenja lächelte darüber.

Ihr Blick blieb an einem Zimmerbrunnen hängen, ein kleines Bambushäuschen, das auf einer Tonschale stand. Verschiedene Bambusröhrchen führten vom Dach aus stockwerkweise nach unten, um sich letztendlich in einem Rinnsal der Tonschale zu sammeln. Aber jetzt stand das Wasser still.

»Oh«, bedauerte Lenja. »Ist er kaputt?«

Shahins Gesichtsausdruck wechselte augenblicklich. »Ja, leider. Dabei habe ich ihn noch gar nicht lange.«

»So ist das mit den exotischen Dingen. Wo hast du ihn her? Aus Thailand?«

»Nein, von Hongkong.«

Lenja prustete los. Hongkong war der Baumarkt inmitten von Lahti. Die Frau hatte Humor.

»Ich war auch schon dort und wollte einen Neuen kaufen, aber es gab keine mehr und zum Reparieren einschicken wollten sie ihn auch nicht.«

»Schade.« Lenja begutachtete ihn genau. Er gefiel ihr. Wirklich schade, dass er nicht mehr funktionierte.

Ihr Magen knurrte. Shahin war ihr zu nahe, um es zu überhören.

»Hast du Hunger? Bleibst du zum Essen?«, fragte sie sofort.

Lenja lehnte höflich ab, aber sie sehnte sich schon nach zu Hause, wenn sie sich über die Reste in ihrem Kühlschrank hermachen könnte. Das Schwimmen machte sie immer hungrig.

Shahin hätte es dabei belassen können. Tat sie aber nicht. Sie sagte in ihrer unkomplizierten Art: »Ich hätte dich sehr gerne zum Essen eingeladen, wenn du dir schon die Mühe machst, zu mir zu kommen. Weißt du, ich koche sehr gerne. Und den meisten meiner Gäste schmeckt es ziemlich gut.«

Lenja zweifelte nicht daran, dass eine Tochter kurdischer Einwanderer das Kochen gründlich gelernt hatte. Und weil sie Shahins Einwand so berührend ehrlich empfand, gab sie zu: »Ich war tatsächlich einen Augenblick versucht, Pizza mitzubringen.«

Shahin hielt einen Moment inne, als könne sie es nicht glauben, dann strahlte sie. »Das hättest du getan?«

Lenja fragte sich, was daran so großartig sein sollte.

Doch sie erriet es sofort. Für Shahin bedeutete es, sie blieb zum Essen. »Das wäre ja wunderbar! Oh ja, lass uns gemeinsam essen.« Und dann zählte sie Lenja alles Mögliche auf, was sie ihr anbieten könnte. »Was magst du am liebsten?«

Mit keiner der Speisen, die sie genannt hatte, assoziierte Lenja irgendetwas. Sie stand da und versuchte, die Situation zu erfassen. Da räumte eine sehr anmutig erscheinende Frau sichtlich erfreut ihren Kühlschrank aus, der ebenso gefüllt war wie die ganze restliche Wohnung. Was sie an Essen aufzählte, erschien Lenja eher die Menüfolge für einen

Feiertag zu sein. Die Tasche mit dem Päckchen hingegen, weswegen sie gekommen war, lag immer noch so auf dem Boden, wie sie es abgelegt hatte. Es schien Shahin wichtiger zu sein, dass sie zum Essen blieb. Sie hatte eben doch einen kurdischen Migrationshintergrund. Lenja ließ ihren Magen für sie antworten: »Ich mag alles. Ich bin ein völlig unkomplizierter Gast.« Ein sehr Hungriger dazu.

Shahins Augen blitzten auf. Als sie lachte, konnte Lenja wieder ihre goldene Teilkrone sehen. Shahin entschied sich für eine große Schüssel aus dem Kühlschrank und zwei kleinere. »Dann mach ich uns Reis dazu.«

Lenja war sich sicher, dass es auch ohne Reis gereicht hätte.

»Wo möchtest du essen? Hier?« Sie deutete auf die Barhocker mit der erhöhten Arbeitsplatte. »Oder im Wohnzimmer?«

Als sei sie schon öfter hier zu Gast gewesen, sagte Lenja: »Im Wohnzimmer. Ich kann ja schon mal den Tisch decken.«

»Teller und Besteck findest du auf der rechten Seite der Kommode.«

Im Schrank und in den Schubladen war alles sehr sauber. Kein einziger Krümel. Lenja nahm sich vor, ihre eigene Küche auch mal wieder gründlich zu putzen.

Shahin zerkleinerte im Handumdrehen eine Zwiebel in feine Würfelchen, dünstete sie mit etwas Olivenöl an, bevor sie den gewaschenen Reis dazu gab und es mit Wasser aufgoss. Die Dunstabzugshaube lief und beide Frauen werkelten Hand in Hand, als hätten sie es schon öfter gemacht.

»Was für Gläser?«, fragte Lenja. »Die Hohen oder die von Hongkong?« Bevor Shahin überhaupt etwas sagen konnte, hatte sie sich selbst schon für die einfachen Gläser von Hongkong entschieden, weil der Baumarkt ihr ebenfalls sympathisch war.

Shahin sah es. »Genau die. Schade, Wein wäre jetzt nicht schlecht gewesen oder kann ich dir welchen anbieten.«

»Muss nicht sein, ich fahre doch«, versicherte die Ärztin sofort. Alkohol vertrug sich weder mit Autofahren noch mit der Absicht, schwanger zu werden.

Die Mikrowelle piepste. Auf einmal roch es nach Paprika und Knoblauch. Shahin rührte den Inhalt um, stellte die Uhr erneut.

»Du magst doch Knoblauch?«

»Ja, sicher.«

»Ich tu auch nicht so viel rein wie meine Mutter, aber etwas Knoblauch ist ein absolutes Muss für Tirşik. Du magst Lamm?«

»Bestimmt.« Lenja konnte sich nicht erinnern, jemals Lamm gegessen zu haben.

Shahin schob Fladenbrot in den Ofen zum Aufbacken. Und während Lenja ihren Mokka trank, verwandelte sich der Tisch in eine gedeckte Tafel.

»Der Reis ist gleich so weit. Ich mach uns noch kurz einen Salat.«

»Mach dir bitte nicht zu viele Umstände.« Unnütz, es zu sagen. Shahin war in ihrem Element. Mit wenigen Handgriffen wusch sie Salat, schnitt Tomaten klein.

»Die Salatsoße habe ich immer schon auf Vorrat im Kühlschrank. Es ist also kein großer Aufwand«, fügte sie hinzu.

»Und Essen für eine ganze Gesellschaft hast du auch immer im Kühlschrank?«

Shahin lachte wieder. Jegliche Nervosität war von ihr abgefallen. Jetzt war sie völlig gelöst.

»Nein, nicht immer. Ich habe gestern vorgekocht für das Wochenende. Wenn ich frei habe, dann ist Freitag für mich immer der Start ins Wochenende – mit einem leckeren Essen. Und da ist mir dann auch egal, wie sehr ich hinterher nach Knoblauch rieche.«

»Ein schönes Ritual«, meinte Lenja. »Ich gehe meist ins Schwimmbad, ziehe ein paar Bahnen und setze mich dann in die Sauna. Damit startet mein Wochenende.«

Shahin sah sie entsetzt an. »Oh Gott, und das habe ich dir heute vermasselt?«

»Nein. Ich war schwimmen, keine Sorge. Im Gegensatz zu dir hatte ich schon um sechs Feierabend.« Nach einer kurzen Pause ergänzte sie: »Es hat durchaus seine Vorteile, im Gesundheitszentrum zu arbeiten.«

Shahin schlug die Augen nieder. »Es war trotzdem sehr schade, dass du gegangen bist.« Eine Äußerung, die so betroffen klang, dass Lenja es vorzog zu schweigen, bevor sie eine Bemerkung machte, die unangebracht wäre. Eine peinliche Stille entstand.

Shahin bemerkte es. »Ich glaube, der Reis ist so weit.«

»Guten Appetit«, sagte sie etwas später, nachdem sie beide Gläser mit Wasser gefüllt hatte. »Magst du lieber Tonic Water?«

»Nein, danke. Wasser ist prima.«

»Du kannst mit der Pide und den Dips anfangen, wenn du möchtest. Das ist allerdings keine festgelegte Reihenfolge. Meist isst man alles durcheinander, auf was man gerade Lust hat.«

Lenja überlegte einen Augenblick, ließ ihren Blick genießerisch über den Tisch gleiten. Darauf stand ein Korb mit Fladenbrot und zwei verschiedenen Dips, eine Schüssel mit dem Lamm in Gemüse, Reis und Salat.

Sie bemerkte Shahins Blick und entschied sich für die ofenwarme Pide. Dazu nahm sie sich einen Klecks von dem hellen Dip, von dem Shahin sagte, er schmecke sehr nach Knoblauch, und einen Klacks von dem scharfen Chili-Paprika-Dip.

»Mhm«, gab sie von sich beim ersten Bissen. »Das ist ja oberlecker! Hast du oft Gäste zum Essen?«

»Ja«, sagte Shahin nur. »Allein zu essen macht mir keinen Spaß.«

»Es hat also Vorteile, dich zur Nachbarin zu haben.«

Das Essen zog sich hin und Lenja nutzte die Gelegenheit, mehr von ihrer Gastgeberin zu erfahren. Shahin gab bereitwillig Auskunft über ihre frühere Heimat, soweit sie sich erinnern konnte, über ihre Schulzeit hier in Finnland, ihre Freunde, ihre Eltern. Und über ihre Großmutter, die leider zunehmend dement wurde.

»Ich liebe meine Großmutter. Sie will immer nur mein Bestes.«

»Wollen das deine Mutter und dein Vater nicht auch?«, fragte Lenja.

Shahin lächelte höflich. »Natürlich.«

Aber Lenja fühlte, dass es da etwas gab, was zwischen ihnen stand. Plötzlich sah sie verletzlich aus. So wie an ihrem ersten Gespräch, kurz bevor sie das Behandlungszimmer verlassen hatte. In Lenja regte sich ein Beschützerinstinkt, was sie selbst verblüffte. Die letzte Frau, die sie geglaubt hatte, beschützen zu müssen, war Ayasha gewesen. Lenja betrachtete möglichst unauffällig die große selbstbewusste Frau, die ihr gegenübersaß. Ganz gewiss hatte sie keinerlei Schutz nötig.

Was war los mit ihr?

Wieder stellte sie fest, dass Shahin Gefühle in ihr auslöste, mit denen sie nicht gerechnet hätte. Erstaunlich. Aufmerksam hörte sie ihr zu, ließ sich kein Wort von ihr entgehen.

Und Shahin redete und redete. Es war sehr amüsant, ihr zuzuhören. Sie hatte Esprit, war eine gebildete Frau, mit der man sich wunderbar austauschen konnte: über das Leben, die Arbeit, über Musik, Politik. In allem war sie gut bewandert und vertrat eine vernünftige, reflektierte Meinung. Lenjas Hochachtung vor ihr wuchs von Minute zu Minute.

Und wieder leistete sie in Gedanken Abbitte.

Schöne Menschen waren nicht alle eingebildet und oberflächlich. Denn nichts davon traf auf ihre Gastgeberin zu. Sie war einfach nur auffällig gutaussehend. Das war alles.

Dazu konnte sie vorzüglich kochen. Hätte sie ein Glas Wein vor sich, hätte sie auf ihr Wohl angestoßen. Aber Shahin konnte ja nicht, sie wollte ja dieses Wochenende ... Da rief sie sich ins Gedächtnis zurück, weswegen sie ursprünglich gekommen war.

»Vielleicht sollten wir jetzt den Inhalt deines Päckchens begutachten, bevor ich zu müde dazu bin«, schlug sie vor.

»Ja, natürlich.« Shahin erhob sich augenblicklich.

Rasch räumte sie den Tisch ab. Lenja half ihr dabei und stellte alles in die Spülmaschine. Shahin wischte den Tisch ab, stellte die Gläser zur Seite und gemeinsam beugten sie sich etwas später über die so neutral aussehende Postsendung.

Lenja zog vorsichtig das Paketklebeband ab, öffnete es. Zum Vorschein kamen: ein Behälter mit dem Gefriergut, eine ausführliche Anleitung, etliche Einmalspritzen und ein Paket Einmalhandschuhe.

»Sollen wir ihn mal öffnen?« Lenja zeigte auf den Stickstoffbehälter.

Shahin nickte. Gespannt ließ sie Lenjas Hände nicht aus den Augen.

Lenja zog sich ein Paar Handschuhe über, öffnete den Behälter. Stickstoffdampf entwich. Etliche Haarkapillaren mit Samen waren fein säuberlich in drei Reihen aufgestellt.

Der Anblick löste tiefe Dankbarkeit in ihr aus. War es nicht eine gnadenvolle Sache, dass so eine Samenspende in ihrem Jahrhundert möglich war? Wie viele Frauen machte man dadurch glücklich?

Shahin musste etwas Ähnliches durch den Kopf gegangen sein. Sie schaute geradezu andächtig. Lenja schloss den Behälter wieder. Beide Frauen sahen sich an und lächelten.

»Und dein LH-Tester hat sich wirklich verfärbt?«

»Möchtest du ihn sehen?«

»Nein, ich glaube es dir auch so.« Lenja zog eine Augenbraue hoch. »Also wäre es demnächst an der Zeit für die erste Samenportion.«

»Ja, das wäre es.«

»Beginnst du heute Abend damit oder fängst du erst morgen damit an?« Mittlerweile konnte sich auch Lenja einer gewissen Neugier nicht mehr entziehen.

»Jetzt bist du da.«

Lenja brauchte eine Weile, um es als Antwort auf ihre Frage zu begreifen. Sie hörte, wie Shahin einatmete.

»Hilfst du mir beim ersten Mal? Jetzt?«

Die Frage kam für die Ärztin überraschend. Für einen Sekundenbruchteil ging ihr der Artikel des letzten Ärzteblattes durch den Kopf, der alle Ärzte davor warnte, sich zu solchen Aktionen hinreißen zu lassen. Eine Patientin in Amerika, die sich ebenfalls von ihrem Frauenarzt das Sperma eines anonymen Samenspenders hatte verabreichen lassen, verklagte ihn anschließend auf Unterhalt – und bekam sogar Recht!

Aber, Shahin war nicht so. »Wenn du es möchtest.«

»Ja, das wäre wunderbar - jetzt mit dir«, sagte Shahin.

»Dann solltest du jetzt zwei Glaskapillaren aus dem Behälter nehmen. Sie brauchen etwas Zeit zum Auftauen.«

»Mach du«, sagte Shahin. »Du hast noch die Handschuhe an.«

Lenja suchte also zwei Röhrchen heraus. Sie nahm es aus unterschiedlichen Reihen und kam sich so vor wie bei der Lotterie. Zum Auftauen steckte sie die Röhrchen auf die entsprechende Halterung und begab sich damit in die Küche. Der Samen benötigte es jetzt etwas wärmer.

»So«, sagte sie, als sie ins Wohnzimmer zurückkam. »In zehn Minuten wäre ich dann so weit. So lange können wir den Umgang mit dem Menstruationscup üben.«

Sie beließen es bei der Theorie. Lenja zeigt ihr, wie man die Cups rollte oder faltete, um sie einführen zu können. Sie empfahl Shahin die kleinste Größe als Erstes auszuprobieren. Das müsste eigentlich für eine Frau passen, die noch nicht entbunden hatte.

Dann verschwand Shahin ins Bad, machte sich fertig zur Nacht, ging auf die Toilette. Je länger sie nach Verabreichung der Samenspende liegen blieb, umso besser.

Währenddessen zog Lenja den Inhalt der beiden Kapillaren in die Einmalspritze auf. Sie musste grinsen dabei. Es war das erste Mal in ihrem Leben, dass ein gemeinsames Abendessen, ein anregender Abend mit einer Frau, mit dem Austausch von Körperflüssigkeiten endete, die in der Lage wären, die andere zu schwängern. Amüsiert klopfte sie eine Luftblase heraus, die mit in die Spritze geraten war. »Ich wäre dann so weit«, murmelte sie vor sich hin.

»Ich auch.«

Lenja hatte die Badezimmertür nicht gehört. Shahin stand hinter ihr, mit einem kurzärmeligen, gestreiften Nachthemd bekleidet. Sogar in diesem Outfit umgab sie eine Aura der Eleganz. Ihr Haar war nach wie vor zu einem seitlichen Zopf geflochten. Es verwunderte sie. Aber was hatte sie erwartet? Dass sie ihr Haar offen trüge zur Nacht?

»Dann sollten wir uns jetzt in dein Schlafzimmer begeben.«

Als sie das Schlafzimmer betrat, wurde sie geradezu erschlagen von seiner märchenhaften Ausstrahlung. Da stand inmitten des Raumes ein Bambus-Himmelbett mit weißen Vorhängen, die nicht mehr waren, als der Hauch von Raureif an einem frischen Morgen. An den Wänden hingen runde Spiegel mit aus Weiden geflochtenen Rahmen in Erdfarben.

Das Bett selbst war über und über voll mit bunten Kissen. Ein Duft lag im Raum, irgendwie orientalisch, aber nicht zu aufdringlich. Es war, mit einem Wort: berauschend.

Das breit ausladende Bett lud dazu ein, sich hineinzuwerfen, und zum ersten Mal drängten sich in Lenja Fragen über Shahins Liebesleben auf.

Nun gut, sie war innerlich gewappnet für das, was auf sie zukäme. »Schön hast du es hier.« Lenja hatte das Gefühl, irgendetwas sagen zu müssen.

»Gefällt es dir?«

Ein Nein wäre eine Sünde gewesen, angesichts der aufwendigen Einrichtung. Lenjas Blick schweifte über gestickte Bilder, Ornamente, Schnitzereien. Sie vermittelten dem Raum eine Geborgenheit und Lebensfreude, die ihresgleichen suchten. Nun verstand sie auch, warum Shahin Fertilisationskliniken ablehnte. Sicher waren sie für eine Frau, die so ein Ambiente bevorzugte, viel zu steril.

»Es ist anders als alle Schlafzimmer, die ich bisher gesehen habe«, sagte sie. Sie war versucht, passendere Worte zu finden. Es gelang ihr nicht, denn Shahin schlug die Bettdecke zurück, legte sich hinein in diesen märchenhaften Traum und Lenja fühlte sich an einen Film erinnert, an Salome, der Blume der Wüste, wie sie nach ihrem Bauchtanz den Scheich verführte.

Für einen Moment wandte sie den Blick ab, ehe er nach ein paar Sekunden zu ihrer Patientin zurückfand.

Shahin lag da, schien auf Lenjas Zeichen zu warten, ehe sie sich des Slips entledigte.

»Leg dir das Kissen unter das Becken, dann ist deine Position optimal.« Die Ärztin nahm ein mittelgroßes Kissen mit in Rot und Gold gestickten Ornamenten, drückte es Shahin in die Hand, die es sich unter den Po schob.

Ein prüfender ärztlicher Blick. »Gut so.«

Lenja zog sich Handschuhe an, während Shahin die Beine

anzog und spreizte. Das Licht war nicht optimal, aber es gab in diesem Raum kein Deckenlicht.

»Darf ich die richtige Stelle kurz ertasten?«

»Natürlich«, sagte Shahin. Sie war die Ruhe selbst, was die Ärztin verwunderte. Jetzt wo es darum ging, endlich schwanger zu werden, war sie völlig entspannt. Und dabei fühlte sogar Lenja nun eine gewisse Anspannung.

Zwei Finger der Ärztin glitten in Shahins Scheidengewölbe, füllten es völlig aus, stießen auf leichten Nachdruck an den Muttermund. Genau dorthin musste das, was sie in der Spritze hatte. Sie beließ ihre Finger dort, wo sie waren, führte mit der anderen Hand die dünne Einmalspritze so weit ein, dass sie in einer Höhe mit ihren Fingerspitzen war. Genau die richtige Stelle!

»Ich wäre so weit. Kann ich?«

Shahin nickte.

Sie sahen sich in dem Moment an, als Lenjas Hand den Bolzen der Spritze nach unten drückte. Ein kurzer Moment, dann war er vorbei.

»Schön«, kommentierte Lenja, als sie vorsichtig Spritze und Finger aus Shahins Unterleib herauszog. »Jetzt heißt es liegen bleiben für dich. Kann ich dir noch was zum Lesen reichen?«

Shahin lächelte glückselig. »Ich glaube nicht, dass ich jetzt lesen möchte oder ...« Mitten im Satz revidierte sie ihre Meinung. »Vielleicht später, wenn ich nicht schlafen kann.«

»Welches Buch möchtest du?«

»Draußen auf dem Gang, das linke Regal, das in der zweiten Reihe mit dem blauen Buchrücken.«

Lenja fand es auf Anhieb, zog es heraus, reichte es ihr. Sie kannte es. Es war ein lesbischer Fantasy-Roman. Sie hatte ihn auch schon gelesen. Das richtige Buch, um sich für ein paar Stunden davontragen zu lassen.

Sie lächelte höflich. »Dann bedanke ich mich für einen

sehr schönen Abend und wünsche dir noch eine gute Nacht. Die Sachen hier ...« Sie hob ihre Faust, die Spritze und Einmalhandschuhe umschloss, »werfe ich in den Mülleimer in der Küche. Okay?«

Shahin nickte. »Vielen Dank, Lenja.«

Es schien ihr, als spräche Shahin ihren Namen zum ersten Mal aus. Oder war ihr das vorher noch nicht aufgefallen?

»Gute Nacht!« Die Ärztin wandte sich zum Gehen, drehte sich an der Tür noch einmal um. »Ich brauche nicht extra zu erwähnen, was sonst noch die Chance auf eine Schwangerschaft erhöht, oder?«

»Nein, brauchst du nicht.« Die Art wie Shahin lächelte, zeigte ihr, dass sie sie verstanden hatte.

»Gute Nacht«, sagte sie noch einmal, trat in den Flur, nahm ihre Jacke von der Garderobe und ließ die Tür hinter sich ins Schloss fallen.

* * *

IM SCHLAFZIMMER HÖRTE Shahin das Geräusch der sich schließenden Tür. Sie durfte nicht bedauern, dass Tiri gegangen war. Nein, sie war so reich beschenkt worden, sie musste zufrieden sein.

Es war okay so.

Es tat nicht weh.

Tiri.

Wenn sie schwanger werden würde, dann durch ihre Hand.

Was könnte förderlicher sein für eine Schwangerschaft, als die Gegenwart der Frau, die man liebte?

Lange Zeit lag sie einfach so da, spürte ihren Gefühlen nach. Dann fand ihre Hand dorthin, wo auch Tiri sie berührt hatte. Was hatte sie gesagt? Ich brauche nicht extra zu erwähnen, was sonst noch die Chance auf eine Schwangerschaft erhöht?

Nein, brauchte sie nicht. Aber sie würde es nicht tun können. Nicht jetzt. Nicht mehr, nachdem sie sie dort berührt hatte.

* * *

Lenja sass hinter ihrem Lenkrad.

Was für ein schöner Abend! Selten hatte sie sich so sehr willkommen und geborgen gefühlt. Zudem war sie pappsatt.

Sie sah auf die Uhr. Es war halb eins.

Von Herzen wünschte sie Shahin viel Erfolg bei allem, was sie sich am Wochenende vorgenommen hatte.

Ein positives Resultat bekäme sie als eine der Ersten mit. Aber meist bräuchte eine Frau etliche Versuche, bis sich eine Schwangerschaft einstellte.

Sie drückte ihr auf jeden Fall fest die Daumen.

Mit einem Lächeln startete sie den Motor und fuhr möglichst leise davon.

KAPITEL 12

*S*hahin verbrachte ein Wochenende voller Muße und Entspannung.

Samstagmorgen stand sie erst sehr spät auf. Erst, als ihre Blase es partout nicht länger aushalten konnte. Dann ging sie ins Bad, ohne sich vorher einen Menstruationscup eingesetzt zu haben. Es war nicht mehr nötig, sie hatte beinahe zehn Stunden gelegen. Spermien, die es bis jetzt nicht in ihre Gebärmutter geschafft haben, taugten sowieso zu nichts.

Mit diesem Gedanken duschte sie ausgiebig, cremte sich ein, schlüpfte in Jeans und Pulli, machte sich eine Tasse Kaffee und aß bereits etwas später zu Mittag. Danach spazierte sie zwei Stunden durch den verschneiten Wald und kam mit geröteten Wangen und geradezu euphorisch wieder zu Hause an. Sie verbrachte den Rest des Tages mit ihren Büchern, ihren Fotoalben, sah abends einen Liebesfilm im Fernsehen. Auch wenn es sich um ein Hetero-Paar handelte, fand sie ihn doch sehr sehenswert.

Shahin unternahm keinen weiteren Versuch, zog keine weitere Einmalspritze mit Spendersamen mehr auf. Sie konnte sich nicht dazu überwinden. Zuerst war sie selbst davon überrascht, hielt es für eine Laune, die durch einen wunderschönen gemeinsamen Abend entstanden war. Doch dann begriff sie.

Sie wollte selbst keinen weiteren Versuch unternehmen. Wenn sie schwanger werden sollte, dann allein durch die Frau, die sie liebte.

* * *

Lenja fühlte sich grossartig. Sie war in glänzender Form.

Einen großen Teil des Wochenendes verbrachte sie auf Skiern, fuhr über frisch gezogene Langlaufloipen durch die Wälder, die Lahti umgaben.

Samstagabend traf sie sich mit Freunden in einer Cocktailbar. Den Sonntagabend verbrachte sie mit Yrjö im Kino, landete anschließend schon wieder in einer Cocktailbar. Ihr war das ganze Wochenende zum Feiern zumute.

Aber es wunderte sie nicht – nicht nach so einem Auftakt wie Freitagabend.

* * *

Montagmittag stapfte Shahin durch den Schnee zur Klinik hinüber, was nicht mehr war als ein Spaziergang einer knappen Viertelstunde. Wenngleich die Gehwege regelmäßig geräumt wurden, lag wieder eine dicke Schicht Neuschnee darauf.

Alles erschien so verzaubert, so unschuldig und unberührt. Ihre Stimmung vom Wochenende hielt immer noch an und sie wappnete sich innerlich auf den Klinikalltag, der sie gleich vereinnahmen würde.

Die Glastür des Haupteingangs öffnete sich und sie tauchte ein in den umtriebigen Klinikalltag mit seinen Geräuschen, Gerüchen, seinen vielen Menschen. Sie fuhr mit dem Aufzug in eines der oberen Stockwerke. Hier war es ruhiger. In fünf Minuten begänne die Übergabe der Frühschicht. Sie ließ ihre warme Jacke in der Frauenumkleide, wechselte ihre warmen Schuhe gegen ein Paar weiße Turnschuhe ein und ging in Richtung Schwesternzimmer.

Alles war wie immer. Alles war Routine. Dennoch fühlte sich heute alles anders an. Tiri war bei ihr gewesen am Wochenende. Und sie hatten sich beide prächtig unterhalten.

Keine ihrer Kolleginnen war anwesend, als sie sich auf einen der Hocker setzte, die im Raum verteilt waren.

Die Praktikantin kam zuerst, grüßte freundlich.

»Heippa hei! Du bist ja schon da.«

»Es ist fünf vor eins. Wo seid ihr denn alle?«

Die Jüngere schaute auf die Uhr. »Wir sind gerade erst fertig geworden.«

Dann kam Paula, sie hörte sie schon von Weitem. »No hei! Wie war dein freies Wochenende?«

Ehe Shahin antworten konnte, fiel Paula etwas ganz anderes ein: »Wo warst du denn Freitagabend? Niemand von euch war da. Auch Tiri nicht, obwohl sie versprochen hatte zu kommen. War echt schade!«

»Oh.« Jetzt erst fiel Shahin wieder das Mitarbeitertreffen ein, einmal im Monat beim Türken. Sie hatte überhaupt nicht mehr daran gedacht. Ein Beweis mehr dafür, wie sehr sie mit sich selbst beschäftigt war. »Tut mir leid, mir ist etwas dazwischengekommen.«

Paula sah sie zweifelnd an. Wenn ihr sonst etwas dazwischenkam, rief sie vorher an.

»Es war sehr kurzfristig«, betonte Shahin. Und das war nicht gelogen. Dass Lenja vorbeikommen würde, bahnte sich erst kurz zuvor an.

»Na ja. Hauptsache, du hattest ein schönes Wochenende! Auf Lenja hatte ich mich aber wirklich gefreut.«

»Tut mir leid«, sagte Shahin und bekam ein doppelt schlechtes Gewissen.

»Na, da kannst du ja nichts dafür«, beschwichtigte Paula und Shahin zog es vor, sie nicht zu berichtigen.

Die Kollegin ihrer Schicht war etwas zu spät. Als sie kam, begannen sie mit der Übergabe, sprachen die Patientinnen Zimmer für Zimmer durch. Über das Wochenende waren sechs Neuzugänge gekommen. Dazu gab es glücklicherweise sechs gesunde Neugeborene, vier waren nach Hause entlassen worden. Die Informationen wurden in einer Mischung aus medizinischen Begriffen und Umgangssprache weitergegeben, die für einen Laien nicht unbedingt verständlich war.

»Doktor Hanska hat seine Patientin schon mal angemeldet. Viertgravida, Viertpara. Das kann also schnell gehen«, sagte Paula.

Shahin nickte. Soll nur kommen. Sie hatten noch Kapazitäten.

»Weißt du noch, die Letzte, die ihr Kind kurz vor dem Eingang bekommen hatte?«, Paula lachte lauthals. »Tiri war damals nach unten gerannt und hatte sie auf dem Parkplatz entbunden.«

Die Jüngeren im Raum staunten. Shahin lächelte. Sie kannte die Geschichte schon.

Tiri.

Und dann geschah etwas, was ihr noch nie passiert war. Ihr Herzschlag setzte aus, für einen Schlag. Sie bekam keine Luft und begann zu husten.

»Alles okay?«, fragte Paula.

»Alles gut«, sagte Shahin rasch. Es war nur ein einziges Stolpern gewesen. Jetzt taktete ihr Herz wieder ganz normal. Vielleicht etwas schneller als zuvor.

Als die Frühschicht sich verabschiedet hatte, begann sie im Säuglingszimmer mit ihrer Arbeit. Zwei der Kleinen musste etwas Blut abgenommen werden für eine Bilirubin-Bestimmung. Sie waren beide wach und so entschied sie, damit zu beginnen.

Vorsichtig nahm sie den ersten aus dem Bettchen, legte ihn auf den Wickeltisch, zog ihm den Strampler aus, um an die Ferse zu kommen, um an ihr etwas Kapillarblut zu entnehmen.

Sie erinnerte sich an manche Situationen, als Tiri noch neben ihr gestanden hatte, wenn sie eines der Kleinen untersuchte. Da hatte sie auf ihre Hände gesehen. Hände, die sehr sicher und so sanft wie möglich ihre Arbeit verrichteten. Sie hatte ihr gerne zugesehen, mit ihr gemeinsam gearbeitet. Es war viel zu kurz gewesen. Vieles hätte sie noch von ihr lernen können.

Und immer, wenn sie neben ihr gestanden hatte, wenn sie lediglich in ihre Aura eingetaucht war, hatte sie sich merkwürdig leicht und ruhig gefühlt wie sonst bei keiner anderen Frau. Auch nicht bei ihrer Partnerin.

Ab diesem Zeitpunkt begannen ihre Probleme. Die Nähe zu ihrer Freundin wurde unerträglich, weil sie nichts mehr fühlte bei ihr. Sie vermied es, mit ihr zu schlafen. Sie empfand nicht mehr genügend dabei, jetzt wusste sie es. Es trotzdem zu tun, wäre Betrug gewesen. Nach ein paar Wochen, in denen sich ihr Zustand nicht veränderte, hatte Maijra die Beziehung, wie sie selbst sagte, ausgesetzt.

»Ich weiß nicht, was du hast, aber du bist nicht mehr dieselbe. Du bist verliebt, nicht wahr? Kenne ich sie?« Ihre Stimme hatte etwas gezittert aus Angst vor der Antwort. Aber sie war damit nicht allein gewesen.

Was hätte sie sagen sollen? War sie wirklich verliebt?

»Eine Kollegin von dir?«

»Ja.« Es war die Wahrheit.

»Sie will doch nur mit dir ins Bett! Shahin, du siehst

einfach gut aus. Jede will dich ins Bett kriegen. Ich aber will mit dir eine Familie gründen. Du wolltest doch Kinder!«

Ja, das hatte sie gewollt. Mit ihr. Bis vor Kurzem noch.

»Kann die andere dir das auch bieten?« Maijra wurde immer lauter und verzweifelter, während Shahin schwieg.

»Du machst alles kaputt, was zwischen uns war? Für eine andere? Wer ist sie? Eine der Ärztinnen? Sie will dich fürs Bett, das ist alles!«

Wenn sie es denn gewollt hätte! Wenn sie sie überhaupt einmal angesehen hätte, anders, als man eine Kollegin ansah, wenn sie doch nur einmal ein Zeichen gegeben hätte, dass sie sie wahrgenommen hätte – als Frau. Aber da war nichts. Nur Shahins Gefühl, so vollkommen zu sein in ihrer Gegenwart.

Maijra hatte geweint und die Welt nicht mehr verstanden, Shahin ebenfalls. Vielleicht hatten sie beide gehofft, es ginge vorüber.

Der Alltag ging weiter. Shahin arbeitete in dem Krankenhaus, in dem auch die Frau arbeitete, die sie vergötterte. Und sie sehnte sich nach ihrem Anblick, ihren Worten, ihrem Lächeln, fühlte sich schuldig dabei. Und das war sie auch. Aber was hätte sie anderes tun können?

Jetzt erst, nach so langer Zeit, nachdem Maijra eine andere Partnerin gefunden hatte, schien ihr das Schicksal gnädig zu sein. Der gemeinsame Abend mit Tiri war mehr privat gewesen als dienstlich. Und es hatte Tiri bei ihr gefallen, sonst wäre sie nicht so lange geblieben.

Jetzt erst lernten sie sich kennen. Konnte daraus eine Freundschaft werden oder sogar mehr? Wer konnte das schon wissen? Sie würde auf jeden Fall so lange darauf hoffen, dass Tiri in der Lage wäre, ihre Gefühle zu erwidern, bis man ihr das Gegenteil bewies.

Shahin pikste dem Säugling in die Ferse, nahm ihm etwas Blut ab. Es musste sein. Rasch klebte sie ein Pflaster darüber, nahm ihn tröstend auf für einen Moment, ehe sie ihn wieder anzog und zu seiner Mutter brachte. »Schon gut, mein kleiner Schatz«, flüsterte sie. Er brüllte herzzerreißend ganz dicht an ihrem Ohr.

Was für ein zerbrechliches Geschöpf so ein kleiner Mensch war und wie sehr er noch behütet und beschützt werden musste. Wie gern würde sie das tun. Wie gerne würde sie ihr eigenes Kind auf seinem Weg durchs Leben begleiten.

KAPITEL 13

ach einem hektischen Tag im Gesundheitszentrum freute sich Lenja auf eine abendliche Runde auf der Loipe. Sie konnte sich Zeit lassen, denn bis dreiundzwanzig Uhr waren die Spuren beleuchtet, um auch arbeitenden Bürgern die Chance auf eine sportliche Betätigung zu bieten. Sogar die Kioske hatten noch offen, boten heißen Beerensaft, Wasser oder Bier an.

Der Wald war verschwunden unter dickem Weiß, kleine Bäume fast völlig verschluckt. Eine herrliche Zeit.

Nach einer guten Stunde jedoch war sie müde und fror. Es zog sie nach Hause an ihren Kaminofen.

Sie würde ihn anzünden, sobald sie nach Hause käme. Auf den letzten hundert Metern stellte sie sich vor, er brannte bereits, wenn sie nach Hause käme, und es gäbe eine Frau, die auf sie wartete.

Ob es an der verschneiten Umgebung lag, der zunehmenden Dunkelheit oder der beginnenden Weihnachtsstimmung, die sie sentimental machte?

Lenja spannte die Skier ab, verstaute sie im Schuppen,

schloss die Haustür auf, feuerte den Ofen an, bevor sie in die Küche trat und sich etwas zum Essen suchte.

Was sie sich zusammenstellte, erschien ihr sehr bescheiden im Gegensatz zu dem opulenten Angebot, das Shahins Kühlschrank zu bieten hatte.

Sie stellte ihren Teller auf den Couchtisch, setzte sich auf das Sofa. Nichts sprach dagegen, im Liegen zu essen. Bereits die alten Römer schätzten es.

Lenja schaltete den Fernseher ein, wohl mehr, um der Stille im Haus entgegenzuwirken, als aus dem Wunsch heraus, sich noch zu informieren. Denn die Nachrichten waren vorüber.

Nun war sie beinahe fünfunddreißig. Andere in ihrem Alter hatten schon eine Familie, sie war noch allein. Sicher lag es daran, weil sie spät berufen war, wie sie selbst von sich sagte. Erst durch ihren Beruf und den Kontakt zum weiblichen Geschlecht kamen ihre Zweifel an ihrer Heterosexualität. Zum ersten Mal hatte sie darüber nachgedacht, als sie bemerkte, wie eine ihrer Patientinnen körperlich auf ihre Berührung reagiert hatte. Etwas, was vorkommen kann und in den meisten Fällen taktvoll übergangen wird. In diesem Fall jedoch bemerkte sie, dass sie der Reaktion ihrer Patientin durchaus aufgeschlossen gewesen wäre, denn es handelte sich um eine sehr anziehende Frau. In einem ersten Schreck hatte sie die damals aktuelle Beziehung zu einem Mann abgebrochen und das Singleleben bevorzugt. Sie wollte sich Zeit lassen, bis sie sich hundertprozentig sicher über ihre eigene sexuelle Orientierung war.

Heute war sie sich sicher, dass sie Frauen bevorzugte. Warum? Weil sie keinen der Männer, mit denen sie je zusammen war, hätte heiraten wollen. Mit Ayasha jedoch konnte sie sich ein gemeinsames Leben sehr rasch vorstellen.

Ganz einfach.

So hatte doch alles, was einem im Leben widerfuhr, einen

Sinn. Wenn sie etwas von der Sache mit Ayasha gelernt hatte, dann doch die Erkenntnis, dass es eine Frau war, mit der sie eines Tages glücklich werden wollte.

Als Lenja zu Ende gegessen hatte, schaltete sie überall im Haus das Licht an, ging in den Keller, holte die Weihnachtsdekoration herauf und begann damit, ihr Wohnzimmer, die Küche und den Flur mit Sternen und Lichtern zu dekorieren. Zur Krönung des Ganzen setzte sie vor die Haustür einen Weihnachtswichtel mit roter Mütze, die ihm bis über die Augen hing.

Es gefiel ihr gut. Sie trat ein paar Schritte in die Einfahrt, begutachtete ihr Haus von außen. Es sah sehr heimelig aus. Vielleicht kaufte sie sich noch einen Rentierschlitten mit Weihnachtsmann für den Garten, wenn sie bei Hongkong einen fände, der nicht zu kitschig wäre.

Andererseits, in fünf Wochen schon war Weihnachten. Eine Portion Kitsch durfte durchaus sein.

EINE SCHÖNE ZEIT brach an und die folgende Arbeitswoche verging für Lenja wie im Flug.

In der darauffolgenden Woche lud das Gesundheitszentrum alle Mitarbeiter zur Weihnachtsfeier ein, was Lenja sehr gerne annahm. Dieser Abend in Lahtis Stadthalle war legendär. Immer gab es fantastisches Essen und ein gutes kulturelles oder musikalisches Programm. Dieses Jahr hatte sich der Vorstand für ein Kabarett entschieden und das war eine sehr spaßige Angelegenheit geworden.

Auch die Central Klinik Lahti lud sie ein zur Feier. Davon sah sie allerdings ab. Sicher würde sie dem einen oder anderen begegnen, den sie sehr gerne wiedersähe, aber zu viel Weihnachtsfeiern wollte Lenja sich nicht antun. Es hinderte sie daran, die Zeit vor der Weihnacht in aller Besinnlichkeit zu genießen. Sie zog den Besuch im Wald, das

Fahren auf der Loipe jeder weiteren Feier vor. Sie musste es ausnutzen. Auch in Finnland war der Schnee vor und zu Weihnachten eine instabile Sache geworden, die sich morgen schon wieder ändern konnte.

Die Kantine des Central Hospitals leuchtete in ihren schönsten Farben. Große weiße Sterne hingen von der Decke und an den Wänden glitzerten Tausende von Lichtern wie bei einem Sternenhimmel. Das diesjährige Dekorationsteam hatte sich wieder einmal selbst übertroffen.

Immer wieder ließ Shahin ihren Blick über neu hinzukommende Gäste schweifen. Lenja war nicht darunter. Shahin hatte gehofft, sie heute Abend zu sehen, denn als Belegärztin hatte sie ganz sicher eine Einladung bekommen.

Aber sie kam nicht. Schade. Zu gerne hätte sie mit ihr einen Glühpunsch getrunken und ein paar Sätze ausgetauscht. Seit dem gemeinsamen Abend hatte sie nichts mehr von ihr gehört oder gesehen.

Sie kam nicht dazu, Trübsal zu blasen. Eine ganze Gruppe von Kollegen kam auf sie zu und ließ keinerlei Raum mehr für innere Rückzug. Shahin beteiligte sich an den Gesprächen, nahm sich von allem, was das Buffet zu bieten hatte.

Weit nach Mitternacht brach sie mit einer ganzen Gruppe aus ihrer Abteilung auf. Paula und ihre Praktikantin waren dabei und Ella, die Laborantin der Klinik, mit der sie seit frühster Schulzeit befreundet war.

Um eins war sie im Bett, ermattet und beseelt von dem schönen Abend und war eingeschlafen, kaum dass sie die Bettdecke über die Ohren gezogen hatte.

Gegen fünf erwachte sie, weil ihr übel war. Sie wankte schlaftrunken zum Bad, übergab sich augenblicklich über der

Toilette. Danach war ihr besser. Shahin erinnerte sich daran, alles durcheinandergegessen zu haben und wahrscheinlich auch noch zu viel.

Gegen neun erwachte sie, fühlte sich ausgeruht. Beim Aufstehen bemerkte sie, dass ihr nicht war wie sonst. Schon bei dem Gedanken an Frühstück wurde ihr übel.

Also duschte sie rasch, schlüpfte in ihren Jogginganzug, trank eine halbe Flasche Mineralwasser und legte sich wieder hin.

Gut, dass sie heute Spätschicht hatte.

Eine halbe Stunde später erbrach sie wieder, obwohl ihr Magen leer war. Sie würgte, bis auch der letzte Magensaft ihren Körper verlassen hatte. Schweiß brach aus und nun fühlte sie sich richtig krank.

So konnte sie nicht zur Arbeit gehen. Sie nahm ihr Handy, wählte die Nummer von ihrer Station.

»Mina? Bist du es?«, erriet sie, denn sie hatte den Namen nicht verstanden. »Hör mal, ich kann heute nicht zur Arbeit kommen. Mir ist schlecht und ich habe mich schon ein paarmal übergeben.« Sie horchte, was die Kollegin am anderen Ende der Leitung sagte. »Ja, wahrscheinlich habe ich gestern etwas zu viel gegessen und zu sehr durcheinander.« Sie hörte auf den kollegialen Einwand. »Nein, am Alkohol kann es nicht gelegen haben. Ich habe nur Punsch getrunken.« Sie versuchte zu lachen. Ihr Magen tat weh dabei.

»Es tut mir leid«, sagte sie noch, bevor sie auflegte, »ich melde mich später noch einmal wegen morgen. Vielleicht geht es mir ja bald wieder besser.«

GEGEN MITTAG VERSUCHTE SHAHIN, etwas zu essen, aber allein der Geruch des Kühlschranks löst einen Würgereiz bei ihr aus. Es wurde nicht besser. Dabei war ihr ein empfindlicher Magen doch völlig fremd. Etwas musste richtig verdorben gewesen sein, was sie gegessen hatte. Sie rief Paula zu Hause an, denn sie hatte das Wochenende frei.

»Nein, mir geht es gut!«, antwortete Paula auf ihre Frage, ob sie sich auch übergeben hatte nach dem Weihnachtsbuffet, »aber ich rufe mal die anderen an und frage mal nach. Was hast du denn gegessen? Irgendetwas von dem Tatar oder den Miesmuscheln?«

»Beides«, gab Shahin zu.

»Mist. Vielleicht war irgendetwas mit denen. Ich sondiere mal, wie es den anderen geht. Ich melde mich wieder, okay? Gute Besserung, du Arme. Bis später!«

PAULA FRAGTE als Erstes in der Klinik nach, ob Meldungen von Lebensmittelvergiftungen eingegangen wären. Eine zutiefst erschrockene Hauswirtschafterin verneinte es wortreich und fragte genau nach: »Sie hat sich übergeben? Mehrfach? Nach unserem Essen?« Sie konnte es sich nicht erklären. »Wir arbeiten nach dem neusten Hygienestandard und unsere Lebensmittel sind alle ganz frisch. Wir beziehen sie von einem Händler im Umkreis, der dafür bekannt ist ...«

»Schon gut, schon gut. Es war nur eine Frage«, beruhigte Paula sie, versprach sich zu melden, wenn sie einen weiteren Fall hören sollte.

»Muss ich das Gesundheitsamt einschalten?«

»Nein, noch nicht. Bis jetzt ist es ja nur ein einziger Fall«, sagte Paula rasch. »Aber ich melde mich, wenn es noch weitere Fälle gibt.«

Paula legte mit einem Gefühl des Bedauerns auf. Die Hauswirtschafterin hatte sie auf jeden Fall völlig frustriert. Dabei hatte das Buffet so einladend und lecker ausgesehen. Komisch. Sie selbst hatte nichts bemerkt, oder doch? Fühlte sie gestern Abend, als sie nach Hause kam, nicht so ein merkwürdiges Ziehen in ihrem Bauch?

Aufgeregt nahm sie den Hörer in die Hand und rief alle Bekannten an, die gestern Abend mit dabei waren.

Es war bereits früher Abend, als Shahin zu sich kam. Sie war doch tatsächlich wieder eingeschlafen. Ihr Laptop lag neben ihr auf dem Bett und sie erinnerte sich daran, nach den Symptomen einer Fischvergiftung gesucht zu haben, ehe sie weggedöst war. Noch verwundert über diese Müdigkeit trank sie eine halbe Flasche Mineralwasser, weil sie so schrecklich Durst hatte.

Sie schaffte es gerade noch bis zur Toilette, ehe auch das Wasser wieder Retour kam und ihr der Schweiß erneut ausbrach. Das ging ja nicht mit rechten Dingen zu!

Und kaum war ihr der Gedanke zu Ende gedacht, erstarrte sie mitten in der Bewegung. Konnte das sein? Sie trat auf den Flur, schaute auf den Kalender. Ihre Periode wäre erst in drei Tagen fällig. Das wäre ungewöhnlich. So früh.

Trotzdem eilte sie ins Bad zurück, ging an das Schränkchen, in dem sie sorgsam alles verwahrte, was sie jetzt benötigte. Unter anderem waren dort fünf Schwangerschaftstests. Sie hatte sie nicht vom Krankenhaus mitgenommen, sondern alle selbst gekauft. Mit zitternden Händen riss sie einen davon auf. Konnte sie jetzt überhaupt Wasser lassen?

Sie konnte. Wenn auch nur mithilfe des Geräuschs des laufenden Wasserhahns. Aber es reichte aus, um den Teststreifen zu benetzen.

Sie konnte kaum atmen vor Aufregung. Bleib ruhig, sagte sie zu sich selbst. Es ist viel zu früh, du freust dich umsonst, du bist nicht schwanger, du hast einfach nur etwas Schlechtes gegessen.

Sie sagte alles Mögliche zu sich selbst, nur damit sie nicht enttäuscht wäre, wenn der Tester nichts anzeige.

Wie hypnotisiert starrte sie auf das weiße Feld, das

bereits auf geringste Mengen des Schwangerschaftshormons reagierte. Es war der teuerste und zuverlässigste Test gewesen, den sie in der Apotheke bekommen konnte. Aber jetzt war er noch völlig weiß und Shahin machte sich selbst Vorwürfe, überhaupt an so etwas gedacht zu haben. Doch je länger sie darauf sah, umso mehr meinte sie, eine ganz leichte rosa Verfärbung zu erkennen. Bildete sie sich das ein? Ein Blick auf die Uhr sagte ihr, dass sie noch über eine Minute warten musste. Shahin sah erst wieder hin, als die vorgeschriebene Zeit verstrichen war.

»Oh, Allah!«, entfuhr es ihr.

Der Tester hatte sich erkennbar verfärbt. Er war rosa!

Sie ging in ihr Wohnzimmer, saß wie betäubt auf ihrem Sofa.

Sie war schwanger.

Dann stand sie auf und lief im Zimmer umher.

Sie war schwanger.

Und dann ging sie zum Fenster, öffnete es weit, zog die kalte Luft in ihre Lungen. Sie fühlte sich zwar hungrig und etwas flau, aber ansonsten großartig.

Sie war schwanger.

Lächelnd schloss sie das Fenster, setzte sich auf den Sessel, genoss ihr Geheimnis für die nächste halbe Stunde.

Dann rief Paula an, glücklicherweise, denn länger hätte sie es kaum für sich behalten können.

Nein, keiner ihrer Kollegen hatte ähnliche Symptome wie sie seit letzter Nacht. Keinem war schlecht geworden. Sie war der einzige Fall.

Und außer sich vor Freude erzählte Shahin ihrer Kollegin, unter dem Siegel der Verschwiegenheit, den Grund, warum sie die Einzige war.

KAPITEL 14

Im Anschluss an dieses Gespräch rief Shahin auf Station an, meldete sich für die nächsten Tage krank. Wahrscheinlich, so meinte auch Paula, würde ihr Zustand eine Weile andauern, bis ihr Körper sich an den veränderten Hormonspiegel gewöhnt hatte.

Ihre Eltern informierte sie noch nicht. Sie wollte abwarten, bis ihre Schwangerschaft ärztlich bestätigt war.

Es reichte, Lenja am Montag anzurufen, denn da bräuchte sie eine Krankmeldung. Ob Lenja ihr gar eine schickte, ohne sie zu sehen? Der Gedanke, zum Gesundheitszentrum fahren zu müssen, erschien ihr wie ein unüberwindbarer Berg.

Erst mal abwarten, beruhigte sie sich selbst.

Sie verbrachte auch den Sonntag zu Hause, tat nichts weiter, außer zu ruhen, zu essen und zu trinken. Das mit dem Essen versuchte sie zumindest. Meist kam es prompt zurück. Aber Flüssigkeiten behielt sie inzwischen bei sich. Meistens. Komischerweise war ihr abends immer noch so schlecht wie morgens. Hieß es nicht immer, Schwangeren sei nur morgens übel?

Montagfrüh rief sie im Gesundheitsamt an, verlangte Frau

Doktor Tirilä, wurde zu ihr durchgestellt. Sie fragte nach einer Krankmeldung, erwähnte, dass sie sich ständig übergebe.

»Ich habe gerade eine Patientin hier. Kann ich dich zurückrufen? So in zirka zehn Minuten?«

Shahin stimmte erfreut zu.

Es dauerte über eine Viertelstunde, dann klingelte es. Beim zweiten Läuten hob Shahin ab.

»Erzähl schon«, sagte Lenja, ohne sich lange mit einer Begrüßung abzugeben.

»Ich habe am Samstag einen Test gemacht.«

»Samstag?« Lenja war ebenfalls überrascht. »Ich habe gerade deine Zykluskurve vor mir. Das ist aber sehr früh. Welchen Test hast du gemacht?«

Shahin nannte ihr die Marke.

»Ich glaube, ich kann dir gratulieren. Eine andere Erklärung als eine Schwangerschaft ist nahezu ausgeschlossen. Wann sehen wir uns?«

»Ich kann gerade nicht Autofahren oder längere Strecken gehen. Ich bin ziemlich wackelig auf den Beinen und mir ist irgendwie dauerübel.«

»Wann hast du zum letzten Mal etwas gegessen?«

»Ich probiere es laufend.«

»Ich meine etwas, das dringeblieben ist.«

»Das war vor drei Tagen das letzte Mal der Fall«, sagte Shahin in einem Anflug von trockenem Humor.

Am anderen Ende der Leitung blieb es für eine Weile still. »Du hättest Dienst gehabt am Wochenende, nicht wahr? Dann ist heute der dritte Tag. Du brauchst eine Krankmeldung.«

»Deswegen rufe ich an.«

»Gut. Um sechs bin ich fertig. Ich komme im Anschluss bei dir vorbei.«

Shahin wusste nicht, was sie sagen sollte. Mit so einem Entgegenkommen hatte sie nicht gerechnet.

»Ach, noch was«, fiel Lenja ein. »Wer hat sich am Wochenende um dich gekümmert? Wissen deine Eltern Bescheid?«

»Oh, Gott! Nein. Meine Mutter stände sofort auf der Matte mit allem Möglichen zum Essen. Allein bei dem Gedanken wird mir schlecht.«

»Also niemand«, fasste Lenja die Menge der Menschen zusammen, die sie umsorgten.

»Ich möchte es noch nicht an die große Glocke hängen.«

Dafür hatte Lenja volles Verständnis.

»Also, bis später«, sagte sie und legte auf.

Auf der Fahrt zu Shahin würde sie einen kleinen Stopp einlegen und ein paar Dinge einkaufen, die für eine Schwangere im Anfangsstadium nützlich sein könnten.

Was hatte diese Frau bloß für ein Glück. Ein erster Versuch und schon hatte es funktioniert. Damit hätte sie nicht gerechnet. Aber sie gönnte es ihr von Herzen und fühlte Freude in sich aufkommen, die auch noch anhielt, als sie Feierabend machte, sich ihren Arztkoffer schnappte und Lahti auf der Bundesstraße 12 verließ in Richtung Hollola. Bei Prisma, dem großen Einkaufszentrum, das auf der Strecke lag, machte sie einen Stopp, kaufte ein und war kurz vor sieben bei Shahin.

Shahin öffnete erst nach einiger Zeit. Ihr Haar war zerzaust, sie lächelte entschuldigend. »Tut mir leid, wenn du warten musstest. Ich war noch ...« Sie ließ ungesagt, wo sie war.

Sie war sichtlich matt und abgeschlagen. So ausgeprägt hätte Lenja ihren Zustand nicht erwartet. Die Ärztin trat ein, stellte Koffer und Tasche ab, zog ihre Jacke aus. Shahin war ihr diesmal nicht behilflich. Sie lehnte an der Wand. Schwanke sie nicht sogar?

»Ist dir schwindelig?«, fragte Lenja besorgt.

»Geht schon«, murmelte Shahin noch, dann sackte sie vor ihren Augen in die Knie.

Lenja packte zu, hielt ihren schlaffen Körper fest in ihren Armen und ließ ihn möglichst sanft zu Boden gleiten. Noch bevor Shahin ganz auf dem Boden lag, kehrte ihr Bewusstsein zurück. Ihre Hand, die auf Lenjas Schulter lag, bewegte sich, schob die Ärztin sanft von sich.

»Geht schon. Danke. Nur der Kreislauf ... zu rasch aufgestanden.« Peinlich berührt versuchte sie sich aufzurappeln.

Lenja half ihr dabei, begleitete sie zum Sofa, ließ sie erst los, als sie sicher saß. »Leg die Beine hoch.«

Lenja setzte sich ihr gegenüber, musterte sie mit kritischem Blick.

»Entschuldige.« Shahin schüttelte den Kopf über ihren eigenen Zustand. »Ich hätte nicht angenommen, dass man sich als Schwangere so krank fühlen kann.«

Lenja ging nicht darauf ein. Sie nahm als Erstes die Blutdruckmanschette und wickelte sie Shahin um den Oberarm. »Lass mal sehen.«

Der Blutdruck war äußerst niedrig, was Lenja nur kommentierte mit: »Na ja. Kein Wunder.«

Sie legte das Stethoskop zur Seite, ließ die Manschette gestaut, fasste in ihren Koffer, förderte alle Utensilien zum Blutabnehmen zutage.

»Wir machen noch einen Schwangerschaftstest für eine hundertprozentig sichere Diagnose. Danach nehme ich dir noch zwei weitere Röhrchen ab. Wenn die Werte zu schlecht sind, wirst du dich morgen für ein paar Tage ins Krankenhaus einfinden, um dich aufpäppeln zu lassen.«

»Oh, nein!«, sagte Shahin, »ich habe keine Lust darauf, dass jeder Bescheid weiß.«

Lenja nickte zustimmend. Das hatte Shahin schon am Telefon deutlich gemacht. Sie konnte es akzeptieren. »Deshalb warte ich auch bis morgen und weise dich nicht gleich heute Abend ein.«

»Lenja ...«, begann Shahin ihre Widerrede.

»Keine Diskussion, Shahin! In der Anfangsphase einer Schwangerschaft sind ausreichend Vitamine und Spurenelemente für den Fötus und seine gesunde Entwicklung essenziell. Dir brauche ich das nicht zu erzählen.«

Shahin zögerte. »Ich habe mich immer gesund ernährt. Zumindest in der Zeit, als ich mein Essen noch bei mir behalten habe.«

Lenja lachte. Sie mochte Shahins Humor.

»Hast du die Vitamin-B-Tabletten noch, die ich dir letztes Mal mitgebracht habe?«

»Ja.«

»Nimm eine pro Tag.«

»Ich gebe mein Bestes.«

Lenja sah sie an. Die hübsche Frau sah mitgenommen aus und zum ersten Mal erschien sie Lenja verletzlich und schwach. »Du siehst nicht so aus, als hättest du ausreichend von dem, was du brauchst. Im Gegenteil, ich bin davon überzeugt, du bist ziemlich exsikkiert.«

»Ist auch kein Wunder, wenn alles wieder rauskommt.«

»Vielleicht wäre es doch besser, wenn du gleich ...«

»Nein. Bitte nicht!«

»Gut. Ich rufe dich morgen an und gebe dir die Werte durch. Wenn sie schlecht sind, habe ich dich bereits auf Station angemeldet. Klar?«

Shahin nickte widerspruchslos.

Lenja füllte eine Krankmeldung aus, nicht ohne sich zu erkundigen, wer sie abgeben wird. Dann stellte sie ihren Koffer beiseite, nahm ihre Tasche an sich.

»Hast du Hunger?«

»Ja, aber wenn ich mir etwas zu Essen vorstelle, wird mir schlecht.«

»Dann probieren wir es jetzt mit Blaubeersuppe. Einen Versuch ist es wert.« Sie ging in die Küche, stellte den Tascheninhalt auf die Arbeitsfläche: drei Tetrapaks Blaubeersuppe, zwei Packungen Haferflocken, frische Vollmilch, Reismilch für den Fall, dass sie auf Kuhmilch allergisch reagierte, frisches Obst: Bananen, Äpfel, Nektarinen, Orangen. Sie füllte eine große Tasse mit Blaubeersuppe, wärmte sie in der Mikrowelle etwas an. Nur so, dass sie gut trinkbar war, und kehrte ins Wohnzimmer zurück.

»Trink.« Sie hielt Shahin die Tasse hin.

»Und du glaubst, das bleibt drin?«

»Ja.« Lenja nahm die Tasse mit dem Rest vom Kamillentee und den Teller mit Zwieback vom Beistelltisch, entsorgte beides in der Küche. »Zwieback hat zu wenig von den Inhaltsstoffen, die du jetzt benötigst. Ich mache dir besser einen Haferbrei.«

»Ich weiß nicht ...«, begann Shahin. Es klang, als wolle sie Einwände erheben. Lenja zögerte, sah sie fragend an. Einen Augenblick schien Shahin mit sich zu kämpfen, doch sie wandte nichts dagegen ein. So ging Lenja in die Küche, nahm sich einen kleinen Topf, füllte ihn mit etwas Wasser, stellte ihn bei größter Flamme auf den Herd, ließ Haferflocken einrieseln. Nach kurzem Überlegen verdoppelte sie die Menge kurzerhand.

»Macht es dir was aus, wenn ich zum Essen bleibe?«

Irgendwie hatte sie ja schon beinahe ein Gewohnheitsrecht in diesen Räumlichkeiten, außerdem hatte sie Hunger nach ihrem langen Arbeitstag.

»Oh, das wäre sehr schön!«, hörte sie aus dem Nebenraum.

Mit zunehmender Temperatur rührte sie den Inhalt mit dem Schneebesen, gab eine gute Prise Salz dazu, schlug ihn zuletzt kräftig durch. Dann füllte sie den Brei in zwei tiefe Teller. In einen tat sie einen Klecks Butter und leerte einen guten Schuss Milch darüber, den anderen Teller nahm sie mit, wie er war, trug die Milch und die Butter hinterher, stellte alles auf dem Esstisch ab.

Shahin sah auf. Sie lächelte verlegen. »Du machst dich gut als Pflegerin.«

Lenja sah mit Wohlwollen, dass ihre Tasse leer war. Shahin machte Anstalten aufzustehen.

»Bleib liegen, dein Kreislauf ist mir noch zu instabil. Wie isst du deinen Brei? Mit einem Butterauge oder mit Marmelade?«

»Äh«, zögerte Shahin die Antwort heraus, »ich habe bisher nicht viel von diesem Zeug gehalten. Das besteht doch bloß aus Wasser und Getreideflocken und schmeckt nach nichts.«

Lenja lachte. »Jetzt wollen wir die Prise Salz, die ich dir liebevoll hineingetan habe, mal nicht kleinreden.«

Sie reichte Shahin den Teller, drückte ihr einen Löffel in die Hand. »Probier und sag mir, ob du es dir vorstellen kannst, ihn mit etwas Butter, Marmelade oder einem Schuss Milch zu essen.«

Shahin nahm ihn an sich, versuchte, sich ihre Abneigung nicht ansehen zu lassen. Sie roch daran, erhob aber keinerlei Protest, dann nahm sie den Löffel und begann zu essen.

»Mhm«, machte sie wider Erwarten. Lenja beobachtete sie fasziniert. Es war immer wieder ein Phänomen, wie sich die Sinneswahrnehmung einer Frau, kaum dass sie schwanger war, veränderte. Getreidebrei, der ein Leben lang als zu fad abgetan wurde, schmeckte plötzlich. Jegliches andere Essen war zu überwürzt, zu deftig und verursachte Übelkeit.

Shahin bemerkte ihren Blick. Der gewohnte schalkhafte Ausdruck ihrer dunklen Augen kehrte zurück. »Schmeckt wunderbar.« Ihr typisches Lächeln war ebenfalls wieder da.

»Ja, nicht wahr?« Lenja lachte erleichtert, goss ihr Blaubeersuppe nach.

Shahin machte eine abwehrende Geste. »Nicht zu viel. Ich möchte es nicht ...«

»Ich würde es nicht persönlich nehmen. Versprochen.«

Dann saßen sie da, unterhielten sich, warteten auf irgendeine Reaktion. Aber Shahin wurde nicht übel.

»Übrigens«, räumte Lenja förmlich ein, »Herzlichen Glückwunsch! Ich vergaß es ganz zu sagen. Es hat mich sehr überrascht, dass dein erster Versuch bereits so erfolgreich war. Hast du den leeren Behälter schon zurückgeschickt?«

»Ja.«

Die Ärztin wunderte sich darüber. Shahin wusste doch erst seit drei Tagen, dass sie schwanger war. Und seitdem hatte sie nicht die Tagesform, es selbst zurückzuschicken. Wahrscheinlich hatte es jemand für sie erledigt. Wer stand ihr so nahe, dass er eine solche Aufgabe übernehmen könnte?

Sie schob den Gedanken beiseite, fragte stattdessen: »Und? Ist dir immer noch halbwegs gut?«

»Es könnte nicht besser sein. Holst du dir bitte selbst etwas zu trinken aus der Küche? Siideri ist im Kühlschrank und Bier.«

»Ich denke, du trinkst keinen Alkohol?«

»Ist für Gäste.«

Lenja öffnete den Kühlschrank, entdeckte den Apfelcidre. Die Dose mit dem Bier stand daneben. Ihre Lieblingssorte. Aber wahrscheinlich würde es Shahin allein bei dem Geruch schlecht werden. Letztendlich entschied sie sich für ein Glas Wasser, kehrte ins Wohnzimmer zurück.

»Danke, dass du noch bleibst. Ich genieße es, wenn du da bist.«

Überflüssig zu erwähnen, Lenja merkte es wohl. Trotzdem freute es sie, als Shahin es aussprach. Erneut machte es sie verlegen, als sie sich daran erinnerte, wie schlecht sie anfangs von ihr gedacht hatte.

»Bei diesem Wohlfühlambiente, das du hier inszenierst,

133

wäre es geradezu selbstschädigend, wenn ich nicht bliebe.«
Sie überspielte ihr Unbehagen.

Shahin lächelte wie eine, die es besser wusste. Lenja war eine viel beschäftigte Frau. Dass sie bliebe, hieße wahrscheinlich, dass sie etwas anderes von ihrem heutigen Programm streichen würde.

»Möchtest du Nachrichten sehen? Soll ich den Fernseher anschalten?«

»Ja, gerne.« Dann könnte sie vielleicht in Erfahrung bringen, wie die ›Wahren Finnen‹ zu der Ehe für alle standen. Sie hatten gestern noch ein grundsätzliches Statement angekündigt.

Genauso war es. Nach den Nachrichten der globalen Welt folgte das kleinkarierte Gedankengut der Ultrarechten, wie sie sich selbst bezeichneten. Sie waren nicht nur gegen Schwule und Lesben, sondern auch gegen Ausländer aller Art.

»Du kannst ausmachen. Das Wichtigste haben wir mitbekommen.«

Shahin schaltete ab. »Ich hätte nicht gedacht, dass es in Finnland einen solchen Rechtsruck geben könnte.«

»Es lässt wieder nach, du wirst sehen. Ihre Wahl ins Parlament war ein Weckruf für den Rest der Bevölkerung. Genügend andere gehen auf die Barrikaden, die Kirchen auch. In ein paar Jahren haben wir sie wieder los.« Lenja hoffte es selbst von ganzem Herzen. Die Wahl der ›Wahren Finnen‹ ins Parlament letztes Jahr, hatte sie nachhaltig geschockt.

Shahin drückte auf eine andere Fernbedienung und Musik erklang. Klassische Musik, verjazzt. Es hörte sich gut an.

»Oh, schön!« Entspannt lehnte sie sich im Sessel zurück. Shahin lag ausgestreckt auf dem Sofa. »Sehr gemütlich.«

Lenjas Blick fand zu dem Zimmerbrunnen, der kaputt war. »Schade, so ein Plätschern wäre jetzt sehr passend.«

»Das dachte ich auch gerade.«

Lenjas Neugierde war geweckt. Sie stand auf, ging zu ihm hin. »Was genau tut an dir nicht?«, fragte sie, als sie ihn kritisch betrachtete.

Shahin kommentierte sein Schweigen. »Er redet nicht mit jedem.«

Lenja überhörte es großzügig. »Hast du irgendwo einen Schraubenzieher?«

»In der Küche, unterste Schublade.«

Lenja ging in die Küche, nahm sich den kleinsten Kreuzschlitz, den der Haushalt zu bieten hatte – und er passte. Rasch war das Bambusgehäuse geöffnet und sein Innenleben präsentierte sich Lenjas kritischem Blick.

»Hm«, machte sie nur. Wirklich billigstes Material und billigste Verarbeitung. »Hast du einen Phasenprüfer?«

»Was ist das?«

»Schon gut.« Lenja ging wieder in die Küche, suchte, kam strahlend zurück. »Das ist ein Phasenprüfer.«

»Ich dachte, das ist ein Schraubenzieher.«

»Ja, auch.« Lenja präsentierte ihr unverbindliches Ärztelächeln. Shahin hatte offenbar keinerlei handwerkliches Verständnis. Musste sie auch nicht. Sie konnte nicht alles haben. Lenja schaltete den Brunnen an, während sie mit dem Phasenprüfer auf unterschiedliche Stellen seines Innenlebens drückte.

»Ich bin nicht schuld, wenn du einen elektrischen Schlag bekommst. Könnten wir das vorab schriftlich festlegen?«

Lenja lachte auf, beachtete sie nicht weiter. Es konnte nur an der Spule liegen. Wahrscheinlich war die irgendwo kaputt und der Stromfluss dadurch unterbrochen. Sie könnte versuchen, sie zu überbrücken. »Hast du eine Büroklammer in deinem Haushalt? Eine aus Kupfer?«

»Eine Büroklammer?«, echote Shahin.

»Du weißt, was eine Büroklammer ist? Sonst beschreibe ich sie dir gerne.«

Shahin verzog das Gesicht zu einer Grimasse. Sie wollte aufstehen.

»Nein, bleib. Ich kann selbst suchen.«

»Es geht schon. Ich bin völlig fit. Bevor ich tatenlos zusehen muss, wie du meinen Haushalt auf den Kopf stellst.«

Sie stand auf, ging zum Bücherregal, wo auch diverse Ordner standen. Sie stand stabil. Überhaupt war ihr noch nicht übel geworden und Lenja beglückwünschte sich selbst zu ihrer ärztlichen Blaubeersuppenverordnung.

Shahin schlug einen Ordner auf, blätterte, entdeckte einige Büroklammern, aber alle aus Edelstahl.

»Gehen die nicht?«

»Nein. Die leiten doch nicht.«

»Aber Kupfer leitet.«

»Genau.« Lenja war drauf und dran, ihr den Ordner aus der Hand zu nehmen, aber das wäre übergriffig gewesen.

»Hier! Die ist aus Kupfer«, sagte Shahin endlich.

Lenja nahm sie ungeduldig entgegen, bog sie zu einem nahezu geraden Strich auseinander. Dann beugte sie sich wieder über das Bambushäuschen. Sie schraubte nur kurz, dann ging sie in die Küche, kam mit einer kleinen Gießkanne zurück, befüllte den Brunnen ausreichend. »So, jetzt schalten wir ihn mal wieder an.« Sie drückte den Stecker in die Dose, den sie vor dem Montieren herausgezogen hatte. Jetzt war sie selbst gespannt. Und tatsächlich. Ein leises Summen war zu vernehmen, ein Glucksen, dann ein Plätschern. Wasser wurde nach oben gepumpt, quoll über den Rand, wurde von Bambusleitungen aufgefangen, weiter nach unten geleitet, um sich am Boden wieder zu sammeln. Durch den Wasserdruck bewegte sich auch ein kleines Männchen, das auf halber Höhe stand und angelte.

Lenja war entzückt. »Süß!«

»Er tuuut!« Shahin traute ihren Augen nicht.

»Tja«, meinte Lenja selbstgefällig. »Unterschätze niemals die handwerklichen Fähigkeiten einer Chirurgin.«

»Boah!«

Shahins Reaktion zeigte ihr, dass sie nicht im Geringsten an eine Reparatur geglaubt hatte. Nun starrte sie auf das Männchen, folgte dem Spiel des Wassers. Und im Moment ihrer Verzückung offenbarte sie für einen Sekundenbruchteil ihr inneres Kind. So musste sie als kleines Mädchen ausgesehen haben. Mit diesen großen Augen, mit ihrem geradezu ehrfürchtigen Gesichtsausdruck.

Lenja konnte den Blick nicht von ihr abwenden und irgendwann bemerkte Shahin, dass sie beobachtet wurde. Ihre Blicke begegneten sich und die bildhübsche Frau strahlte sie an.

»Schön, dass ich dich so beeindrucken kann«, sagte die Ärztin selbstironisch.

»Danke«, sagte Shahin, die sich nicht beirren ließ.

»Ist dir aufgefallen, dass es dir immer noch nicht übel geworden ist?«, wechselte Lenja das Thema. »Du hast die Blaubeersuppe und den Brei bis jetzt in dir behalten.«

»Stimmt. Auch das habe ich dir zu verdanken.«

»Das geht runter wie Öl. Mehr!« Lenja lachte. Aber genug für heute. Ihre Körperhaltung straffte sich.

»Ich muss wieder.« Sie wollte sich noch eine Runde bewegen heute Abend. Außerdem konnte sie Shahin mit einem ruhigen Gewissen wieder sich selbst überlassen.

»Wird morgen jemand für dich einkaufen gehen? Wirst du deinen Eltern Bescheid sagen?«

Shahin überlegte. »Ja, nachdem ich mit dir telefoniert habe und jeglicher Irrtum ausgeschlossen ist.«

Es wird keinen Irrtum mehr geben, dachte Lenja. »Ich melde mich, sobald ich die Werte habe«, versprach sie. »Gute Nacht.«

»Bis morgen«, sagte Shahin. »Nukkua hyvin.« Schlaf gut. Es klang weich, wie sie es aussprach.

Sie ließ es sich nicht nehmen, Lenja an die Tür zu begleiten. Als sie ins Wohnzimmer zurückkehrte, fanden ihre Blicke zu dem Zimmerbrunnen zurück, der friedlich vor sich hinplätscherte. Lange Zeit sah sie ihn einfach nur an, spürte in sich hinein. Nein, ihr war nicht mehr übel. Oder kaum noch. Ihr Blick fiel auf die Krankmeldung, die Tiri hiergelassen hatte. *Hyperemesis gravidarum* stand da als Diagnose. Und sie hatte sie gleich für zwei Wochen krankgeschrieben. Ein Gefühl des Versagens stieg in ihr auf und eine plötzliche Angst, nicht stark genug für eine Schwangerschaft zu sein.

Komisch. Bisher hatte sie sich immer für sehr selbstbewusst gehalten.

Veränderte eine Schwangerschaft auch die Psyche?

Ja, natürlich. Die Hormone.

Das Plätschern des kleinen Brunnens drang in ihr Bewusstsein.

Tiri.

Dann traten Tränen in ihre Augen und sie weinte.

Einfach so.

∗ ∗ ∗

ZUFRIEDEN mit der Entwicklung des Abends legte Lenja die acht Kilometer Entfernung zwischen Hollola und Lahti zurück. Sie fuhr die ganze Zeit einem Lastwagen hinterher. Ein Überholen war nicht möglich.

Nein, sie würde heute Abend doch keine Runde mehr auf den Skiern machen. Sie hatte plötzlich Gelüste auf etwas Salziges. Kurzerhand hielt sie an einem Kiosk an, kaufte sich ein großes Stück Pizza. Der Anblick des üppigen, verlaufenen Käses, der Salami, Schinken und Artischocken unter sich begrub, löste in ihr einen solchen Heißhunger aus, dass sie schon versucht war, auf den letzten Metern im Auto ein Stück abzubeißen.

Als sie endlich zu Hause war, wusch sie sich in Windeseile die Hände, setzte sich an den Esstisch, fand noch nicht einmal die Zeit, sich etwas zu trinken einzuschenken, bevor sie sich über die noch völlig heiße Pizza hermachte.

Gesättigt, mit einem drückenden Magen, goss sie sich ein Glas Wein ein, der ihr jedoch nicht schmeckte. Also holte sie sich eine Flasche süße Orangenlimonade aus dem Keller. Trank zwei Gläser davon, um plötzlich eine Müdigkeit zu verspüren, als hätte sie zwei Gläser Wein getrunken.

Sie schaltete den Fernseher wieder aus, den sie erst zehn Minuten zuvor eingeschalten hatte, ging hoch in ihr Schlafzimmer. Ungewöhnlich, dass sie um diese Zeit bereits ihre Bettschwere erreicht hatte.

Wer ist hier eigentlich schwanger?, war ihr letzter Gedanke, bevor sie in einen tiefen, traumlosen Schlaf fiel.

KAPITEL 15

*U*m vier Uhr, am Nachmittag des nächsten Tages, übersandt das Labor die Werte direkt auf ihren Rechner.

Shahins Hämatokrit-Wert war merklich erhöht, was dem Flüssigkeitsverlust geschuldet war. Aber wenn sie sich seit gestern nicht mehr so häufig übergeben hätte, entspräche er mittlerweile nicht mehr ihrem aktuellen Zustand. Vitamine und Spurenelemente lagen, wie auch alle anderen Elektrolyte, im Normbereich. Umgehend klickte sie mit der Maus auf Shahins aktuell hinterlegte Nummer. Das Telefon wählte von selbst.

»Terve!«, erklang Shahins Stimme.

»Hei! Wie geht es dir?«

»Ganz gut, danke! Ich bin schon etwas fitter als gestern.« Shahins Stimme hörte sich tatsächlich fester an. »Heute Morgen habe ich mich nur einmal übergeben.«

»Gestern nicht mehr?«

»Nein.«

»Gut. Dann würde ich sagen, wir können dich zu Hause lassen. Was ist mit deinen Eltern? Werden sie nach dir sehen?«

»Ich ruf sie gleich im Anschluss an und sage es ihnen. War der Schwangerschaftstest eindeutig?«

»Ach ja, natürlich!« Das hätte sie beinahe vergessen. »Der Spiegel deines Schwangerschaftshormons hCG ist schon recht hoch. Seinem Wert entsprechend hattest du deinen Eisprung bereits ein paar Tage früher als in einem Norm-Zyklus üblich. Hattest du früher schon mal zwei Eisprünge in einem Zyklus bemerkt?«

»Nicht, dass ich wüsste. Ich habe den Temperaturanstieg immer nur zur Mitte hin registriert.«

»Wie auch immer. Diesmal warst du früher dran«, meinte Lenja. »Muss wohl die Vorfreude gewesen sein.«

Shahin lachte.

»Wie viel Kilos hast du bis jetzt schon abgenommen?«, fragte die Ärztin.

»Drei«, gab Shahin unumwunden zu.

»Behalt es im Auge. Wenn du was brauchst, dann melde dich, ja?«

»Wann muss ich wieder zu dir kommen wegen Ultraschall und so?«, fragte Shahin rasch, bevor Lenja auf die Idee käme, das Gespräch zu beenden.

Die Ärztin warf einen Blick auf die Kurve, die ihr Programm erstellt hatte. »Lass dir gleich zu Anfang des Jahres einen Termin geben. Vorher macht es keinen Sinn, da sieht man noch nichts. Ich füll dir dann auch den Mutterpass aus und mach dir alle Papiere fertig. Brauchst du die Bescheinigung für deinen Arbeitgeber früher?«

»Nein, ich denke nicht.«

»Dann wünsche ich dir noch alles Gute!«

»Lenja ...«

Lenjas Hand, die bereits auf dem Weg zu dem Knopf mit dem roten Hörer war, hielt inne. »Ja?«

»Ich weiß, dass du es nicht sonderlich befürwortest, wenn

Alleinstehende schwanger werden, und du hast ja auch recht mit deiner Meinung. Es ist wohl besser, man hat noch jemanden ... Ich wollte nur sagen: Ich bin froh, dass du mir ... dass du mich so unterstützt, trotzdem, dass du eigentlich ... ich ... ich danke dir, Lenja!«

Lenja atmete und schwieg.

»Bist du noch dran?«

»Ja, natürlich.« Lenja machte eine kurze Pause. Was sollte sie darauf sagen? »Mach ich doch gerne.« Sie verfluchte sich im selben Augenblick wegen ihres oberflächlichen Tonfalls.

»No hej!«, hörte sie Shahin sagen.

»No hej«, sagte nun auch Lenja.

Dann legten beide auf.

WOW!

Lenja blieb für einen Moment tatenlos sitzen. Was hatte sie doch für einen schönen Beruf! Sicher wurde im Laufe der Jahre vieles Routine und sicher gab es manches, das sie ärgerte, oder etwas, das ihr schwerer fiel. Aber da gab es auch so Glanzpunkte in ihrer beruflichen Tätigkeit, die alles andere überstrahlten. Die Begleitung ihrer Patientin Shahin Gelavêj gehörte eindeutig zu diesen besonderen Momenten, von denen sie als Ärztin zehrte – und vor allen Dingen als Mensch.

Und noch ein ganz anderer Gedanke drängte sich ihr mit zunehmender Vehemenz auf. Warum um alles in der Welt hatte ausgerechnet so eine Frau, die dermaßen umgänglich, reflektiert, unterhaltsam und liebevoll war, keine Partnerin? Das war etwas, was sie absolut nicht begriff. Sie schwor sich, Shahin selbst irgendwann zu fragen, sobald die Tiefe ihrer Beziehung eine solche Frage zuließ.

Falls das jemals der Fall sein sollte.

. . .

DRAUSSEN BEGANN ES ZU REGNEN. Lenja registrierte es mit Sorge. Hoffentlich litten die Loipen nicht zu sehr darunter. Eigentlich hatte sie vor, sich heute Abend noch sportlich zu betätigen. Die üppige Pizza gestern zu so später Stunde hatte eindeutige Spuren hinterlassen. Ihre Hand strich besorgt über ihren Bauch. Fühlte er sich nicht viel weicher und schlaffer an als sonst?

* * *

SHAHIN WÄHLTE die Nummer ihrer Eltern. Als sie auf die gewohnten Tasten drückte, wurde ihr bewusst, dass sie es schon einige Zeit nicht mehr getan hatte. Zuletzt als sie das letzte Freitagsessen absagte. Sie hatte einfach keine Lust gehabt, ihre Eltern zu sehen, geschweige denn mit ihnen zu reden.

Ihre Mutter nahm ab beim dritten Läuten. »Shahin?«, fragte sie, anstatt sich zu melden.

»Ja, ich bin es, Mama. Seit wann meldest du dich nicht mehr am Telefon?«

»Ich ... ach, nein. Ich habe nur gesehen, dass es deine Nummer war.«

Warum fragte sie dann noch? »Wie geht es dir? Was macht Papa?«

»Gut, gut. Papa und mir geht es gut. Auch Großmutter ist wohlauf. Sie fragt nach dir.«

Aha. Sie schoben mal wieder die Großmutter vor. Was machen die beiden, wenn sie mal nicht mehr lebt? »Mir war es letzten Freitag einfach nicht nach essen, Mutter.« Eine kleine Notlüge, aber sie würde sie ihr verzeihen, da war sie sich sicher. »Ich bin schwanger, Mom. Das wollte ich euch beiden nur sagen.«

Stille am anderen Ende der Leitung.

»Mom?«

Sie hörte ihre Mutter rufen: »Moaaahhh, Moaaahhh, schnell, komm!«

»Was ist los?«, hörte sie die besorgte Stimme ihres Vaters.

»Unser Kind! Shahin ...«

»Was ist ...?« Jetzt klang er richtig erschrocken.

»Shahin ist schwanger!«, hörte Shahin ihre Mutter sagen, dabei kippte ihre Stimme und sie weinte. Vor Glück.

Ihr Vater kam ans Telefon. »Ist das wahr, was Mutter sagt? Du bist schwanger?«

»Ja«, sagte Shahin. Sie konnte nicht verhindern, dass auch ihr Tränen die Wangen herabliefen.

»Oh, Allah!«, brach es aus ihrem Vater heraus. »Bist du zu Hause? Wie geht es dir?«

Ihre Mutter erkämpfte sich den Hörer zurück. »Bist du zu Hause?«, fragte nun auch sie.

»Ja, ich bin krankgeschrieben«, sagte Shahin, bereute ihre Wortwahl aber sofort.

»Krank? Was ist mit dir? Müssen wir uns Sorgen machen?«

»Nein, nein«, beruhigte sie Shahin. »Ich muss mich nur so oft übergeben. So kann ich noch nicht arbeiten.« Sie sagte nichts davon, dass sie sich viel zu schwach dazu fühlte.

»Ja. Ja, das kenne ich«, sagte ihre Mutter, die sofort wieder zuversichtlich klang, »so war das bei mir auch.« Und dann fragte sie das, worauf Shahin schon die ganze Zeit gewartet hatte: »Sollen wir dir etwas zum Essen vorbeibringen? Ich koche dir was Feines. Auf was hast du Lust?«

»Nein, Mama. Nein. Bitte nicht. Das Einzige, was ich zurzeit bei mir behalte, ist Blaubeersuppe und Haferbrei.«

»Wie kocht man denn so was?«, fragte ihre Mutter.

»Das kauft man im Laden«, beendete Shahin jegliche Bemühungen ihrer Mutter im Voraus. »Könnt ihr für mich einkaufen?«

»Aber natürlich.« Dann hörte sie ihre Mutter sagen: »Moah, bring mir einen Zettel und einen Stift. Rasch!«

Shahin wartete geduldig, bis die Stimme ihrer Mutter zurückgekehrt war. »So, jetzt sag, was du alles brauchst.«

Das klang gut. Und Shahin zählte alles auf, was sie benötigte und auf was sie Lust hatte, beschrieb ihren Eltern genau das Produkt und die Firma, die es herstellte. Sie wollte nichts haben, was nicht exakt den Lebensmitteln glich, die auch Lenja eingekauft hatte.

»Sonst nichts?« Mutter Gelavêj klang enttäuscht.

»Bitte, Mutter! Nichts mit Knoblauch, überhaupt nichts Deftiges. Ich kann nichts riechen. Mir wird schlecht.«

Ihre Mutter versprach, mit nichts Weiterem aufzutauchen als mit dem, was ihre Tochter verlangte.

Sie verabschiedeten sich und Shahin hörte noch, wie ihre Mutter ihren Vater fragte: »Schläft Großmutter? Können wir sie für eine Weile allein lassen?«

SHAHIN GING IN DIE KÜCHE, machte etwas Ordnung, öffnete das Fenster und lüftete, ging zu ihrer Stereoanlage, legte eine CD mit Panflötenmusik ein, an der sie sich zurzeit nicht satthören konnte. Erschöpft setzte sie sich wieder aufs Sofa.

Wie lange dieser Zustand noch anhielt?

Eine Viertelstunde später klingelte es. Sie stand auf, trat auf den Flur, wo sich der Türöffner befand. Als sie den Knopf zum Öffnen der Haustür schon drücken wollte, roch sie es: das Rasierwasser ihres Vaters! Er stand bereits oben vor der Wohnungstür. Also drückte sie nicht auf die Taste, sondern öffnete stattdessen die Wohnungstür.

Die Gestalt ihres Vaters stand lächelnd vor ihr. »Hallo, mein Schatz! Lass dich drücken!«

Er bemerkte gar nicht, dass seine Tochter nichts darauf

antwortete. Zu sehr war sie mit ihrer Sinneswahrnehmung beschäftigt und dem Bekämpfen aufsteigender Übelkeit.

»Halloo!«, drängte sich nun auch ihre Mutter herein. »Die Haustür unten stand auf. Wir haben sie hinter uns geschlossen. Das war doch richtig so, oder?«, fragte sie unbedarft. Dann löste sie glücklicherweise ihren Vater ab. Sie roch nach Shampoo und nach einem Hauch von Bratfett und Shahin hatte das Bedürfnis, sofort noch einmal zu lüften.

»Hallo, ihr beiden. Schön, euch zu sehen«, sagte sie tapfer lächelnd, während ihre Mutter schon in die Küche ging, um die Einkäufe auszupacken.

»Hier haben wir dir noch ein paar Dinge gebracht, die du vielleicht brauchen könntest«, sagte sie entschuldigend, deutete auf den Haufen Gegenstände, die ihre Tochter nicht explizit genannt hatte: Nüsse, Schokolade, Rosinen, Bananenchips, Popcorn.

»Schon gut«, sagte Shahin. Nichts davon roch aufdringlich.

»Wollt ihr einen Kaffee?«, bemühte sie sich um ein ganz natürliches Verhalten.

»Ja, gerne. Aber setz dich mal hin. Ich mache das.«

Shahin unterdrückte den ersten Impuls zu protestieren, fügte sich, überließ die Küche ihrer Mutter. Sie bereute es sofort. Denn das gesamte Wohnzimmer roch nach dem Rasierwasser ihres Vaters.

Sie übersah sein Strahlen, als sie das Wohnzimmer betrat, denn sie hatte nur das Fenster im Blick. Entschieden trat sie ans Fenster: »Tut mir leid, Isä, aber ich muss lüften. Was hast du denn heute für ein Rasierwasser benutzt?«

Ehe ihr Vater etwas darauf antworten konnte, fragte sie: »Kannst du das abwaschen?«

»Äh, ja ...« Betroffen stand er auf, ging in Richtung Bad.

Mutter Gelavêj lugte aus der Küche heraus. »Was ist denn, Kind? Ist dir nicht gut?«

»Vaters Rasierwasser riecht schrecklich.«

»Oh!«, machte Mutter Gelavêj. Verschwendete kein weiteres Wort darüber, sondern sagte sofort: »Du hast recht! Moah, schau zu, dass du es abgewaschen bekommst.« Zu ihrer Tochter sagte sie: »Möchtest du lieber einen Tee statt Kaffee? Ich hätte hier einen frischen Minztee vom Markt.«

»Minztee?«, wiederholte Shahin. »Sehr gerne!«

IHRE ELTERN BLIEBEN NICHT LANGE. Der Versuch, gemeinsam Kaffee und Tee im Wohnzimmer zu trinken, scheiterte an Shahins leidendem Gesicht, das aufkommendes Unwohlseins signalisierte. Ihre Mutter setzte dem nach zehn Minuten entschlossen ein Ende.

»So, Moah, wir gehen jetzt wieder. Wir wissen, unserem Kind geht es gut und Allah schenkt uns die Gnade, Großeltern zu werden. Das reicht für heute.« Damit stand sie auf, umarmte ihre Tochter.

»Wir freuen uns so!«

Ihr Vater sah davon ab, sie zu umarmen, seine Hand machte lediglich eine winkende Geste. »Mach es gut. Wenn du etwas brauchen solltest, ruf an.« Zügig ging er an ihr vorbei in den Hausflur. Beide lächelten ihr noch einmal zu, sagten betont fröhlich: »Hei hei!«

Dann waren sie fort. Sie hatten sich mit keinem Wort danach erkundigt, wie das Kind entstanden war. Keine einzige Nachfrage, kein einziges kritisches Wort.

Shahin riss alle Fenster auf, zog sich ins Badezimmer zurück, setzte sich abwartend auf den Klodeckel. Sie würde nicht eher herauskommen, bis das letzte Molekül dieses Männerparfüms verschwunden wäre.

Aber der Minztee war wirklich gut. Von dem würde sie sich noch einen kochen.

* * *

»Ich habe nur ein Kind«, sagte Vater Gelavêj, als er mit ungeschickten Fingern versuchte, sich anzuschnallen. »Eine Tochter. Und die kann mich nicht mehr riechen.«

Seine Frau gab einen undefinierbaren Laut des Überdrusses von sich. »So ist das nun mal, wenn Frauen schwanger sind«, sagte sie ungerührt. »Ihr Männer könnt froh sein, dass wir die Kinder kriegen. Ihr wärt den ganzen Tag nur am Jammern. Und nun fahr zu! Großmutter ist sicher schon wach.«

* * *

Als es längst gelüftet und wieder warm war in ihrer Wohnung, lag Shahin auf ihrem Bett. Verträumt sah sie deckenwärts, ihr Blick schweifte über die hauchdünnen Tücher ihres Betthimmels.

Tiri.

Sie sehnte sich danach, mit ihr zu reden, hatte das dringende Bedürfnis, sich ihr mitzuteilen. Aber Tiri war niemand, den sie einfach so anrufen konnte wie eine gute Freundin.

Also nahm sie ihren Laptop, surfte ins Gesundheitszentrum, fand ihre E-Mail-Adresse.

Liebe Lenja!

Kannst du mir sagen, wie lange Hyperemesis in der Regel anhält? Meine Eltern waren hier, nachdem sie für mich eingekauft hatten. (Ich bin also aufs Beste versorgt, zu deiner Information.)

Ich war mir selbst unheimlich, denn ich habe das Rasierwasser meines Vaters bereits durch die geschlossene Tür hindurch gerochen. An meiner Mutter hätte ich mit etwas gutem Willen die Marke ihres Shampoos erschnüffelt, was angenehm gerochen hatte, allerdings von einem Hauch Bratfett überlagert wurde, was mir noch nie zuvor aufgefallen war. Mein Geruchssinn reagiert zurzeit total übersensibel und

148

hat sich offensichtlich mit meinem Brechzentrum verbündet. Wie du
dir vielleicht vorstellen kannst, sind meine Eltern nicht lange
geblieben.

Ich bin eine Zumutung für mein soziales Umfeld.

Bleibt das noch lange so?

Liebe Grüße

Shahin

P.S.: Der Brunnen plätschert immer noch unbeirrt vor sich hin.
Vielen Dank fürs Reparieren!

SIE DRÜCKTE AUF ›SENDEN‹. Wann Tiri es auch immer lesen würde, sie antwortete bestimmt.

Ihre Sinne verselbstständigten sich zunehmend. Es machte ihr Angst. Sie hoffte inständig, der Zustand ginge bald vorüber. Und noch etwas bemerkte sie: Ihr Bedürfnis nach Zärtlichkeit, nach Geborgenheit nahm zu. Die Sehnsucht nach einem warmen Körper, an den sie sich schmiegen konnte. Wie schön wäre das! Tiri war von Anfang an der Meinung, sie solle mit dem Kind warten, bis sie eine feste Partnerin habe.

Tiri. Sie hatte gut reden.

Wenn die wüsste.

KAPITEL 16

*L*enja las ihre Nachricht Montagmorgen. Es waren die üblichen Nachrichten eingegangen: von Labors, Kollegen, Fortbildungsveranstaltern, die um ihre Teilnahme warben ... und von Shahin Gelavêj. Diese Mail war unter den ersten zehn, die sie öffnete. Sie wunderte sich noch darüber, wie vertraut ihr der Name war, wo er bis vor Kurzem noch keinerlei Wiedererkennungswert für sie hatte. Als sie Shahins Nachricht las, lachte sie leise. Mit raschen Fingern tippte sie eine Antwort und begann gut gelaunt mit ihrem Tagespensum.

* * *

AM FRÜHEN NACHMITTAG stand Paula vor ihrer Tür. Unangemeldet. Sie hatte sich entschieden, sofort nach ihrer Frühschicht ihre schwangere Kollegin zu besuchen. Es fiel ihr sehr schwer, den Anlass des Besuchs zu verheimlichen, also verriet sie den anderen Kollegen erst gar nicht, wohin sie ging, denn dann hätte sie den Grund ihres Besuches kaum für sich behalten können.

Sie brachte Blumen mit. Die rochen wunderbar.

Shahin inhalierte ihren Duft. Es war ihr, als ginge ihr das Herz auf. Noch nie hatten Blumen so dermaßen geduftet.

Paula drückte sie ganz fest an sich, sobald die Blumen nicht mehr im Wege waren. »Ich freue mich so für dich! Lass dich ansehen. Du hast abgenommen!«

»Ja. Komm doch rein! Wie schön, dass du da bist!«

Shahin kochte Kaffee und Minztee und öffnete eine Packung von den Keksen, die ihre Mutter gebracht hatte.

»Tiri war hier, hat mir meine Krankmeldung gebracht«, erzählte Shahin und berichtete dann auch von dem Besuch ihrer Eltern, von ihrem Vater, von seinem Rasierwasser und Paula lachte herzlich darüber. Sie berichtete Shahin von den Neuzugängen, die sie bekommen hatten.

Dann stand Paula auf, reckte sich. »So, Mädchen. Jetzt gehen wir an die frische Luft. Eine Schwangere sollte sich täglich draußen bewegen. Komm, wir machen eine Runde zum Park und zurück, solange wir noch ein bisschen Licht haben, ja?«

»Ja«, sagte Shahin. »Eine gute Idee.« Wenn Paula sie begleitete, hatte sie auch keine Angst, falls ihr Kreislauf wieder absacken sollte.

* * *

WÄHREND DIE BEIDEN Frauen noch das letzte scheidende Licht des Tages ausnutzten, war es bereits völlig dunkel, als Lenja im Wald ihre alltägliche Runde lief. Die Loipen waren durch den Regen vereist und sehr gefährlich geworden, insbesondere wenn es bergab ging und die Skier kaum mehr zu bremsen waren. Ab morgen würde sie besser ein paar Tage pausieren und auf Neuschnee warten. So machte es keinen Spaß mehr. Und bis es so weit wäre, könnte sie abends immer eine Runde auf den gewalzten Wegen spazieren gehen.

Und sie könnte Shahin fragen, ob sie Lust hätte, sie zu begleiten. Bewegung an der frischen Luft und der Geruch des Waldes täten ihr sicher gut. Anschließend könnte sie Shahin auf einen heißen Beerentee einladen.

Sie erschrak über ihre eigene Idee. Shahin Gelavêj war ihre Patientin. Sicher war der Kontakt zu ihr so etwas wie halb privat geworden, aber ihre Besuche hatten bisher immer einen medizinischen Anlass. Eine Einladung zu einem Abendspaziergang wäre sicher Shahins Wohlbefinden förderlich, aber es war, was es war: eine private Verabredung. Und sie war nicht ihre Freundin, sondern ihre Ärztin. Ob sich das ändern würde, nachdem das Kind auf der Welt wäre, war eine andere Frage, die sie sich zu gegebener Zeit beantwortete. Bis es so weit war, sollte sie solche Ideen nicht verwirklichen, auch wenn sie dieser Idee einiges abgewinnen konnte. Und dann dachte sie wieder an die E-Mail, die Shahin ihr geschrieben hatte. Und den ganzen restlichen Heimweg musste sie darüber lachen, als sie sich Shahins Abneigung gegenüber ihrem eigenen Vater bildlich vorstellte.

Der arme Kerl!

Zu Hause erreichte sie eine WhatsApp. Yrjö kam jetzt erst aus dem Büro, fragte an, ob sie mit ihm zu Abend essen wolle. Sie sei herzlich eingeladen in ein gutes Restaurant in der Innenstadt. Lenja überlegte nicht lange, sondern sagte zu. Sie duschte in Windeseile, zog sich um und fuhr zum vereinbarten Treffpunkt. Yrjö versprach, solange mit einem Aperitif auf sie zu warten. Sie freute sich auf ihn.

Lenja hätte den Mann beinahe übersehen, der einsam und abgeschlagen an einem Ecktisch saß. Sie war schon dabei umzudrehen und ihr Glück im hinteren Teil des Restaurants zu probieren, als er aufsah. »Lenja!«

Da erst erkannte sie ihn. Er wird alt, erschrak sie. Zum ersten Mal sah er einsam aus.

»Entschuldige, ich habe dich übersehen! Meine Augen sind auch nicht mehr das, was sie waren.«

Er lachte sie an. Augenblicklich straffte sich sein Körper und er wirkte um Jahre verjüngt. Er erhob sich, um sie zu begrüßen.

»Bleib sitzen!« Sie beugte sich zu ihm, küsste ihn auf die Wange. Er roch nach Alkohol. »Das wievielte Glas ist das?«, fragte sie mit dem Blick auf seinen Gin Tonic.

Er lächelte breit. »Schön, dass du gekommen bist.«

»Hast du Ärger im Büro?« Lenja meinte, den trockenen Aktenstaub riechen zu können, der ihm anhaftete.

»Nein, nein«, seufzte er auf, »nur sehr viel zu tun zurzeit.« Er wartete, bis sie Platz genommen hatte, und las ihr die Speisekarte vor.

»Hähnchen mit Chips und Salat«, entschied Lenja, der der Sinn heute nach etwas ganz Solidem stand. »Und zu trinken bitte eine Johannisbeerschorle, was für dich auch passend wäre«, ergänzte sie und lächelte wissend. »Du musst doch noch fahren, oder?«

Yrjö fügte sich widerstandslos, bestellte für sie beide.

»Wie geht es dir?«, fragte Yrjö. »Bist du viel auf den Loipen bei diesem Wetter?« Es schien ihr, als hungerte er nach dem bunten Leben da draußen jenseits seiner Aktenberge.

»Ja. Wenn es irgendwie möglich ist, drehe ich jeden Abend eine Runde.« Besorgt sah sie ihn an. »Du solltest mal wieder Urlaub machen.«

Yrjö winkte ab. »Ja, bald.«

Beim Essen fragte er sie völlig überraschend: »Was ist eigentlich aus deiner alleinstehenden Patientin geworden? Die mit dem Kinderwunsch?«

Lenja lächelte, bevor er seinen Satz beendet hatte. »Du wirst es nicht glauben, aber sie ist schwanger.«

»So schnell?« Yrjö warf ihr einen anerkennenden Blick zu. Vielleicht so, wie ein Kfz-Mechaniker einen Porsche ansehen würde. »Das ging ja mal flott. Wie hast du das hingekriegt?«

Lenja war einen Augenblick sprachlos.

»Ich?«, fragte sie entrüstet über diese abwegige Frage. Dann jedoch erinnerte sie sich an jenen Freitagabend und der Schatten eines Lächelns huschte über ihr Gesicht. »Sie hatte einfach Glück. Bei manchen Frauen gelingt es rasch, andere brauchen Jahre, bei manchen klappt es nie.«

Yrjö nickte. »Freust du dich für sie?«

»Ja.« Sie war selbst überrascht, aus welchem Brustton der Überzeugung sie es sagte. »Ja, ich freue mich für sie.«

Yrjö lächelte. Eine Weile schwiegen sie beide, bis Yrjö fragte: »Trinkst du noch einen Kaffee?«

»Gerne.«

ES WAR ein sehr schöner Abend mit ihm. In einer ganz eigenen, achtsamen Atmosphäre. Nach zwei Stunden verabschiedeten sie sich beinahe zärtlich voneinander und ihre Wege trennten sich wieder.

* * *

AM ABEND SASS Shahin bei Haferbrei und Blaubeersuppe vor dem Fernseher. Der abendliche Spaziergang mit Paula hatte ihr gutgetan. Vielleicht war es auch nur Paula zu verdanken und weniger der Bewegung, dass sie sich wieder kraftvoller fühlte. Es war schön gewesen, so viel zu lachen. Ihr Kreislauf schien wieder stabiler zu sein. Trotzdem nahm sie sich vor, von jetzt an jeden Tag rauszugehen.

Sie erwartete ein Kind. Immer mal wieder schoss ihr der

Gedanke durch den Kopf, als sei er völlig neu. Und immer wieder sagte sie sich, dass sie Mutter werden würde. Sie wunderte sich selbst, dass es nicht nur überschwängliche Freude und Glück in ihr auslöste, sondern auch Sorge und Unsicherheit und Wankelmütigkeit, die sie vorher nicht gekannt hatte.

Gehörte das alles dazu, zum Schwangersein?

Sie nahm ihren Laptop auf den Schoß, startete Outlook. Ob Tiri schon geantwortet hatte? Wie gut täte es, jetzt von ihr zu lesen.

Tatsächlich. Da war Post von Doktor Lenja Tirilä, Gesundheitszentrum Lahti. Ihr Herzschlag beschleunigte sich, als sie die Nachricht öffnete.

Da war ein dicker Smiley, der viel Raum für sich beanspruchte und darunter stand, unter P.S.: *Die provisorischen Lösungen sind meist die, die am längsten Bestand haben.* Unterschrieben war es mit: *Liebe Grüße, Lenja.*

Shahin starrte lange Zeit auf das Smiley. Noch nie zuvor hatte ein Smiley ihr so viel zu sagen. Er sagte: Mach dir keine Sorgen. Ich brauche nicht näher auf deine Probleme einzugehen, denn sie sind typisch für eine Schwangere. Sie amüsieren mich und machen mir keine Sorgen. Also keep cool. Deine Beschwerden gehen von selbst wieder weg. Aber schön, wenn ich davon weiß. Ihr wurde warm bei den Worten: Liebe Grüße, Lenja. Sie war ihr nicht lästig, sie verbot es ihr nicht zu schreiben. Sie würde auch weitere Nachrichten lesen und ihr antworten. So, wie es ihr beruflicher Alltag eben zuließ. Denn Lenja war eine viel beschäftigte Frau.

Und eine wunderbare Frau dazu.

Shahin seufzte.

Seit sie wusste, dass das Kind, das in ihr wuchs, durch Lenjas Hand entstanden war – denn sie allein hatte keinen weiteren Versuch unternommen –, empfand sie nicht nur

155

Bewunderung für die Frau, die ihr von Anfang an imponiert hatte, sondern auch tiefe Dankbarkeit. Als hätte das, was in ihr wuchs, gar nicht anders entstehen können als durch die Hand der Frau, die sie liebte.

Wenn Tiri wüsste, dachte sie und grinste in Gedanken.

Doch sie würde es für sich behalten. Es gab Dinge im Leben, die konnte man niemandem anvertrauen. Keiner Paula, keinen Eltern und vor allem nicht der Frau, die es mit ihren wunderbaren Händen vollbracht hatte.

Sie konnte den Wunsch nicht unterdrücken, Lenja noch einmal zu mailen, bevor sie das Licht ausmachte und sich dem Schlaf überließ.

* * *

LENJA ERTAPPTE sich abends vor dem Einschlafen noch bei dem Gedanken an Shahin. Vermehrte Übelkeit in der Frühschwangerschaft oder auch während der gesamten Schwangerschaft, deutete oft auf einen unverarbeiteten Konflikt hin. Etwas, was die Mutter belastete, etwas, das sie daran hinderte, sich freudig auf die nächsten Monate einzulassen. Oft traf es Frauen, die ungewollt schwanger wurden oder Probleme mit ihrem Partner hatten.

Bei Shahin war dies alles nicht der Fall. Das Kind, das sie erwartete, entsprach ihrem jahrelangen Wunsch. Wahrscheinlich belastete sie die Tatsache, dass sie allein war, doch wesentlich mehr, als sie selbst angenommen hatte. Nichts sprach dagegen, ihr mehr Raum zu geben als anderen Patientinnen. Sie musste lediglich die Gratwanderung beherrschen, sich zwar menschlich, aber nicht zu privat zu präsentieren.

Vielleicht hatte sie sich ja noch mal gemeldet, schoss ihr durch den Kopf. Sie nahm ihren Laptop, schaute in ihr Postfach.

Da war Post von Shahin!

Tatsächlich. Sie zögerte. Nicht, dass dies überhandnahm. Doch es waren nur zwei Zeilen, in denen ihr Shahin mitteilte, dass sie mit Paula spazieren gegangen war und es ihr jetzt schon um einiges besser ging.

Mit Paula.

Shahin hatte ganz sicher ein dicht gewobenes soziales Netzwerk aus lauter lieben Menschen, die um sie bemüht waren. Sie brauchte nicht die Begleitung einer Ärztin, die erst noch mit sich ins Reine kommen musste, wie privat sie sich ihrer Patientin gegenüber verhalten durfte. Selbst wenn ihre Patientin früher einmal ihre Kollegin war. Und erst recht nicht, wenn sie diese Frau als Kollegin kaum oder trefflicher: gar nicht wahrgenommen hatte.

Lenja schrieb nichts zurück, sondern schaltete den Laptop aus, klappte ihn zusammen und ging in ihr Schlafzimmer.

KAPITEL 17

*D*ie nächsten Tage und Wochen mailten sie sich regelmäßig. Shahin hielt ihre Ärztin über ihren Zustand auf dem Laufenden und Lenja antwortete knapp.

So wusste sie, dass Shahin bereits nach einer Woche einen Arbeitsversuch begann, der erfolgreich war. Ihre Kollegen hatte sie nun doch alle ins Vertrauen gezogen und fortan nahm jeder auf Station Rücksicht auf sie. Keiner aß mehr irgendetwas im Pausenraum, was ihr Übelkeit verursachen könnte. Keinen Döner, keine Pizza. Ihre Kollegen übernahmen es allein, das Mittagessen auszuteilen und schickten sie einmütig in die Pause, die sie allein auf dem Balkon verbringen musste. Es war zu süß mit anzusehen, wie sie alle bemüht um sie waren. Und noch etwas änderte sich im Laufe der Wochen, in denen ihre Schwangerschaft nun allgemein bekannt wurde. Keine anderen Mitarbeiter und Mitarbeiterinnen des Krankenhauses versuchten mehr, mit ihr zu flirten oder mit ihr ins Gespräch zu kommen, um sich letztendlich irgendwohin zu verabreden. Es war, als käme ihre Schwangerschaft der Tatsache gleich, dass sie nun endgültig vergeben war.

Erstaunlich, wie Menschen tickten.

Aber so gesehen, war ihr das ganz recht und sie war froh über diese Fügung.

In der Päijät Häme Central Klinik zog eine harmonische Vorweihnachtszeit ein. Wie jedes Jahr stieg die Anzahl der geborenen Kinder vor Weihnachten an und das Kinderzimmer und die Wöchnerinnenstation platzte aus allen Nähten.

Doch dieses Jahr ließ sich Shahin nicht von der zunehmenden Hektik anstecken. Es war ihr einfach nicht möglich. Wenn zu viel auf einmal auf sie einstürmte, wurde ihr übel. So gewöhnte sie sich daran, Ruhezeiten einzuhalten, plante Zeitfenster ein, in denen sie nichts tat, außer sich zu erholen. Anfangs war es eine Umstellung, denn sie kam sich selbst vor wie eine alte Frau, doch dann erkannte sie die Vorzüge ihres jetzigen Zustandes. Ihr Geist fand den Raum, sich mit den Veränderungen ihres Lebens auseinanderzusetzen, und je mehr sie das tat, umso besser ging es ihr.

* * *

Auch Lenja versuchte, sich nicht von der vorweihnachtlichen Hektik anstecken zu lassen. Die Zahl der Patientinnen, die alle noch in diesem Jahr und vor allem noch vor den Feiertagen, dringend zum Arzt mussten, explodierte geradezu. Doch privat ging es ihr ganz ähnlich. Wie jedes Jahr war sie davon überrascht, dass schon bald Heiligabend sein sollte und sie hatte noch kein Weihnachtsgeschenk für ihre Eltern.

Vor zwei Wochen hatte Lenja zugesagt, über die Feiertage zu ihnen zu kommen, da ihre Schwester es dieses Jahr vorzog, mit Mann und Kindern allein zu feiern. Von der Idee, den Heiligen Abend in der Hütte zu verbringen, hatte sie wieder Abstand genommen. Der Schnee ließ sowieso zu wünschen übrig, der Wetterbericht prophezeite eine schneelose schwarze Weihnacht. Da kam ihr eine Reise in den Norden gerade recht. Ihre Eltern in Rovaniemi versanken geradezu im Schnee und nichts spräche dagegen, wenn Lenja bis Neujahr bliebe.

Auf dem Weihnachtsmarkt kaufte sie für ihre Eltern einen großen roten Weihnachtsstern als Mitbringsel. Ansonsten fiel ihr nichts ein, was ihre Mutter noch benötigt hätte. Der Weihnachtsschinken war längst gekauft und bereits eingelegt wartete er auf den 23. Dezember, an dem ihn ihr Vater im Backofen garen würde. Die Zutaten für die Aufläufe lagen ebenfalls schon in der Vorratskammer. Auch die Sache mit dem Nachtisch war längst geregelt; zudem buk ihre Mutter leidenschaftlich gerne. Lenja roch förmlich schon die frische Pulla und die Korvapuusti. Nichts schmeckte besser als ofenfrisches Hefegebäck, das nach Kardamom und Zimt duftete. Ihr lief das Wasser im Mund zusammen, wenn sie nur daran dachte. Es wurde immer viel gegessen an den Feiertagen, wenn nicht gerade getrunken wurde … Aber vielleicht würde sie dieses Jahr sogar einen Abstecher zum Wohnort des Weihnachtmannes machen und sich mitten ins Getümmel stürzen. Mal sehen!

Merkwürdig, dass sie vor wenigen Wochen noch mit dem Gedanken gespielt hatte, in ihrer Hütte zu bleiben. Sie konnte gar nicht mehr nachvollziehen, wie sie auf so einen Gedanken gekommen war.

AM ABEND DES 23. Dezembers, eines Freitags, packte Lenja alles in ihr Auto, was sie die nächsten zehn Tage benötigte. Gut, dass sie einen Kombi fuhr, somit konnte sie alles einfach ins Auto werfen und benötigte keine Dachbox. Skier,

Stöcke, Schneeschuhe, Thermoschuhe, dicke Jacken, alles verschluckte die große Heckklappe.

Rovaniemi hieß auch das Tor Lapplands. Ihre Eltern wohnten nicht direkt in Rovaniemi, sondern in dem Dörfchen Jaatila, das zu Alakemijoki gehörte. Es war weit genug von Rovaniemi entfernt, um fernab jeglicher Touristen zu sein, die das ganze Jahr über in die Stadt einfielen, an Weihnachten natürlich besonders. Denn dort wohnte ja der Weihnachtsmann persönlich.

Als sie alles verstaut hatte und im Haus alle Stecker gezogen, Fenster und Türen verschlossen waren, drehte sie auch gewissenhaft den Schlüssel an der Haustür zweimal um, bevor sie ihn abzog. Erst nächstes Jahr würde sie diese Haustür wieder öffnen und Leben würde in das Holzhaus zurückkehren. Beinahe tat es ihr leid, es so allein zu lassen. Für wen hatte sie jetzt dekoriert, wenn sie nicht da war? Ein künstlicher kleiner Tannenbaum und ein Stern waren über eine Zeitschaltuhr mit dem Stromnetz verbunden. Nachts würden sie leuchten, auch wenn sie fort war. Wenigstens etwas.

Lenja freute sich auf die lange Fahrt und verließ Lahti auf der E75 in Richtung Jyväskylä. Dort hatte sie ihre Studienzeit verbracht, von den beiden Auslandssemestern abgesehen. Eine Stadt mit hohem Freizeitwert, trotzdem passte Lahti besser zu ihr. Nach einem Jahr mit ›Ärzte ohne Grenzen‹ in Syrien hatte sie sich dort auf eine freie Stelle beworben. Es war ihre einzige Bewerbung gewesen und die Central Klinik hatte sie sofort eingestellt. Fast vier Jahre war sie geblieben. Eine schöne Zeit.

Lenja bog ab, in Richtung Tikkakosk. Sie wollte bei einer früheren Kommilitonin übernachten. Mittlerweile hatte die einen Mann und drei Kinder und eine gut gehende Hausarztpraxis dort.

Lenja freute sich auf sie, hatte zwei Flaschen Wein eingepackt für einen langen Abend, den sie vor dem Kamin verbringen wollten.

Um halb zehn kam sie bei ihrer Freundin an. Die Kinder schliefen längst, ihr Mann zog sich nach einer herzlichen Begrüßung ins Schlafzimmer zurück, überließ den beiden Frauen das Wohnzimmer. Sie quatschten noch bis eins, dann forderte der Arbeitstag seinen Tribut und beide entschieden, bleiern vor Müdigkeit, beim Frühstück weiterzureden.

Es wurde elf Uhr, bis sie endlich im Auto saß. Sie hatte noch eine weite Strecke vor sich und fragte sich zum ersten Mal, ob ihre Eltern mit dem Essen wohl auf sie warten müssten an Heiligabend. Frischer Schnee fiel. Immer wieder fuhren Räumgeräte vor ihr her. Sie stellte das Radio an. Auf Jouluradio wurde gerade der Weihnachtsfrieden ausgerufen. Wer ab jetzt bis zum Ende der Feiertage eine Straftat verübte, bekam das doppelte Strafmaß aufgebrummt. Eine finnische Sitte, die seit jeher von der früheren Hauptstadt Turku mittags um zwölf verkündet wurde und Eingang in die finnische Rechtsprechung gefunden hatte. Schlagartig wurde Lenja feierlich zumute. Sie genoss die Fahrt, wenn die Höchstgeschwindigkeit auch bald auf achtzig Stundenkilometer begrenzt war. Nicht wegen der schneebedeckten Fahrbahn, denn sie alle fuhren Winterreifen mit Spikes, nein, wegen der Rentiere, die ganz plötzlich die Straßen kreuzen konnten. Man musste immer auf der Hut sein. Gott sei Dank hatte Lenja noch nie einen Zusammenstoß mit einem Rentier und auch mit keinem Elch. Es gehörte zu den Erfahrungen, die sie niemals machen wollte.

Um sieben kam sie an. Ihre Eltern traten vor die Tür, nachdem sie schon von Weitem gehupt hatte. Es war wie früher, wenn auch ihre Eltern dieses Mal spürbar langsamer und etwas gebückter gingen. Warum werden alle um mich herum plötzlich alt? Und im selben Moment machte es ihr beinahe Angst, dass das Rad der Zeit sich auch für sie drehte.

»Aiti, Isä!«, rief Lenja aus und umarmte beide, küsste sie. Es tat gut zu sehen und zu spüren, wie sehr sie sich auf ihr Kind gefreut hatten.

Vater öffnete den Kofferraum, packte sich das, was am schwersten war. Ihre Mutter ergriff sich ebenfalls zwei Gepäckstücke und Lenja musste sehen, dass sie auch etwas tragen durfte. Sie nahm ihre Skier und Schneeschuhe.

»Komm rein! Jetzt wird erst einmal gegessen.«

Im Wohnzimmer leuchtete ein bunt geschmückter Baum, an allen Fenstern hingen Sterne und Weihnachtswichtel waren im ganzen Raum verteilt, die emsigen Helfer des Weihnachtsmannes.

Sie brachte ihr Gepäck flugs nach oben, suchte das Bad auf und beeilte sich, wieder ins Wohnzimmer zu kommen.

Ihr Vater hatte nun auch die echten Kerzen am Baum angezündet. Die auf der Festtafel brannten schon. Drei Plätze waren eingedeckt und sahen beinahe etwas verloren aus auf dem langen Tisch aus Massivholzplanken. Lenja fragte sich, ob ihre Eltern wohl enttäuscht waren, weil sie noch keine Familie mitbrachte.

Ihr Vater schenkte Beerensekt ein, reichte seinen beiden Frauen ein Glas, strahlte sie beide an. Nein, er schien nicht enttäuscht zu sein. »Hyvää Joulua!«, rief er. Frohe Weihnachten!

»Hyvää Joulua!«, riefen Lenja und ihre Mutter gleichzeitig. Sie tranken nur einen Schluck, dann machten sie sich daran, alle Aufläufe von der Küche auf den Esstisch zu tragen. Vater stellte feierlich seinen Schinken auf den Tisch, den er gestern zubereitet hatte und mit seinen Freunden bis in die späte Nacht bewacht hatte. Eine finnische Tradition. Schließlich hatte man sicherzustellen, dass der Schinken nicht schon vor Heiligabend von irgendjemandem angeschnitten wurde.

»Habt ihr den Weihnachtssegen im Fernsehen verfolgt?«, fragte Lenja.

»Ja, natürlich! Was war das wieder schön! Vater ist auch immer ganz begeistert, nicht wahr, Walteri?«

»Jo«, sagte der Vater. »Guten Appetit.«

Lenja genoss den Anblick des gedeckten Tisches, überlegte sich einen Augenblick, ob sie nicht ihr Handy holen sollte, um es fotografisch festzuhalten, entschied sich dann aber dagegen. Da stand mittendrin der große Weihnachtsschinken. Lenja schätzte ihn auf fünf Kilogramm und fragte sich, wer das alles essen sollte, daneben stand ihr Lieblingsessen: Runkelrüben-Auflauf. Aber es gab auch Kartoffelauflauf und Leberauflauf. Den mochte sie weniger, aber sie probierte davon. Salat, der aus gewürfeltem Wurzelgemüse bestand, lag in unterschiedlichen Streifen farblich separiert auf einer großen Platte. Das Dressing stand daneben. Wie bei jeder finnischen Mahlzeit stand da ein Korb mit klassischem Roggenbrot und ein Schälchen mit Butter, in dem ein selbstgeschnitztes Holzmesser ihres Vaters steckte.

Lenja nahm sich von allem etwas auf den Teller. Sie hatte einen Bärenhunger und für heute wurde nichts mehr anderes von ihr erwartet, als zu essen, zu trinken und ins Bett zu fallen. Ihre Mutter hatte das Gästezimmer schon gerichtet, das Bett bezogen.

»Schön, mal wieder hier zu sein!« Lenja hob ihr Glas, prostete ihren Eltern zu. Wenn es auch immer ein ganz schön weiter Weg war. Aber vielleicht tat es auch gut, sein Leben für eine Zeit lang hinter sich zu lassen und es aus der Ferne zu betrachten.

So ließ sie also Yrjö zurück, der über die Feiertage auch bei seinen Eltern eingeladen war. Und Silvester würde er mit einer Frau verbringen. Er wollte sich aber nicht näher darüber auslassen.

Und sie dachte an Shahin. Hoffentlich käme sie mit dem Geruch des vielen guten Essens klar, das es über die Feiertage gab. Wahrscheinlich eher nicht. Die Arme! Ihren ersten Termin zum Ultraschall hatte sie gleich zu Anfang des neuen Jahres. Denn dann wäre die kleine Fruchtblase in ihrer Gebärmutter zu erkennen und das kleine Herz, das darin schlüge. Lenja war schon gespannt auf das kommende Jahr, in dem Finnland sein hundertjähriges Bestehen feierte. Sie selbst hatte auch das Gefühl, es würde ein ganz besonderes Jahr werden.

Mit Appetit schaufelte sie alles in sich hinein, was ihr angeboten wurde. Dabei lauschte sie den Erzählungen ihrer Eltern, erfuhr das Neueste aus dem Dorf, von der Verwandtschaft, den Nachbarn. Es war interessant zu hören, aber deutlich fühlte Lenja, dass es nicht mehr ihre Welt war. Spätestens seit ihrem Auslandseinsatz war ihr idyllisches Heimatempfinden ins Wanken geraten. Insbesondere durch die Frage, ob sie dieses Leben nicht auf Kosten anderer lebte.

Sie hatte für sich einen guten Weg gefunden. Sie selbst lebte in ihrem geliebten Heimatland, denn außerhalb Finnlands konnte sie es nicht lange aushalten. Eine Tatsache, die sie akzeptiert hatte, die auch nicht weiter schlimm war, wie sie fand. Aber durch ihre ausländischen Patientinnen verlor sie nie den Kontakt zur restlichen Welt und vieles, was ihr selbstverständlich war, wurde immer wieder neu infrage gestellt. Und vieles wertschätzte sie ganz neu. So auch dieses Leben ihrer Eltern, ganz in der Nähe des Polarkreises, das trotz aller Ursprünglichkeit sehr komfortabel war. Beide ärgerten sich über die gestiegenen Benzinpreise und darüber, dass die Cousine nicht die Zeit gefunden hatte, zum vorweihnachtlichen Kaffee zu kommen, wo sie doch schon am Unabhängigkeitstag nicht da war.

In dem Augenblick schweiften Lenjas Gedanken wieder zu Shahin. Wie eine kurdische Familie wohl Weihnachten feierte?

Ganz sicher kochte Shahins Mutter genauso viel wie ihre Mutter. Darin waren sie sich wohl ganz ähnlich.

Plötzlich hatte sie das Bedürfnis, ihr eine WhatsApp zu schreiben. Sie hatte Shahin ihre Handynummer gegeben, da sie im Urlaub ihre E-Mails nicht abrief. Auch wenn sie kurz Bedenken hatte, ob es ein Patientinnen-Ärztinnen-Verhältnis zuließ, eine private Nummer auszutauschen, war sie froh darüber, dass sie es getan hatte. Shahin nutzte es nicht aus. Auf keinen Fall. Sie hatte sich noch kein einziges Mal gemeldet.

Und als ihr Bauch so spannte, dass nichts mehr hineinpasste außer einem Joulusnapsi, nahm Lenja ihr Handy.

Frohe Weihnachten! Ich hoffe, du kannst wenigstens ein bisschen von all dem Leckeren essen, was die Feiertage so mit sich bringen. Herzliche Grüße aus dem tief verschneiten Lappland.

Lenja

Es dauerte keine fünf Minuten und Shahins Antwort war da. Lenja hatte bewusst den Ton des Handys nicht abgestellt. Mutter und Vater registrierten es kaum, an Weihnachten wurden immer zahllose Grüße hin- und hergeschickt, wenn nicht gerade telefoniert wurde.

»Deine Schwester ruft gleich noch an. Wir skypen. Holt schon mal den Laptop!«, rief Mutter aus der Küche.

»Ah, schön!«, bemerkte Lenja, ihre Aufmerksamkeit auf das Display ihres Handys gerichtet. Shahin hatte geantwortet. Sie hatte es vorgezogen, schon am Nachmittag auf einen Kaffee bei ihren Eltern vorbeizusehen. Ein Abendessen hätte sie sich nicht vorstellen können. Sie war zu Hause, hatte sich Brei gekocht, schickte ihr herzliche Grüße zurück.

Lenja konnte es kaum glauben. Ein Gefühl überkam sie, das Mitleid verdammt ähnlich war.

»Was ist los?«, fragte ihr Vater, als er ihr Gesicht sah.

»Ach, nichts«, winkte Lenja ab, fragte dann aber etwas

später: »Könntest du dir vorstellen, den heutigen Abend allein zu verbringen bei einer Portion Haferbrei?«

»Oh!« Ihr Vater kratzte sich betroffen am Kopf. »Ist sie etwa krank?« Merkwürdig, wie er sofort von einer weiblichen Person sprach.

»Nein, sie ist schwanger und kann kein Essen riechen.«

»Na dann«, ihr Vater klang erleichtert. »Nächstes Weihnachten kann sie das wieder aufholen.«

»Ja«, sagte Lenja langsam. »Nächstes Weihnachten.«

»Wir gehen ab jetzt sowieso in großen Schritten auf den Sommer zu«, sagte ihr Vater. Sie hatte nur darauf gewartet, auf seinen Standardspruch. Das sagte er jedes Jahr, sobald die Wintersonnenwende vorüber war und die Tage wieder länger wurden. Einer musste sich diesen alten Witz immer anhören, entweder ihre Schwester oder sie oder ihr Schwager.

Aber dieses Mal wiederholte ihn Lenja so, als läge eine tiefe Weisheit darin. »Ja, wir gehen mit großen Schritten auf den Sommer zu.«

Und dann lächelte sie und ihr Vater lächelte zurück, hob die Flasche. »Noch einen Joulusnapsi?«

LENJA WUSSTE NICHT, was sie dazu veranlasst hatte, es zu tun, aber sie hatte das dringende Bedürfnis, sich inmitten des Getümmels zu stürzen und den Weihnachtsmann zu besuchen. Und genau das tat sie am zweiten Weihnachtsfeiertag. Sie fuhr mit dem Bus zum Weihnachtsmanndorf, zur Verwunderung ihrer eigenen Eltern – und auch zu ihrer eigenen.

Aber es war schön dort. Sie genoss den Anblick des verschneiten Dorfes, versuchte, die Massen an Menschen aus ihrem Bewusstsein auszublenden, besichtigte die vielen Stände, Hütten und Unterkünfte der Weihnachtswichtel und landete schließlich beim Hauptpostamt des Weihnachtmanns zusammen mit gefühlt hundert Bussen japanischer Touristen. Aber sogar das schreckte ihre Laune nicht. Sie schoss ein Bild vom Weihnachtsmann, wie er in einem Berg von Weihnachtspost wühlte und schickte es Shahin mit den Worten:

Liebe Grüße vom Hauptpostamt des Weihnachtsmanns. Wir sind dabei, deinen Wunschzettel zu suchen, haben ihn aber leider noch nicht gefunden :-)

Sie war enttäuscht, dass Shahin nicht sofort antwortete, wo doch das Bild und der Text so originell waren. Sie schlenderte auf den nächsten Kiosk zu, aß eine Wurst mit Senf und ein Brötchen, ließ sich anschließend weitertreiben in den Massen von Menschen, sah staunende Kinder und staunende Erwachsene, streichelte die Köpfe von Rentieren und erinnerte sich, bei all dem, was sie tat, an ihre eigene glückselige Kindheit. Und als sie genug gesehen und gekauft hatte, stieg sie in den Bus und fuhr zurück zum Haus ihrer Eltern. Jedoch nicht, bevor sie noch einmal auf ihr Handy gesehen hatte. Aber da war nichts.

Irgendwann im Bus piepste es endlich.

Dann müsst ihr ganz zuunterst suchen. Meinen Wunschzettel hat der Weihnachtsmann nämlich schon im Sommer bekommen!

Auch ihre Nachricht endete mit einem Smiley.

Lenja lachte auf. So, dass sich einige im Bus nach ihr umdrehten. Shahin! Sie war doch immer gut für eine schlagfertige Antwort.

Glücklich und zufrieden kehrte sie in ihr Elternhaus zurück, verstaute ihre Einkäufe im Gästezimmer. Vater und Mutter hatten es sich bei Kuchen und Gebäck gemütlich gemacht. Lenja schnappt sich eine Joulutorttu, was nicht mehr war, als ein Stern aus Blätterteig, der mit Pflaumenmus gefüllt war. Noch ofenwarm war er ein Gedicht wie so vieles andere. Die Nachbarn kamen, um den Baum zu besichtigen und die Krippe, was nie ohne eine gute Menge Schnaps vonstattenging.

So ging auch dieser letzte Weihnachtsfeiertag satt und fröhlich zu Ende.

Lenja blieb bis Neujahr, hörte sich noch gemeinsam mit ihren Eltern die Neujahrsansprache des finnischen Präsidenten an, brach aber direkt im Anschluss auf. Morgen war Montag und damit hatte das Gesundheitszentrum geöffnet. Das neue Jahr begann recht unbarmherzig. Andererseits hatte sie genug Tage hier erlebt und ihrem Hang nach Skilanglauf redlich gefrönt. Auch eine Schneewanderung hatte sie an einem Tag gemacht. Es war ein kurzer Tag gewesen, abseits beleuchteter Loipen. Es blieben ihr nur wenige Stunden, um die Welt um sie herum wieder in blaues Licht versinken zu lassen und schließlich wieder in ein Märchen aus Nacht und Lichtern überzugehen.

Lappland hatte ihr sehr gutgetan, bemerkte sie auf der Heimreise. Es beruhigte sie immer mit seinem märchenhaften Licht, seiner blauen Stunde, seinen Polarlichtern, es zog sie in eine beinahe unwirkliche Welt. Durch die klirrende Kälte, durch die einfache Art zu leben, die Abgeschiedenheit, die natürlich mittlerweile relativ war, aber immer noch fühlbar, konnte man sich auf das besinnen, was einem im Leben wirklich wichtig war.

Sie freute sich wieder auf ihr Zuhause, auf die Menschen, die ihr wichtig waren. Sie bedauerte es nicht, dass in Lahti kein Schnee mehr lag. Laut Wetterbericht hatte sich dieser kurz nach Weihnachten durch anhaltende Regenfälle in Matsch und Eis verwandelt.

Egal. Sie hatte sich genug ausgetobt im Schnee. Das genügte vorerst.

Morgen öffnete wieder das Gesundheitszentrum und ein

neues Jahr begänne. Das jungfräuliche Weiß ihres Terminkalenders, das schon seit September mit Terminen torpediert worden war, zeigte sich bereits Mitte Dezember gut gefüllt, ließ kaum mehr Platz für Notfalltermine.

Übermorgen käme Shahin – zu ihrer ersten Ultraschalluntersuchung.

KAPITEL 18

*S*ie entdeckte Shahin schon auf einem der Stühle auf dem Gang sitzend, als sie die Patientin vor ihr hereinrief. Lenja war eine halbe Stunde in Verzug. Heute mussten alle warten. Eine Patientin mit unklarem Abdomen war dazwischengekommen. Lenja hatte sie mit Blinddarmentzündung ins Krankenhaus eingewiesen.

Nur noch eine Kontrolluntersuchung, dann wäre Shahin an der Reihe.

Zehn Minuten später trat sie wieder auf den Gang.

»Shahin«, rief sie nur, nachdem sie kurz überlegt hatte, ob sie der Form halber nicht hätte »Frau Gelavêj« rufen sollen.

Shahin erhob sich prompt, kam in ihr Sprechzimmer und Lenja schloss erleichtert die Tür hinter sich. Die nächste halbe Stunde gehörte ihnen allein.

Ihre Blicke trafen sich. Sie sah aus wie das blühende Leben. Und bildhübsch mit ihrem asymmetrisch geflochtenen Zopf, ihrem dunkelroten Pullover, der so weit geschnitten war, dass er alle Konturen ihres Körpers verhüllte. Wie eine Statue, die noch nicht den Blicken der Öffentlichkeit preisgegeben wurde.

»Schön, dich zu sehen.« Lenja zögerte nicht, schloss die Frau, die sicher nichts dagegen haben würde, in die Arme. »Ein gutes neues Jahr wünsche ich dir noch mal! Wie geht's dir? Oder besser: Wie ist es dir bisher ergangen?« Gespannt setzte sie sich, deutete mit der Hand auf den Stuhl gegenüber.

»Danke, es geht mir gut.«

Das war zu knapp und zu förmlich, um den Tatsachen zu entsprechen. Lenja musterte sie eingehend. »Hast du das anfangs verlorene Körpergewicht wieder zugenommen?«

Shahin wiegte etwas mit dem Kopf hin und her. »Noch nicht ganz, aber ich bin dabei.« Sie sagte es in einem unbeschwerten Ton, aber Lenja wusste: Ihre Patientin war noch nicht beschwerdefrei.

»Klappt das mit dem Arbeiten?«

Shahin lächelte verschmitzt. »Es nimmt ja jeder auf mich Rücksicht.« Und sie erzählte von ihren Kollegen, die sich nicht mehr trauten, einen Döner im Pausenraum zu essen.

Lenja lächelte darüber. »Wie oft übergibst du dich noch?«

Shahin tat, als müsse sie lange überlegen. »So ein-, zweimal.«

»Jeden Tag?«, fragte sie eingehend.

Shahins Schulter zuckte. »So ist es nun mal. Ich werde es überleben.«

»Nun gut«, meinte Lenja. »Dann werden wir uns die Ursache hierfür mal genauer ansehen.« Ihre Hand wies auf die einzige Liege im Raum. Shahin schlüpfte aus ihrem Pulli. Zum Vorschein kam ein weißes Shirt, das im Gegensatz zu dem Pullover sehr enganliegend war. »Du kannst dein Shirt einfach hochziehen, das reicht.«

Sie rollte das Ultraschallgerät näher zu sich hin, angelte sich mit dem Fuß einen Hocker. Kaum hatte Shahin ihren Bauch entblößt, griff sie auch schon nach ihrer Gel-Tube.

»Dann darf ich dich kurz vollglibbern?« Auf Shahins Blick ergänzte sie: »Ich habe es dir zu Liebe extra angewärmt.«

»Oh, wie aufmerksam.«

Lenjas Hand nahm den Schallkopf und fuhr über Shahins Bauch, den Blick schon auf den Monitor gerichtet. Jetzt war auch sie gespannt.

Und da war es! Am Gebärmutterboden befand sich eine gut sichtbare Fruchtblase. Darin schlug schon sehr deutlich ein kleines Herz. Willkommen im Leben!, begrüßte Lenja es in Gedanken. Sie lächelte, wandte ihren Blick der Mutter zu, bemerkte dabei, dass die nicht den Monitor, sondern ihr Gesicht beobachtet hatte. Das machte sie stutzig. Andere Mütter konnten es kaum erwarten, erste Spuren des heranwachsenden Lebens in ihrer Gebärmutter zu sehen.

»Willst du es sehen?«, fragte Lenja irritiert.

»Ja, natürlich.« Jetzt erst wandte sich Shahin dem Bildschirm zu.

»Hier unten am Fundus kannst du es ganz deutlich erkennen. Und sein Herz schlägt kräftig und regelmäßig.«

Shahins Blick wurde wie der von allen Müttern: weich und verklärt. Und während ihre Patientin den Anblick auskostete, vermaß Lenja die Fruchtanlage, datierte sie auf die siebte Schwangerschaftswoche.

»Röteln-Titer und Antikörper müssen wir keine mehr bestimmen. Das haben wir schon das letzte Mal gemacht. Dann fülle ich dir jetzt deinen Mutterpass mit allen Daten aus, die wir bis jetzt haben. Du meldest dich in der Müttersprechstunde an, dort wirst du die Hebammen kennenlernen, die dich die ganze Schwangerschaft über begleiten werden. Bei ihnen wirst du Kurse zur Geburtsvorbereitung belegen und sie werden dich ab der achtundzwanzigsten Woche regelmäßig an den Wehenschreiber anschließen. Im Normalfall, wenn es keinen Grund zur engmaschigeren Kontrolle gibt, stehen dir noch drei Ultraschalluntersuchungen zu. Du kannst dir überlegen, ob du sie auch von den Ärzten im Mütterzentrum oder bei mir haben möchtest. Es steht dir frei.«

Lenja konnte nicht abstreiten, dass es sie freute, als sie Shahin umgehend fragte: »Darf ich weiterhin hierherkommen?«

»Natürlich, denn ich bin die Ärztin, die dich letztendlich entbindet, da du, dank des Sachbearbeiters der Krankenkasse ...« – Lenja grinste – »als ausländische Patientin abgerechnet wirst. Du darfst mich also jederzeit mit einbeziehen, falls du Verständigungsprobleme haben solltest, oder so.« Lenjas Grinsen vertiefte sich.

»Oder mit den kulturellen Gegebenheiten nicht klarkomme«, ergänzte Shahin.

»Zum Beispiel.«

Beide lachten.

»Ich kann mich kaum mehr an meine frühere Heimat erinnern. Ich kenne nur die finnische Kultur. Ich bin durch und durch Finnin«, bemerkte Shahin mit vollem Ernst.

Ihre Worte ergriffen Lenja auf eine Weise, die sie sich nicht erklären konnte. Es erzeugte ein Wohlgefühl in ihr.

Nach einer geraumen Zeit, in der sie beide schwiegen, sagte die Ärztin: »Schön. Dann war es das für heute.« Sie reichte Shahin ihren Mutterpass, darin befand sich das ausgedruckte Bild des heutigen Ultraschalls, zweimal zusammengefaltet, damit es hineinpasste.

»Vielen Dank.« Ihre Patientin zögerte. »Na, dann ...«

»Mail mir, wenn irgendetwas ist, oder schick mir eine WhatsApp.« Die Abmachung, ihre Handynummer benutzen zu dürfen, musste sich schließlich nicht nur auf Urlaubszeiten beschränken.

Shahin schenkte ihr das Lächeln, auf das sie heimlich gewartet hatte.

»Ah!« Jetzt fiel ihr noch etwas ein. Sie hatte Shahin etwas

vom Weihnachtmanndorf mitgebracht. Nun war es ihr beinahe peinlich, es ihr zu geben, denn Weihnachten war längst vorüber. Und vielleicht empfände es Shahin als aufdringlich. Aber egal. »Hier! Der ist noch für dich.«

Sie drückte Shahin einen Weihnachtswichtel in die Hand, mit übergroßen Schuhen, brauner Cordhose und einem Zipfelmützchen, das beide Augen verdeckte und nur noch seine knollige Nase herausblicken ließ.

Shahin lachte. »Oh, danke! Der ist ja süß!«

»Moment noch.« Lenja zog einen Karton hervor, der noch in Weihnachtspapier gehüllt war. »Ich konnte einfach nicht daran vorbeigehen«, gestand sie und drückte ihr das Paket in die Hand.

Shahin war verblüfft, nahm es aber an sich. Es wog recht schwer und sie wusste, darin war mehr als nur ein kleines Mitbringsel.

»Nimm es einfach als ein verspätetes Weihnachtsgeschenk.« Lenja lächelte beinahe entschuldigend. »Nur zur Vorsorge. Du wirst es eines Tages brauchen«, erklärte sie in dem Tonfall der allwissenden Ärztin.

»Oh! Na, dann«, sagte Shahin und wandte sich zum Gehen. »Hei hei, und danke.«

»Ole hyvää! Hei!«, antwortet Lenja. Gerne und Tschüss.

Sie verweilte noch einen Augenblick, als ihre Patientin gegangen war, gönnte sich eine kleine Pause. Sie fühlte den Nachhall von Shahins Worten noch in sich. Etwas daran hatte sie sehr gefreut. Ich bin durch und durch Finnin, hatte sie gesagt. Lenja lächelte. Mit ihrem dunkelbraunen Haar und ihren fast schwarzen Augen entsprach sie nicht ganz dem Äußeren der Frauen hierzulande. Aber sie hatte recht. Sie war durch und durch Finnin, sprach akzentfrei, dachte wie eine finnische Frau, ohne ihre kurdischen Wurzeln zu verleugnen.

Vielleicht war es genau diese Tatsache, die sie so erfreute.

* * *

Shahin schritt wie auf Wolken zur Garderobe, schlüpfte in ihre Jacke, nahm den Wichtel und das Geschenk wieder so vorsichtig auf, als wäre beides zerbrechlich. Ein freundlicher Mann hielt ihr die Eingangstür auf und sie balancierte mit dem Paket den rutschigen Gehweg entlang bis zu ihrem Auto. Jetzt auf keinen Fall fallen, das wäre das Letzte, das sie gewollt hätte.

Zuhause legte sie es auf den Tisch, zog sich aus, wusch sich die Hände und betrachtete es lange. Das Geschenk war im Weihnachtsmanndorf eingepackt worden. Es sah nach gehobenem Geschenke-Service aus, mit einer Schleife, die kein üblicher Standard war. Auch baumelte da ein kleiner Anhänger. Für Shahin, stand darauf. Sie musste also der Person, die es eingepackt hatte, ihren Namen genannt haben. Allein die Vorstellung genügte, um ihr Herz zum Stolpern zu bringen. Lenja hatte ihr ein Weihnachtsgeschenk mitgebracht, und sie? Sie hatte ihr nichts mitgebracht. Aber wenn sie gewusst hätte ...

Sie verdrängte den Gedanken, holte sich eine Schere aus der Küche und begann es ganz vorsichtig zu öffnen. Sie durchtrennte zuerst das Band mit der Schleife, löste den Klebestreifen, entfaltete das Papier. Zum Vorschein kam ... Shahin gab einen Verblüffungslaut von sich. Da erschien ein Zimmerbrunnen, der ihrem bis aufs Haar glich. Das gleiche Bambushäuschen, die gleichen Bambusleitungen, die gleiche Tonschale. Lediglich der Angler, der auf einer Stange saß, hatte zusätzlich ein rotes Zipfelmützchen auf. Das war also die Weihnachtsvariante ihres Brunnens. Shahin lachte auf. Da entdeckte sie den anhaftenden Zettel.

Falls deiner eines Tages den Geist aufgeben sollte, ist hier schon mal Ersatz! Schöne Weihnachten für Dich, wenn auch nachträglich.

P.S.: Die Tatsache, dass ich diesen Brunnen (Made in China) in der Werkstatt der Weihnachtswichtel entdeckt habe, bringt meinen Glauben an die nimmermüde Handarbeit der finnischen Weihnachtsmannhelfer sehr ins Wanken.

Shahin lachte und weinte gleichzeitig, so gerührt war sie. Tiri. Wie süß! Vergessen war der Heilige Abend, vergessen waren die restlichen Feiertage, die sie zurückgezogen verbracht hatte, weil ihr alles zu aufdringlich war, zu laut, zu intensiv.

Tiri.

Oh Allah, wie ich sie liebe!

KAPITEL 19

oche für Woche strich dahin und das eben noch neue Jahr war dabei vorüberzuziehen wie das alte auch. Lenja erschien es, als geschähe es von Jahr zu Jahr schneller.

Ginge sie wirklich so rasch auf vierzig zu? In ein paar Jahren war es so weit. Jahre, die ebenso schnell vorüberzögen wie die Letzten.

Der Schnee kehrte Mitte Januar zurück und augenblicklich erschien die Welt wieder heller. Gegen den Mangel an Tageslicht hatte Lenja sich eine Lichttherapie-Lampe gekauft, um einer Winterdepression vorzubeugen. Zusätzlich nahm sie selbst zwei Tabletten Vitamin D täglich und empfahl dies auch ihren Patientinnen. Dazu ging sie jeden Tag an die frische Luft. Beim letzten Mal überlegte sie sich, Shahin zu fragen, ob sie nicht Lust hätte mitzugehen.

Aber nein. Dieses Thema hatte sie schon zur Genüge durchdacht und war bereits zu einer Lösung gekommen, die sie für gut befand. Also führte ihr spontaner Wunsch nie zu einem Ergebnis.

Außerdem wusste sie ja, es ginge ihr gut. Shahin hatte

sich ausführlich per E-Mail für das Geschenk bedankt und beschrieben, dass sie sich gut fühlte. Die Übelkeit trat nur noch morgens auf und sie übergab sich nicht mehr jeden Tag, sondern vielleicht dreimal die Woche. Auch war sie dabei zuzunehmen und überbot ihr vorheriges Körpergewicht bereits um zwei Kilogramm. Sie bewege sich regelmäßig an der frischen Luft.

Sie schrieb nichts davon, dass sie gerne mit ihr gemeinsam spazieren ginge.

So tat Lenja das, was sie immer tat. Sie stürzte sich in ihre Arbeit, von der es genügend gab, nahm an Fortbildungen teil, informierte sich über medizinische Neuigkeiten.

Lappland schien ihr schon so lange vorbei zu sein. Es war ein Märchen gewesen, einfach nur ein Märchen. Ihre Eltern riefen zwar häufiger an als sonst, bekräftigten jedes Mal, wie sehr es ihnen doch gefallen hatte. Auch ihre Schwester meldete sich auffallend oft, fragte bei jedem Telefonat nach ihrem Befinden. Ob sie ein schlechtes Gewissen hatte, weil sie Lenja an Weihnachten allein bei ihren Eltern gelassen hatte?

Yrjö traf sich jetzt ab und zu mit einer anderen Frau. Sehr vorsichtig hatte er damit begonnen, es zu erzählen. Sie war sehr gerührt darüber, dass er sie ins Vertrauen zog, sogar um ihren Rat fragte, als es um die Wahl eines Geschenks ging.

Und immer öfter, wenn sie durch Personen ihres Umfeldes mit Romantik konfrontiert wurde, fanden ihre Gedanken zu einer ganz bestimmten Patientin.

Als Yrjö ihr die Geschenke schilderte, die zur Auswahl für seine Bekanntschaft stünden, hatte sie sich gefragt, ob es auch Shahin gefallen könnte. Als ihr Kollege seinen Hochzeitstag erwähnte, hatte sie sich gefragt, warum Shahin nicht längst verheiratet war.

War sie dabei, sich zu verlieben?

Das konnte nicht sein, denn wenn sie sich verliebte, geschah das schlagartig und ohne darüber nachzudenken. Ayasha zum Beispiel hatte sie nur ein einziges Mal im Wartebereich des Gesundheitszentrums gesehen. Ayasha hatte sie angelächelt, ihr ein schüchternes, unsicheres Lächeln geschenkt und um Lenja war es geschehen. Nun gut, vielleicht war das nicht gerade der Normalfall.

Bei Shahin war es anders gewesen. Das erste höfliche Aufeinandertreffen war bald umgeschlagen in persönliche Abneigung. Shahin erschien ihr zunehmend zu aufdringlich, zu perfekt, zu sehr inszeniert. Oder wurde sie das erst ab dem Zeitpunkt, als ihr Kollege so öffentlich von ihr geschwärmt hatte? Lenja erinnerte sich noch gut daran, wie lächerlich sie das Ganze empfunden hatte.

Und nun? Sie hatte ihre Meinung von Shahin längst korrigiert und nun spukte die Frau bemerkenswert oft durch ihre Gedanken. Privat wie beruflich. Nun ja, hauptsächlich privat, wenn sie ehrlich war.

Sie musste dringend abklären, inwiefern ihre Sympathie zu ebendieser Patientin noch freundschaftlicher Natur oder … und Lenja blieb fast die Luft weg, als sie es dachte, schon romantischer Natur war.

Aufgewühlt schaute sie auf ihren Kalender. Ende Februar, Anfang März wäre Shahin wieder bei ihr zum Ultraschall. Bis dahin nahm sie sich vor, nichts weiter zu unternehmen. Sie würde es aushalten, sie so lange nicht zu sehen. Außerdem schrieb Shahin ihr regelmäßig. Mittlerweile erwartete sie ihre Mails mit Ungeduld.

Der Termin am 7. März zum Ultraschall einer Patientin mit dem Namen Shahin Gelavêj wurde am 20. Februar vergeben. Lenjas Terminkalender meldete es, nachdem

Lenja die Tage zuvor schon ein paarmal hineingesehen hatte.

Sie freute sich zwei Wochen darauf.

Dann war der Tag da.

ES SCHNEITE an diesem Tag Unmengen und Shahin kam zu spät. Lenja hatte die Patientin davor gerade entlassen und stellte enttäuscht fest, dass Shahin nicht gekommen war. Sie entschied, noch zehn Minuten zu warten, bevor sie mit einer anderen Patientin fortfahren würde. Doch bevor auch nur die Hälfte der Zeit verstrichen war, klopfte es an der Tür ihres Behandlungszimmers und davor stand eine völlig aufgelöste Shahin mit Schneeflocken im Haar und in einen dicken Mantel gehüllt, die sich wortreich für ihr Zuspätkommen entschuldigte.

Lenja hörte kaum zu. Der Anblick, der sich ihr bot, erinnerte sie an Lappland, und in Gedanken verklärt sagte sie: »Und ich hatte schon angenommen, du hättest deinen Termin vergessen.« Ihre Hand wies wie von selbst auf den Stuhl. »Leg einfach hier ab, du brauchst es nicht nach draußen zu hängen.«

Bis Shahin so weit war, hielten sie etwas Small Talk. Wie es ihr ging, wusste sie ja schon durch ihren regelmäßigen Schriftverkehr. Shahin, die heute wieder ausgesprochen gut gekleidet war, entledigte sich hinter einem nicht ganz zugezogenen Vorhang ihrem Alpaka-Pullunder und ihrer Bluse. Lenja wandte den Blick ab.

Als ihre Patientin so weit war, dass sie die richtige Position auf der Liege eingenommen hatte, war auch Lenja startklar. »Dann wollen wir mal sehen, was unser Baby so macht«, sagte sie gut gelaunt und benetzte Shahins Bauch großzügig mit dem Gel.

»Pardon«, murmelte sie. Es war ihr nicht entgangen, wie

ihre Patientin zusammenzuckte. Doch Lenjas Aufmerksamkeit war schon auf den Monitor gerichtet, der einen Fötus zeigte, dessen ausgebildete Ärmchen und Beinchen sich bereits bewegten. Er erschien ihr besonders schön und einzigartig!

Ihr Blick fand zu seiner Mutter. Beide Frauen lächelten.

Lenja vermaß alles, was sie sah. Der Fötus war vielleicht sogar einen Tick weiterentwickelter als der Durchschnitt und Lenja sah ihre Vermutung bestätigt. Shahins Eisprung musste früher gewesen sein. Sie nahm seine inneren Organe näher ins Visier. Ein gesundes Kind! Erleichterung überkam sie und sie murmelte, ohne dass es ihr bewusst war: »Alles in Ordnung.«

»Was hast du gesagt?«, hörte sie Shahin fragen.

»Ein gesundes Kind«, wiederholte Lenja.

Shahins Augen füllten sich mit Tränen. Verlegen wischte sie sie weg. »Es ist wunderschön, findest du nicht?«

»Ja«, stimmte ihr Lenja zu, obwohl es unsinnig war, es in diesem Stadium zu sagen. »Das ist es.«

Lenja ließ die Einstellung so, bewegte den Schallkopf etwas, dass Shahin den Fötus von verschiedenen Perspektiven sehen konnte. Beide schwiegen.

Bis Lenja fragte: »Warst du schon im Mütterzentrum?«

»Ja. Einmal. Und ich habe gleich im Anschluss wieder einen Termin unten.« Das Mütterzentrum befand sich im Erdgeschoss.

»Ah, ja. Das ist gut. Dann fülle ich meinen Teil des Mutterpasses jetzt aus.«

Die Weichheit, die in ihrem Blick lag, erinnerte Lenja daran, dass sie noch etwas ganz anderes ansprechen wollte. Heute. »Kann ich ausschalten?«, fragte sie. Von ihrer Seite aus waren sie fertig.

»Ja. Sicher. Bekomme ich das Bild mit?«

»Natürlich. Ich hefte es in deinen Mutterpass. Aber ich

kann dir, wenn du möchtest, noch eines zusätzlich ausdrucken.«

»Oh, ja. Gerne.«

»Bleib noch kurz so liegen«, sagte Lenja, als Shahin ihren Bauch abgewischt hatte.

Lenjas Hand ertastete noch die Lage und Größe der Gebärmutter.

»Gut, dann sind wir fertig für heute. Du hast doch deinen Mutterpass dabei?«

»Ja, sicher.« Sie überreichte ihn der Ärztin, nahm Platz, schaute ihr dabei zu, wie sie ihn ausfüllte und schlussendlich lächelnd aufsah.

»Hast du dir schon Gedanken gemacht, wer dich in den Kreißsaal begleitet?«

Shahin stutzte. Es erschien ihr ungewöhnlich früh für eine solche Frage, aber sie beantwortete sie wahrheitsgemäß. Ella, eine ihrer frühsten Freundinnen aus der Grundschule, wohnte gleich um die Ecke von ihr. Seit sie wusste, dass Shahin schwanger war, trafen sie sich häufiger, gingen miteinander spazieren, tranken Kaffee. Ella hatte zwei Kinder, wünschte sich noch ein drittes und war somit schon vertraut mit der Geburtenstation und dem Kreißsaal. Gerne begleitete sie Shahin zur Schwangerschaftsgymnastik, auch in den Kreißsaal, wenn sie niemand anderes haben sollte. Denn ein Kind ohne den Beistand einer vertrauten Person auf die Welt zu bringen, erschien ihr als etwas völlig Unmögliches.

»Ich kenne doch alle Hebammen dort«, hatte Shahin in einer ersten Reaktion zu Ella gesagt.

»Sicher, aber einen Menschen um sich zu haben, der einen unterstützt und begleitet über die Länge einer Schicht hinaus, ist trotzdem noch etwas anderes.«

Da musste sie Ella recht geben und dankbar hatte sie ihr Angebot angenommen.

»Ja, Ella wird mich begleiten. Sie ist meine Freundin. Wir haben das schon ...«

»Okay«, sagte Lenja. »Ich wollte bloß wissen, ob du in guten Händen bist.« Sie lächelte unverbindlich, schaute demonstrativ auf die Uhr. »Beeil dich, sonst kommst du noch zu spät. Einen schönen Tag noch.«

Beide Frauen verabschiedeten sich herzlich voneinander.

»Pfff«, machte Lenja, sobald sie allein war, stieß die Luft aus ihren Lungen, die sich als gefühlter Überschuss angestaut hatte.

Das war ja noch mal gut gegangen! Sie hatte gerade noch die Kurve gekriegt. Die Idee zu dieser Frage war ihr gestern gekommen. Nirgendwo auf der Welt zeigte sich die Qualität und Intensität einer Paarbeziehung deutlicher als im Kreißsaal. Die Frage nach der Person, die sie dorthin begleitete, enttarnte ihre Patientin sozusagen. Wer stand ihr so nahe, um dafür in Frage zu kommen?

Die Tatsache, dass sie sich allein für ein Kind entschieden hatte, hieß ja nicht, dass es da keine Freundin gab. Sicher gab es eine, wenn nicht gar mehrere, zu denen sie in irgendeiner Beziehung stand. Wer wusste das schon. Vielleicht lebte sie polygam und das war der eigentliche Grund, warum sie keine feste Partnerin hatte. Jetzt ging ihr ein Licht auf. Shahin wollte sich einfach nicht festlegen. Aber selbstverständlich hatte sie Beziehungen zu Frauen, die tief genug waren, dass sie ihr im Kreißsaal beistanden.

Ernüchtert und enttäuscht hatte sie das Gefühl, haarscharf einer Blamage entkommen zu sein. Wie hätte Shahin auf das bescheidene Angebot eines gemeinsamen Spaziergangs mit ihr wohl reagiert, wenn sie es ausgesprochen hätte?

Und je länger sie sich das vorstellte, umso deutlicher entstand das Bild einer herzlich lachenden Shahin vor ihrem geistigen Auge. Aber vielleicht hätte sie auch aus Höflichkeit ihr Angebot angenommen. Einmalig, um sie nicht unnötig zu kränken.

Und Lenja war sich nicht sicher, welche ihrer Reaktionen ihr peinlicher gewesen wäre.

* * *

DEN REST des Tages hatte sich Shahin freigenommen. Arbeit und Arzttermine überstiegen ihr tägliches Belastungspensum. Sie rief Paula an, kaum dass sie zu Hause war. Sie versprach, eine halbe Stunde vor Dienstantritt bei ihr auf eine rasche Tasse Kaffee vorbeizukommen.

Sie hörte wohl, es gab Neuigkeiten. Und das erste Bild von ihrem Kind wollte sie auf jeden Fall sehen.

»OH, WIE SÜÜÜSS«, Paula war ehrlich entzückt, obwohl alle Föten dieser Größe so aussahen. »Da ist ja alles schon dran«, sagte sie wieder voller Bewunderung, obwohl sie es wusste.

Shahin goss ihr Kaffee ein.

Plötzlich stutzte Paula. »Seit wann tut dein Zimmerbrunnen denn wieder. Ist der neu?«

Shahin grinste. »Nein, repariert.« Sie verschwieg den neuen, der im Schrank auf seinen Einsatz wartete. Aber die kleine Zipfelmütze hatte sie dem Angler schon mal aufgesetzt.

»Ach was! Ich dachte, den konnte man nicht mehr reparieren.«

»Man muss eben die richtigen Leute ranlassen.«

»Einen Fachmann also.«

»Eher eine Fachfrau«, konnte Shahin nicht unterdrücken zu sagen. War doch wahr! Da musste erst eine Frau kommen

185

und sich des Problems annehmen, wo drei Männer zuvor nur mit den Achseln gezuckt hatten.

»Oh!«, grinste Paula, »gibt es sonst noch etwas Neues, was ich wissen sollte.«

Shahin lachte laut auf. »Nein, abgesehen davon, dass es mir besser geht.« Und dann erzählte sie Paula von der Mütterberatungsstelle, wo sie heute war, berichtete von ihrem Arztbesuch.

»Wie geht es Tiri?«, fragte Paula intuitiv.

»Gut. Sie war über Weihnachten und Neujahr in Lappland bei ihren Eltern.«

»Statt nach ihrer Patientin zu sehen, der es nicht gut ging«, warf Paula ironisch ein.

Auch wenn es nur ein Witz war, Shahin ließ es nicht gelten. »Ich hatte jederzeit die Möglichkeit, sie über E-Mail oder WhatsApp zu erreichen.«

»Ach, ja?«, wunderte sich Paula. Und weil sie doch neugierig war, wie Shahin es fertiggebracht hatte, so rasch schwanger zu werden, traute sie sich, genauer nachzufragen, wie das mit der Samenspende so vor sich gegangen war, jetzt wo es Shahin doch wieder viel besser ging und sie distanzierter darüber berichten konnte. »Wie kommt man eigentlich an das Sperma? Kann man das einfach so bestellen und kriegt man das per Post?«

»Nein, an Privatpersonen wird es nicht mehr verschickt. Du brauchst eine Arztpraxis, die es annimmt, oder eine Klinik.« Shahin erklärte es genauer und Paula hörte interessiert zu.

»Ah, ja. Dann hast du über Tiri ...«

»Ja«, sagte Shahin auffällig knapp.

»Und bei dem flüssigen Stickstoff holst du dir keine Erfrierungen, wenn du es rausholst?«

»Nein, du hast ja Handschuhe an.«

»Und dann lässt du die Spermien auftauen und spritzt sie dir ein?«

»So ungefähr. Im Paket sind ausreichend Spritzen.«

»Die kurzen, die normalen Zwei-Milliliter-Spritzen? Reichen die denn weit genug rein? Wie hast du das denn bewerkstelligt?«

»Es sind nicht die herkömmlichen Spritzen, die man dazu verwendet. Außerdem hatte ich Hilfe.« Shahin hielt sich mit weiteren Beschreibungen auffallend zurück.

»Entschuldige«, sagte Paula sofort. »Ich bin aber auch unmöglich.« Was war sie wieder taktlos! Sie hatte immer angenommen, Shahin hätte es allein gemacht. Sie wusste ja nicht, dass es da eine gab, die ihr geholfen hatte.

Als es Zeit war zu gehen, verabschiedete sich Paula und eilte hinüber zur Klinik.

Auf dem Weg dorthin hielt sie mitten im Gehen inne. Wie konnte sie so blind gewesen sein? War ihr denn gar nicht aufgefallen, wie glücklich Shahin war? Sicher hatte sie angenommen, es läge daran, nun endlich schwanger zu sein. Warum hatte sie nicht früher bemerkt, dass Shahin, wenn sie von Tiri sprach, geradezu aufblühte und sich sehr gewählter Worte bediente? Was lief da zwischen ihr und Tiri?

Und Paula fiel es wie Schuppen von den Augen: Shahin hatte ihre Schwangerschaft nicht allein geplant und herbeigeführt! Tiri hatte ihr geholfen. Und sie war es sicher auch, die ihr den Zimmerbrunnen repariert hatte. Und wahrscheinlich war sie es auch, die sich ähnlich wie sie zu Shahins Betthimmel geäußert haben musste. Das sieht ja aus wie im Märchen, war Paula irgendwann herausgerutscht. Und Shahin hatte wieder so merkwürdig gelächelt und geantwortet: Du bist nicht die Einzige, die das sagt.

Tiri! Paula wurde es ganz heiß und kalt, als diese Erkenntnis sie überkam, so sehr freute sie sich für Shahin. Für Tiri natürlich auch. Wer konnte so etwas ahnen!

Sie hätte gar nicht angenommen, dass Tiri auch ... Paula lachte leise vor sich hin. Dann war sie ja doch auf der richtigen Spur mit ihrer Vermutung: Eine Frau, die in ihrem Alter noch nicht verheiratet war, wird ihre gut gehüteten Gründe dafür haben.

Herrgott, war das schön! Tiri und Shahin. Dann hatte sich der Wunsch ihrer Kollegin ja endlich erfüllt. Sie war furchtbar aufgeregt, als sie das Krankenhaus betrat und mit dem Aufzug zur Neugeborenenstation hochfuhr.

KAPITEL 20

*N*iemals hätte Paula auch nur ein Wort darüber vor Kollegen geäußert. Das war Shahins und Tiris Geheimnis und sie konnte darüber schweigen. Außerdem hatte sie sich gegenüber Klatsch und Tratsch im Krankenhaus sowieso nie aufgeschlossen gezeigt.

Es war wenig los an diesem Nachmittag. Der Kreißsaal war überraschenderweise leer und die diensthabende Hebamme Ann-Maarit, die ebenfalls über eine ähnliche Anzahl von Dienstjahren verfügte wie Paula, kam auf einen kleinen Plausch zu ihnen auf Station.

»Ich freu mich so für Shahin, dass sie nun schwanger ist. Sie hat sich ja schon lange ein Kind gewünscht, nicht wahr?« Ann-Maarits Augen leuchteten geradezu vor Mitgefühl.

»Ja«, stimmte Paula ihr zu. »Shahin wünscht sich schon seit Jahren ein Kind. Nicht erst, seit sie zu uns kam. Aber seitdem natürlich besonders.« Sie zwinkerte Ann-Maarit zu und diese verstand.

Sie lachte. »Sie ist also über Tiri hinweg? Hat sie jetzt eine Freundin?«

Paula wiegte wichtig mit dem Kopf hin und her. Kein

Wort käme über ihre Lippen. »Ich bin mir nicht sicher«, sagte sie. Ann-Maarit akzeptierte es als eine Antwort. Sie ging nicht weiter darauf ein, sondern sagte erfreut: »Shahin war auch schon bei uns im Mütterzentrum.«

»Sie hat davon erzählt.« Das konnte Paula ruhig zugeben, das war nicht geheim.

Dann stutzte Ann-Maarit jedoch: »Weißt du eigentlich, dass Shahin von Tiri betreut wird? Die ist doch jetzt im Ärztehaus nur für die ausländischen Mitarbeiter zuständig. Warum dann für Shahin?«

»Weil sie Ausländerin ist?«, fragte Paula, die nicht kapierte, worauf die Hebamme hinauswollte.

Ann-Maarit lachte nur. »Ausländerin? Shahin ist schon ihr ganzes Leben lang in Finnland.«

Ja, das stimmte. Das war Paula noch gar nicht aufgefallen. Eigentlich dürfte das nicht sein. Tiri war Belegärztin für die Patientinnen, die sprachliche Probleme hatten und eine besondere ärztliche Betreuung benötigten. Da verstand sie plötzlich: Ann-Maarit war es also auch aufgefallen! Sie kam nicht umhin, sie dafür zu bewundern.

»Na ja, dann werden es die beiden irgendwie hingedreht haben.« Sie lächelte wissend. Ann-Maarit würde schon begreifen.

Und Ann-Maarit begriff. Sie sah Paula an, Paula sah sie an. Und zwischen beiden Frauen spannte sich das feste Band eines großen Geheimnisses, um das niemand wissen durfte. Noch nicht.

»Ne, echt!«, entfuhr es Ann-Maarit. Ihr Blick sprach Bände.

Als die Schülerin den Raum betrat, wechselten beide Frauen das Thema unauffällig und gekonnt, schließlich hatten sie beide Erfahrung im Umgang mit Dingen, die nicht an die Öffentlichkeit getragen werden durften.

* * *

ALS SHAHIN das nächste Mal im Mütterzentrum war, begrüßte man sie freundlich wie immer. Es kam ihr sogar so vor, als seien alle noch freundlicher zu ihr als sonst. Jede der Mitarbeiterinnen grüßte sie heute oder winkte ihr zu. Die Hebamme, die nun das Gespräch mit ihr führte, war eine andere als das letzte Mal. Sinikka, las Shahin auf ihrem Namensschild.

»Ann-Maarit ist heute im Kreißsaal in der Klinik. Deshalb bin ich heute für dich da«, sagte Sinikka lächelnd, fragte nach ihrem Befinden, fragte, ob sie irgendwelche Probleme hätte. Sie prüfte Shahins Gewicht, notierte Besonderheiten, dokumentierte alles in Shahins Mutterpass, warf einen Blick auf das Ultraschallbild, das von Tiri gemacht worden war.

»Tiri betreut dich?«, fragte sie, als wäre es ihr neu.

»Ja.«

»Ich kenne sie noch von der Klinik«, sagte Sinikka sehr freundlich, während sie ihr die Blutdruckmanschette um den Arm wickelte. Es hätte Shahin aber auch verwundert, wenn sie sie nicht gekannt hätte.

»Ich fand sie schon immer sehr nett. Sie ist eine wirklich tolle Ärztin.« Sinikka sah sie an und lächelte und Shahin sah keinen Grund, ihr nicht recht zu geben.

»Ja, sie ist eine wunderbare Frau.«

Das Lächeln der Hebamme vertiefte sich bei so einem offenen Eingeständnis. Beide Frauen sahen sich an, als verbände sie ein Geheimnis.

»Melde dich, wann immer du ein Problem hast«, sagte Sinikka, als sie mit ihrem Programm für heute durch waren und sie sich verabschiedete.

»Ich werde schon gut betreut, danke!«, antwortet Shahin, dachte an Tiris Handynummer, die sie im Notfall jederzeit benutzen durfte.

Sie sah nicht mehr, wie Sinikka sich selbst wegen ihrer überflüssigen Routine-Bemerkung verwünschte. Selbstverständlich kümmerte sich Tiri um ihre Partnerin.

Die beiden waren aber auch wirklich ein hübsches Paar!

* * *

Lenja entschied, nach Feierabend noch ein paar Bahnen im Schwimmbad zu ziehen, bevor sie nur zu Hause rumhing und Trübsal blies. Sie hatte sich da in etwas hineingeträumt, was nicht realistisch war. Vielleicht hätte sie nicht nach Lappland gehen sollen, das hatte alles doch noch zusätzlich forciert. Der Austausch von Handynummer, das Weihnachtsmanndorf, der Traum von heiler Welt und Familie. Diese ganze sentimentale Weihnachtszeit!

Lenja hatte das Gefühl, noch etwas tun zu müssen, bis sie so müde war, dass sie nicht mehr denken konnte.

In ein Konzert gehen, wäre nicht schlecht. Aber Yrjö hatte gerade wenig Zeit. Lenja vermutete die neue Frau, die dahintersteckte. Warum bedauerte sie das?

Bevor das Gefühl der Einsamkeit sie überkam, klingelte das Telefon. Ihre Schwester.

»Hei, du! Wollte nur mal hören, wie es dir geht.«

Das kam verdächtig oft vor in letzter Zeit.

»Gut«, sagte Lenja knapp. »Wie habe ich es verdient, dass du dich so oft nach meinem Befinden erkundigst?«

Ihre Schwester lachte. »Ich dachte ja bloß, bei deinem Liebeskummer frage ich mal nach.«

»Der ist längst vorbei. Das war letzten Sommer.«

»Oh. Und in der Zwischenzeit ist nichts passiert?«, frage sie in einer Mischung aus arglos und dummdreist.

»Was möchtest du wissen, Schwesterherz?«

»Ich dachte nur, weil Vater so eine Andeutung gemacht hatte ...«

»Vater soll keine Andeutungen machen«, unterbrach Lenja genervt. Dann wurde sie aber doch neugierig. »Was hat er denn gesagt?«

»Du warst im Weihnachtsmanndorf und hast Geschenke gekauft. Freiwillig.«

»Ach! Und das reicht, um irgendwelche Vermutungen aufzustellen?«

»Wir wissen alle, wie sehr du diesen Trubel dort hasst.«

»Stimmt überhaupt nicht. Es war sehr schön dort. Ich habe es sehr genossen. Mehr als jemals in meiner Kindheit.«

»Du bist verliebt.« Sie sagte es wie eine Feststellung, nicht wie eine Frage.

»Rufst du nur an, um mir das zu sagen?«

»Nun«, zögerte ihre Schwester, als sie bemerkte, wie Lenja überhaupt nicht darauf einging, »es war nur so eine Vermutung.«

»Das sagtest du bereits. Aber ich kann dich beruhigen. Es gibt in meinem Liebesleben aktuell nichts Neues. Bei dir vielleicht?«

Ihre Schwester ergriff ihre Chance, erzählte sofort von ihren Kindern, ihrem Mann und hörte erst nach zehn Minuten wieder auf. Eine ausreichende Zeit, die ihre Übergriffigkeit vergessen machte. Glaubte sie.

Nach fünfzehn Minuten verabschiedeten sie sich freundlich voneinander, richteten Grüße aus und Lenja legte nachdenklich auf.

Für den Rest des Abends ließ sie der Gedanke nicht mehr los, dass Menschen ihres sozialen Umfeldes ganz falsche Vorstellungen von ihrem Liebesleben hatten.

* * *

SHAHIN VERBRACHTE den Abend mit ihren Eltern beim Thailänder. Merkwürdigerweise verursachten ihr die Gerüche der indischen und thailändischen Küche keinerlei Übelkeit.

Ihre Mutter hatte zwar verletzt auf diese Äußerung reagiert, die Shahin gedankenlos gemacht hatte, aber es dann doch akzeptiert. Das gemeinsame kurdische Essen im Hause ihrer Eltern wurde also kurzerhand ausgesetzt und durch Besuche entsprechender Lokale ersetzt. Der Nachteil war, ihr Vater konnte nicht nebenher fernsehen, die Großmutter konnte nicht mitgehen, denn sie verstand die Welt außerhalb der Wohnung nicht mehr und der Hund musste zu Hause bleiben. Aber dies alles war machbar und zum Ausgleich versprach Shahin, einmal die Woche zum Kaffee vorbeizukommen, um Großmutter zu besuchen. Vater hatte sein Rasierwasser entsorgt.

Shahin aß mit Appetit eine extra für sie kulinarisch abgewandelte Soja-Ananas-Chinakohl-Variante in süß-saurer Soße mit Basmatireis. Es schmeckte ihr vorzüglich.

»Das hätte ich dir auch kochen können«, war der einzige Kommentar ihrer Mutter, die unter dem Tisch dafür sofort den Fuß ihres Mannes zu spüren bekam. »Ist doch wahr!«

Der Blick ihres Mannes ließ sie verstummen. Sie alle mussten Opfer bringen. Warum heute nicht auch mal sie?

»Liebe Grüße von Großmutter, soll ich ausrichten«, meinte Mutter Gelavêj. »Sie hat gefragt, wann du wiederkommst, und ich habe ihr gesagt, sobald du wieder etwas essen kannst. Ich habe behauptet, dir würde noch von allem schlecht werden, was du isst.« Man konnte erkennen, dass ihr diese Lüge schwergefallen war. Sie sah auf ihre Tochter, die gerade den Löffel zu Hilfe nahm. Ihr Blick sprach Bände. Offensichtlich kämpfte sie zwischen Rührung und Abneigung, denn ihrer Tochter schmeckte es offensichtlich – und sie behielt es bei sich.

»Ich komme bald vorbei. Übermorgen oder Ende der

Woche«, sagt Shahin, ohne den Anflug eines schlechten Gewissens.

»Ist deine Ärztin mit dir zufrieden?«

Shahin verschluckte sich beinahe.

»Warum soll denn meine Ärztin mit mir zufrieden sein?«

»Ich meine ja nur. Hat sie irgendetwas an dir auszusetzen?« Ihr Kind war dermaßen empfindlich geworden, seitdem sie schwanger war.

»Wie meinst du das?«

»Solltest du weniger Süßes essen, mehr Sport machen ...?«

»Aiti!«, unterbrach Shahin sie empört. »Ich weiß selbst, was mir und meinem Kind guttut, und Lenja würde mir niemals Vorschriften machen, was ich zu tun hätte.«

Vater wandte seinen Blick von der einen Frau zur anderen. Er zog es vor zu schweigen.

»Ist Lenja deine Ärztin? Sagst du Lenja zu ihr?«, fragte ihre Mutter.

»Ja, warum?«

»Zu meiner Zeit nannte man noch den Titel und respektvoll den Familiennamen. Also: Frau Doktor ... wie heißt sie noch gleich?«

»Zu deiner Zeit gab es im Iran noch gar keine weiblichen Ärzte«, konterte Shahin mit knappen Worten.

Die Miene ihrer Mutter verschloss sich und sie verstummte. Vater sah sie augenblicklich vorwurfsvoll an.

Shahin faltete resigniert ihre Serviette, legte sie auf den Tisch. »Tut mir leid. War nicht so gemeint. In Finnland spricht man sich mit dem Vornamen an, wenn man sich kennt, auch bei der Arbeit. Und egal, was wir gelernt oder studiert haben, wir sind ein Team und wir arbeiten miteinander. Das ist das Schöne an diesem Land, Aiti. Du wohnst jetzt schon so lange hier, du solltest das wissen. Und meine Ärztin würde mir nie Vorschriften machen, wie ich mich in meiner

Schwangerschaft zu verhalten habe. Und ich katzbuckle auch nicht vor ihr.«

Obwohl, wenn ich damit etwas erreichen könnte, würde ich es tun, dachte sie in einem Anflug von Sarkasmus.

»Ja. Ja, natürlich«, sagte ihre Mutter gepresst.

Die schöne Stimmung war dahin.

Shahin fiel etwas ein, das die Situation retten konnte. »Ich habe ein erstes Bild von eurem Enkel. Möchtet ihr es sehen?«

Beide Eltern nickten sofort. Vater sagte schnell: »Oh, ja!«

Shahin zog das Bild des Ultraschalls aus der Tasche und die Blicke ihrer Eltern waren sofort gebannt. Sie betrachteten das Bild sehr gründlich, nahmen es sich gegenseitig aus der Hand wie streitende Geschwister. Shahin lehnte sich zurück, ließ den Anblick ihrer Eltern auf sich wirken. Was so ein kleines Stück Papier doch ausrichten konnte!

KAPITEL 21

*A*nfangs der neuen Woche wurde es kalt. Richtig kalt. So sehr, dass das Skifahren keinen Spaß mehr machte, weil Finger und Nase dabei erfroren und größere Mengen eingeatmeter Luft in der Lunge stachen.

Lenja zog es vor, die Sauna in der Schwimmhalle aufzusuchen. Sie war nicht die Einzige, die diese Idee hatte; am Freitagabend war die Sauna brechend voll. Sie wollte die hölzerne Tür schon wieder schließen, als sie die vielen Frauen sah, die dicht an dicht auf den Bänken saßen.

»Komm ruhig rein. Wenn du Deo verwendet hast, passt du noch dazwischen«, rief eine ihr zu.

Alle lachten, auch Lenja. Sie schnappte sich ihre abwaschbare Unterlage. Und wirklich, die Frauen rückten noch näher zusammen. Eine fragte, kaum dass sie Platz genommen hatte: »Aufguss?«

»Jooo«, kam es von den Frauen vereinzelt zurück, doch keine widersprach wirklich. Also landeten zwei große Kellen Wasser auf dem Saunaofen und mit aller Wucht schlug sich Löüly, der Saunawind, auf sie nieder. Aber bei diesem Wetter konnte man das vertragen.

Wieder dachte sie an Shahin. Ob ihr Kreislauf einen solchen Saunabesuch bereits aushalten würde?

Und wie sähe sie aus, nackt, inmitten der vielen finnischen Frauen? In Gedanken korrigierte sie sich sofort. Shahin war ja auch Finnin. Wie konnte sie je etwas anderes annehmen!

Auf jeden Fall würde sie auffallen inmitten dieser Frauen. Einfach deshalb, weil sie mit Abstand die Schönste wäre. Sie wollte nicht zu oft an sie denken, rief sie sich ins Gedächtnis. Shahin hatte ihr Leben mit dem Lebensstil, den sie sich gewählt hatte. Sie hatte ihre Frauenbekanntschaften, ihre mehr oder weniger intensiven Beziehungen. Sie hatte ihr selbstständiges Leben. Hatte sie das nicht auch? Ja und bis vor Kurzem hatte sie es noch für gut befunden.

Lenja schüttelte alle Gedanken ab, beteiligte sich am Gespräch der anderen, ging nach der Sauna noch einmal schwimmen, fuhr dann müde und zufrieden nach Hause. Sie schnappte sich zwei Scheiben Brot mit Käse, einen Apfel und ein Glas Milch und setzte sich vor den Fernseher.

Morgen träfe sie zwei Freundinnen auf ein Bier am Hafen. Sie würde sich warm anziehen müssen. Die Restaurantschiffe dort waren nicht sonderlich gut isoliert.

Als sie ihren E-Mail-Eingang prüfte, stellte sie fest, dass keinerlei Post eingegangen war. Was Shahin wohl machte, wenn es so kalt war? Bei minus zwanzig Grad fielen Spaziergänge an der frischen Luft nur noch kurz aus.

Am liebsten verkroch man sich um diese Jahreszeit in seine vier Wände, kuschelte vor den Kamin, las Bücher oder Journale. Und es war die Zeit, in der man sich nach jemandem sehnte, an den man sich kuscheln konnte.

Eine gefährliche Zeit.

Nein, sie würde sich nicht wieder bei einem Lesbenchat anmelden. Das war damals einmalig nach der Sache mit Ayasha. Ausnahmegemütszustände forderten Ausnahmen vom geregelten Leben. Mittlerweile war sie längst darüber hinweg. Was Ayasha wohl gerade machte? Zum ersten Mal hatte sie kein Bedürfnis, es zu wissen. Nicht aus Frustration, nicht aus Zorn heraus, nein, weil es sie einfach nicht mehr interessierte. Sollte sie doch in der Zwischenzeit geheiratet haben, schwanger sein. Es war ihr gleichgültig. Möge sie glücklich werden in ihrer Welt!

Yrjö lud sie am Sonntag zum Essen ein, beziehungsweise Lenja bezahlte für sie beide. Es war das erste Mal, dass Yrjö es zuließ, und Lenja fühlte sich geradezu befreit, als sie es tat.

Ihr privates Leben verlief in ruhigen Bahnen, plätscherte dahin in alltäglicher Routine und das war gut so. Denn beruflich nahm ihre Arbeit eklatant zu. Viele syrische Flüchtlinge erreichten zurzeit Finnland, Frauen, die traumatisiert waren vom Krieg, von körperlicher Gewalt. Lenja war froh, dass in ihrem Privatleben nichts dagegensprach, wenn sie fortan auch an den Wochenenden ihre Patientinnen im Krankenhaus begleitete oder zu Abendstunden.

So brachte die zweite Hälfte des Winters Lenja vor allem eines: viel Arbeit.

Sie weigerte sich nach wie vor, Plastiken des Jungfernhäutchens vorzunehmen, wenn sie angefragt wurde. Einmal trug man sogar den Wunsch an sie heran, die Tochter der Familie zu beschneiden, die nun das Alter dazu erreicht hätte. Es solle nicht ihr Schaden sein, wenn sie sich dazu bereit erklärte. Lenja hatte umgehend Polizei und Jugendamt eingeschaltet.

Sie pendelte zwischen Gesundheitszentrum und Klinik, wo sie ihre Kollegen auf der Inneren und der Chirurgie aufsuchte und bei der Verständigung half. Sie ließ es sich nicht nehmen, auf der gynäkologischen Abteilung vorbeizusehen.

Paula war nicht da, dafür traf sie wider Erwarten Shahin

an. Sie konnte ihr Glück kaum fassen. Die Kinderkranken-schwester trug einen Säugling auf dem Arm. Das Zimmer war voll schreiender Kinder.

»Hei!«, grüßte sie vorsichtig.

Trotzdem zuckte Shahin aufgrund ihres plötzlichen Auftauchens zusammen. »Hei«, antwortete sie jedoch und strahlte sie an.

»Wie geht es dir?«, fragte Lenja und ohne, dass sie es wollte, glitt ihr Blick tiefer auf Shahins Bauch.

Shahin entging es nicht. »Man sieht noch nichts«, grinste sie.

»Entschuldige!« Lenja sah sich demonstrativ um. »Habt ihr viel zu tun?«

»Ja, an solchen Tagen wie heute sind wir ganz schön gefordert.«

Der Blick der Ärztin veränderte sich. »Schaffst du das? Wird das nicht zu viel für dich?«

»Nein, nein. Geht schon. Ich muss ja nicht schwer tragen. Es ist einfach nur hektisch.«

»Brauchst du ein paar Tage frei? Soll ich dich krank-schreiben?«

»Um Himmels willen! Dann arbeitet meine Schülerin völlig allein in der Schicht!«

»Habt ihr einen Personalnotstand?«

»Ja.«

»Warum?«

»Zwei Kollegen haben gekündigt.« Auf Lenjas fragenden Blick schob sie den Grund hinterher. »Sie sind nach Schweden gegangen. Dort verdienen sie mehr.«

»Oh.« Lenja strich nachdenklich über ihr Kinn. Hoffent-lich hielt dieser Zustand nicht lange an.

»Ich muss ...«, sagte Shahin und deutete auf die kleinen Schreihälse im Hintergrund. »Aber wie ich gehört habe, bist du gerade oft im Haus. Es sind viele Flüchtlinge angekommen, nicht wahr?«

»Ja«, sagte Lenja. Sehr viele, denen man in ihrer Heimat ihr Haus, ihre Schule, ihr ganzes Dorf weggesprengt hatte.

Shahin warf ihr einen verzweifelten Blick zu, zögerte, sagte aber nichts.

»Also dann! Schaffs gut. Melde dich, falls etwas sein sollte«, verabschiedete sich die Ärztin.

»Alles Gute«, hörte sie Shahin hinter sich sagen. Ihre Füße bewegten sich fort von ihr, wollten es aber nicht. Warum hatte sie die Zeit nicht besser genutzt, als sie noch hier gearbeitet und Shahin ihr bei jedem Aufeinandertreffen ein Lächeln geschenkt hatte, das das einer Schauspielerin bei der Oscarverleihung in den Schatten gestellt hätte?

* * *

SHAHIN SCHAUTE ihr noch einen kurzen Augenblick hinterher. Das Jahr, das so wunderschön begonnen hatte, schien irgendwie zum Stillstand gekommen zu sein.

Sicher, sie mailten sich und Tiri antwortete ihr jedes Mal zeitnah. Irgendetwas Nettes. Doch mehr war daraus nie geworden. Dabei hätte sie Tiri so gerne noch einmal zum Essen eingeladen. Aber wie auch, wenn ihr immer schlecht wurde.

Ihr Frühstück war heute auch schon wieder herausgekommen – obwohl es Blaubeersuppe und Haferbrei bestand.

Ach, Tiri! Wie schön waren die zwei Abende mit dir!

Sie sah, wie sie verschwand, wäre gerne mit ihr gegangen. Entschieden kümmerte sie sich um ihre kleine Patientin, die sie nach dem Bad wieder anzog und ihrer Mutter brachte.

. . .

Paula kam zur Nachtwache. Nach der Übergabe, die heute länger dauerte als sonst, sagte Shahin: »Tiri war heute auch da. Sie hat echt zu tun bei diesen vielen Flüchtlingen.«

»Ja, das glaube ich.« Mitfühlend sah Paula ihre Kollegin an. »Sie hat gerade nicht viel Zeit für dich, was?«

»Sie tut, was sie kann«, antwortete Shahin, dachte an die häufigen E-Mails, die immer sofort von ihr beantwortet wurden, egal wie stressig sie es hatte.

»Wann war sie denn das letzte Mal bei dir?«, fragte Paula, ohne viel darüber nachzudenken.

»Das ist ja schon ewig her«, seufzte Shahin.

»Na ja. Aber dir geht es doch gut jetzt. Oder?«

»Ja, natürlich.«

»Dann ist es nun mal so. Sie ist einfach sehr eingespannt im Augenblick. Das geht wieder vorüber. Sicher würde sie auch gerne mehr Zeit mit dir verbringen.«

»Meinst du?«

»Natürlich!«

Shahin lächelte. Paulas Trost war Balsam für ihr Herz. Beschwingt verabschiedeten sie sich. »Ich wünsche dir eine ruhige Nacht. Schaff es gut.«

»Gute Nacht. Schlaf gut.«

Als Shahin fort war, schüttelte Paula den Kopf. Sie war ja wirklich süß, ihre Kollegin. Immer war sie so bescheiden!

Sie lachte leise vor sich hin, machte sich auf und ging durch die Zimmer, um die Frauen zu fragen, ob sie etwas benötigten zur Nacht.

* * *

IN DEN FRÜHEN Morgenstunden erwachte Shahin wegen eines Ziehens in ihrem Unterleib. Sie machte sich keine großen Sorgen, denn es verschwand von selbst wieder.

Am Morgen aber, als sie auf die Toilette musste, durchfuhr sie ein Schreck. Da war Blut in ihrem Slip! Ihr wurde ganz schlecht vor Sorge.

Tiri!, war ihr erster Gedanke. Sie musste Tiri anrufen.

Lenja war nach dem vierten Läuten am Telefon. Sie hatte sie aus dem Bett geholt.

»Es tut mir leid, ich mach mir solche Sorgen ...«

»Beruhig dich«, sagte Lenja gebetsmühlenartig, auch wenn ihr selbst bei Shahins Schilderungen ganz eigenartig zumute wurde. »War etwas Besonderes los? Hast du schwer gehoben oder getragen?«

Shahin verneinte beides.

»Hattest du Stress?« Diese Frage konnte sie sich selbst beantworten. Natürlich hatte Shahin in letzter Zeit Stress gehabt, wenn zwei ihrer Kollegen plötzlich ausfielen.

»Ja, schon ...«

»Aktuell blutest du nicht mehr?«

»Nein.«

»Gut. Dann mach dich fertig im Bad, zieh dich an und geh rüber auf Station.« Lenja schaute auf die Uhr. »Es reicht, wenn du um acht als erste Patientin in der Ambulanz aufschlägst. Der Diensthabende soll dich untersuchen und wenn es nötig ist, bleibst du da.«

»Im Krankenhaus?«

»Ja, natürlich. Oder wie nennt sich das, wo du arbeitest?«

Keine Diskussion jetzt. In Gedanken versuchte sie, ihren Terminkalender für heute Morgen abzurufen. Sie konnte sich an zwei fixe Termine im Krankenhaus erinnern, die nicht zu verschieben waren. »Ich bin heute auch im Haus. Ich sehe bei dir vorbei, sobald es mir möglich ist, okay?«

»Ich bin noch nicht einmal in der zwanzigsten Woche ...«,

begann Shahin einen Satz, den sie nicht zu Ende führte. Dass sie Angst hatte, konnte man deutlich hören.

»Es ist nichts Akutes, sonst wäre die Blutung stärker. Aber wir müssen es natürlich abklären«, sagte die Ärztin. Das war so diplomatisch formuliert, wie sie es auch jeder anderen Patientin gesagt hätte.

* * *

»So ein Mist!« Lenja nahm ihr Handy mit ins Bad, wo sie duschte und sich ankleidete. Es war nur eine leichte Blutung. Das hatte nichts zu bedeuten. Erst als sie die Milch neben die Tasse goss, bemerkte sie, dass sie genauso beunruhigt war.

Sie erreichte das Gesundheitszentrum eine halbe Stunde früher als sonst, rief ihren Timer auf. Sie würde die erste Gelegenheit wahrnehmen, um im Krankenhaus vorbeizusehen. Das war dann irgendwann nach zehn Uhr, wenn sie mit ihrem Kollegen ihren gemeinsamen Patienten besprochen hätte.

Dann griff sie zum Telefon, rief auf der Ambulanz an, fragte nach, wer heute Dienst hatte. Nach ein paar Minuten, die sie ungeduldig wartete, bekam sie den Kollegen an die Leitung: Matti Ruhonnen.

»Huomenta!«, dröhnte er fröhlich in den Hörer. »Schön, mal wieder etwas von dir zu hören. Was gibt's?«

Lenja grüßte zurück, so freundlich und ausführlich es ihr möglich war, und meldete ihre Notfall-Patientin für den ersten Termin heute Morgen an.

»Shahin Gelavêj?«

»Ja, Shahin.«

»Ich wusste gar nicht, dass sie schwanger ist.« Seine Stimme war eine Mischung aus Verblüffung und gekränkter Mannesehre. Sie kannte ihn lange genug, um es herauszuhören. Das durfte ja nicht wahr sein! Glaubte er tatsächlich,

Shahin hätte ihn angelogen, als sie ihm sagte, sie sei lesbisch? »Man kann auch schwanger werden, ohne dass man mit Männern schläft«, sah sich Lenja genötigt zu sagen. »Es ist ein Kind aus einem Spendersamen, falls es dich beruhigt.«

Er äußerte sich mit keiner Silbe dazu, klang aber plötzlich viel freundlicher. Er versicherte Lenja, sie als Erste dranzunehmen. Bei dem geringsten Risiko werde er sie stationär aufnehmen. Natürlich. Bis später.

»Männer« seufzte Lenja, als sie auflegte.

Es wurde beinahe elf Uhr, bis es Lenja endlich möglich war, ein Gespräch vor Ort mit ihrem Kollegen zu führen. Shahin hatte ihr mittlerweile eine WhatsApp geschickt. Sie war schon wieder zu Hause mit einer Krankmeldung. Ihr Kollege hatte die Situation als nicht gefährlich eingestuft. Sie solle sich schonen und zu Hause bleiben. Genau das tat sie jetzt auch, wenn sie es auch sehr bedauerte, nicht arbeiten zu können. Lenja hatte ihr sofort zurückgeschrieben, dass ihr das nicht leidtun musste und sie jetzt gefälligst an sich und ihr Kind denken sollte. Und dabei erwischte sie sich selbst, wie sie beinahe unser Kind geschrieben hätte. Sie schob die Schuld auf die knappe Zeit zum Formulieren der Nachricht.

Sie führte ein ausführliches Gespräch mit Matti Ruhonnen, ließ sich das Bild des Ultraschalls zeigen, das er gemacht hatte und alle Befunde, die sie bisher hatten. Es war nichts Besorgniserregendes dabei. Der Laborbefund des Abstrichs, den er gemacht hatte, stand noch aus.

Ob es ihrer Patientin wohl wieder so schwergefallen war, sich untersuchen zu lassen? Sie war einen Augenblick lang versucht, ihren Kollegen zu fragen, sah dann aber davon ab. Schließlich gingen ihn die persönlichen Schwierigkeiten ihrer Patientin nichts an.

KAPITEL 22

*S*hahin blieb zu Hause, auch wenn es ihr schwerfiel. Fortan kümmerten sich ihre Eltern um sie. Auch Ella schaute regelmäßig vorbei und Paula natürlich. Dazu empfing sie viel Besuch von ihren Kolleginnen zum Kaffee, worüber sie froh und dankbar war. In den zwei vergangenen Wochen, in denen sie nun schon zu Hause war, wäre ihr sonst die Decke auf den Kopf gefallen. Spaziergänge, Anstrengungen aller Art wurden ihr von Tiri strikt untersagt. Die entwickelte sich immer mehr zu der Art Ärztin, von der ihre Mutter gesprochen hatte – sie machte ihr zunehmend Vorschriften. Dabei war es doch nicht weiter schlimm, wenn sie einmal am Tag die Treppen zur Waschküche mit einem Wäschekorb hinunterging, der nicht sonderlich schwer war, oder ihre Wohnung saugte, weil sie nicht wollte, dass ihre Mutter alles machte. Etwas Bewegung tat ihr gut. Und sicher bemerkte sie manchmal, wie sich ihr Bauch verhärtete. Aber das war ja normal. Sie erwähnte es irgendwann einmal in einer WhatsApp an Tiri.

Am selben Abend kam sie vorbei. Unangemeldet.

»Hei!«, sagte sie und war schon eingetreten, bevor Shahin sie darum gebeten hatte.

»Wie habe ich es verdient, dass du vorbeikommst?«, fragte Shahin erfreut. Wenn sie das gewusst hätte, hätte sie noch aufgeräumt. »Setz dich doch.«

»Du siehst müde aus«, stellte die Ärztin fest, als sie auf einem der Hocker Platz nahm.

»Das ist der Mangel an frischer Luft.«

Die Ärztin äußerte sich nicht dazu. »Seit wann hast du das Gefühl, dass dein Bauch sich verhärtet?«

Shahin überlegte. »Seit ein paar Tagen. Aber das ist doch normal.«

Was normal war und was nicht, würde sich zeigen.

»Zu welchen Anlässen?«

»Wie?«

»Nun, was hast du zuvor getan, als du bemerktest, dass dein Bauch hart wurde?«

Wieder überlegte sie. »Nichts Besonderes.«

»Was ist nichts Besonderes?«

»Nun …« Shahin wurde ungeduldig und zum ersten Mal schien ein gewisses orientalisches Temperament bei ihr durchzuschimmern, »was man halt so tut, wenn man zu Hause in seiner Wohnung ist: Man kocht, man räumt die Küche auf, man empfängt Besuch.«

»Was hast du heute zum Beispiel alles gemacht? Erzähl mir doch mal etwas von deinem heutigen Tagesablauf«, ermunterte sie Lenja mit ihrem typischen Ärztinnenlächeln.

Shahin war nicht begeistert. »Das soll ich dir jetzt alles aufzählen?«

»Genau.«

Widerwillig begann sie. »Ich habe geduscht, mich angekleidet, mir Frühstück gemacht, die Küche wieder sauber hinterlassen, denn meine Mutter kam kurz danach mit ihren Einkäufen. Sie hat gekocht. Wir haben alle gegessen …«

»Alle? Wer ist alle?«

»Na, meine Mutter, mein Vater und meine Großmutter.«

»Alle kommen zu dir?«

»Man kann Großmutter nicht immer allein lassen.«

»Und wer war heute Nachmittag da?«, fragte Lenja, um das Ganze abzukürzen.

»Tatti und später Ella.«

Wieder dieser Name. »Hast du auch mal Zeiten, in denen du allein bist und dich ausruhen kannst?«

»Ich habe die ganze Nacht meine Ruhe, ich schlafe fast zehn Stunden, ich liege ja nur noch!« Wieder schien sie etwas ungehalten.

Also blieb diese Ella nicht über Nacht. Oder doch?

»Darf ich kurz deinen Bauch abtasten? Legst du dich mal hin?«

Shahin störte sich heute an diesem Selbstverständnis, sie zu untersuchen. Es ist mein Bauch, hätte sie Lenja am liebsten entgegengehalten und erschrak selbst darüber.

»Ja, natürlich«, murmelte sie, legte sich auf das Sofa, streifte ihr Shirt etwas hoch. Warum empfand sie es heute als so demütigend?

Sofort waren Lenjas Hände bei ihr. Warme Hände, die ihren Bauch abtasteten. Es ging Tiri immer nur um ihren Bauch.

»Hm«, machte die Ärztin. »Ich würde gerne noch einmal eine Ultraschallkontrolle bei dir machen. Morgen im Laufe des Tages habe ich keine Zeit dazu. Wie wäre es, wenn wir jetzt kurz rüber gingen und uns ein Bild von dir machten?«

»Jetzt?« Shahin glaubte, sich verhört zu haben. Es war sieben Uhr abends, die Ambulanz war geschlossen, aber selbstverständlich standen Tiri alle Behandlungszimmer auf Station zur Verfügung. »Das wird nicht nötig sein.«

»Ich möchte mir gerne selbst ein Bild machen. Wie lange

ist der letzte Ultraschall nun her? Seit wann bist du krankgeschrieben?«

»Seit genau sechzehn Tagen.«

»Gut. Zeit für eine Kontrollaufnahme. Gehen wir?«

»Ich werde mich die nächsten Tage auf der Ambulanz einfinden. Versprochen.« Shahin hatte keinerlei Einsehen.

»Ich möchte mir gerne selbst ein Bild von deinem Zustand machen«, wiederholte Lenja, »und die nächsten Tage werde ich nicht dazu kommen.«

»Dein Kollege Ruhonnen sagte, ich solle mich einfach etwas schonen, es sei nichts Akutes.«

»Es ist mir scheißegal, was mein Kollege sagt!«, entfuhr es Lenja deutlicher, als sie beabsichtigt hatte.

Etwas zuckte in Shahins Gesicht. Es dauerte einige Zeit, bis Lenja begriff, dass sie sie verletzt hatte.

»Es tut mir leid«, sagte sie. Ohne darüber nachzudenken, legte sie ihre Hand auf Shahins. »Bitte.« Ihre Stimme wurde eindringlicher. »Ich möchte es heute noch kontrollieren.«

Shahin stieß hörbar die Luft aus. Aber sie widersprach nicht mehr.

»Zieh dich an, wir gehen kurz rüber auf Station. Du brauchst nichts weiter mitzunehmen«, sagte Lenja versöhnlich.

Sie wurde sich des aufgeregten Schlagens ihres eigenen Herzens bewusst, als sie im Flur stand und wartete, bis Shahin sich Jacke und Schuhe angezogen hatte. Sie machte sich Sorgen. Wehen in diesem Stadium waren besorgniserregend. Oder überreagierte sie mittlerweile bei ihrer Patientin Shahin Gelavêj?

Beide Frauen vermieden es, sich anzusehen, während sie nebeneinander zum Krankenhaus hinübergingen.

Kurze Zeit später befanden sie sich wieder in einer bereits vertrauten Situation. Shahin lag neben ihr, während Lenja ihren Bauch beschallte. Ihr Augenmerk richtete sich heute nur oberflächlich auf den Fötus, dem es sichtlich gut ging, als vielmehr auf den Gebärmutterhals. Sie vermaß ihn, verglich ihn mit dem letzten Befund und ihr Entschluss stand fest.

Als sie sich an Shahin wandte, klang ihre Stimme sachlich. »Heute Nacht kannst du noch zu Hause bleiben. Aber morgen früh wirst du dich auf Station einfinden. Deine Portio hat sich gegenüber dem letzten Mal vor zwei Wochen um einen Zentimeter verkürzt. In diesem Stadium der Schwangerschaft ein durchaus ernst zu nehmendes Symptom, wenn man dann noch davon ausgehen muss, dass du dich bereits in einem Zustand der Schonung befunden hattest. Jetzt wird es das Beste sein, du begibst dich unter ärztliche Aufsicht und hältst dich an eine strikte Bettruhe. Zumindest so lange, bis wir in der Lage sind, die Wehen messbar darzustellen und die Maßnahmen daraufhin regulieren zu können. Das wird erst ab der achtundzwanzigsten Woche der Fall sein.«

»Bis dahin sind es noch sechs Wochen.« Shahins Stimme war merkwürdig tonlos.

»Genau.« Sie gab ihrer Patientin Zeit, das Gehörte zu verkraften. »Vielleicht können wir dich übers Wochenende immer mal wieder beurlauben, wenn du zu Hause nicht zu viel um die Ohren hast.«

Sie sahen sich an und Shahin widersprach nicht, wehrte sich nicht dagegen.

Etwas zwischen ihnen war anders geworden. Ginge es nach ihren Gefühlen, würde sie die Frau, die ihr wie betäubt gegenübersaß, in die Arme schließen und sie trösten. Aber Lenja war ihre Ärztin und wollte nicht zu persönlich werden.

»Okay?«, fragte sie stattdessen, beinahe zärtlich.

Shahin nickte.

Sie ließ es sich nicht nehmen, Shahin wieder nach Hause zu begleiten. Ein Abschied hier in der Klinik erschien ihr zu unpersönlich.

»Kann ich noch irgendetwas für dich tun?«, fragte Lenja.

Sie kam sich schäbig vor, weil sie recht behalten und ihre Befürchtung sich bestätigt hatte.

»Nein. Ist schon okay. Ich gebe dir Bescheid, wenn ich aufgenommen worden bin.«

»Ich komme vorbei«, versprach Lenja.

Und dann umarmte Shahin sie. Flüchtig, dennoch tat sie es.

Ein Schuldgefühl erwachte in Lenja.

Sie wusste nicht weshalb. Auch bis zum Abend nicht, als sie längst zu Hause war und darüber nachdachte.

SHAHIN PACKTE NOCH am Abend ihre Sachen zusammen, die sie für einen längeren Aufenthalt im Krankenhaus benötigte. Kleidung bekäme sie dort: Schlafanzüge, Pantoffeln und Bademäntel. Private Kleidung wurde aus hygienischen Gründen nicht gerne gesehen. Also beschränkte sie sich auf Bücher, Laptop, E-Reader, Zeitschriften, alles, was dazu geeignet, ihr die Zeit zu vertreiben. Immer wieder dachte sie an Lenjas anfängliche Worte: Es wäre besser, wenn man die Entscheidung für ein Kind zu zweit träfe. Allein als Frau war das ja auch kaum auszuhalten. Aber sie freute sich darauf, Lenja nun häufiger zu sehen. Sie sorgte sich um sie und um ihr Kind, sonst hätte sie sich niemals zu solch einem Tonfall hinreißen lassen. Lenjas emotionale Beteiligung an ihrem Kind schien größer zu sein, als sie vermutet hatte.

Allein diese Tatsache reichte aus, um sie zu beruhigen. Alles würde gut werden.

Mit diesem Gefühl begab sie sich am nächsten Morgen zur Aufnahme auf die Station der Risikoschwangeren.

AM NÄCHSTEN MORGEN gegen halb zehn piepste ihr Handy mitten in einer Untersuchung. Lenja unterbrach ihre Tätigkeit und schaute auf ihr Display.

»Ich erwarte eine wichtige Nachricht«, entschuldigte sie sich bei ihrer Patientin.

Shahin war auf Station 31 aufgenommen. Genau die Abteilung, auf der sie vier Jahre lang die leitende Ärztin war. Der Gedanke, sie dort zu wissen, gefiel ihr nicht – nun gehörte sie also dazu, zu den Risikoschwangeren.

Sie übergab ihre letzten beiden Patientinnen an einen Kollegen, verließ das Gesundheitszentrum eine Stunde früher als sonst und fuhr ins Krankenhaus.

Lenja betrat das Stationszimmer, das ihr vertraut war wie ihr eigenes Wohnzimmer, traf dort keinen ihrer Kollegen an, nahm deshalb selbst Einblick in die Krankenakte von Shahin Gelavêj.

Ihr war dreimal täglich eine Infusion mit hochdosiertem Magnesium verordnet worden – und strikte Bettruhe. Über die Möglichkeit, den Muttermund zu verschließen, würde der Chef bei der nächsten großen Visite entscheiden. Nun beobachtete man sie die nächsten Tage. Damit zufrieden erhob sich Lenja, ging ein paar Zimmertüren weiter, klopfte an, bevor sie eintrat.

Alle drei Betten des Zimmers waren belegt und durch Stoffvorhänge voneinander getrennt, um eine Intimsphäre zu wahren. Sie grüßte die anderen Frauen, trat zum hintersten Bett am Fenster. Shahin schlief. Sie ging leise zu ihr, betrachtete die schlafende Frau, die auf der Seite in Embryonalhaltung lag. Der Eindruck drängte sich ihr auf, dass solch eine Frau nicht hierher passte. Nicht in so ein steriles Bett. Shahin gehörte in ihr Himmelbett, umgeben von Tüchern, die dem Hauch des Morgennebels glichen, aber nicht diesen dicken, grauen Vorhängen. Vielleicht musste sie nicht lange bleiben. Je nachdem, welche Maßnahmen sie ergreifen würden.

Als sie sich gerade wieder zurückziehen wollte, drehte sich Shahin auf den Rücken, schlug die Augen auf, fuhr erschrocken auf.

»Hei«, sagte Lenja, lächelte, wartete, bis Shahin völlig zu sich gekommen war.

»Aufregung ist ganz schlecht für mich. Die soll ich vermeiden«, murmelte sie.

Als sie sich aufgesetzt hatte und die Decke ordentlich über sich zog, sagte sie: »Schön, dich zu sehen. Wenn es auch eine Zumutung ist, seinen Besuch im Bett empfangen zu müssen.«

Lenjas Blick schweifte umher. »Bei dir zu Hause ist es schöner.« Ihre Bemerkung war vielleicht nicht angebracht, sie sollte ihre Patientin lieber aufbauen. Shahin lächelte trotzdem.

»Du kennst diejenige, der ich das zu verdanken habe.«

Sie zog ihre Augenbraue hoch, sah sie herausfordernd an. Lenja grinste, obwohl dieser Blick seine Wirkung bei ihr nicht verfehlte. Sie nahm ihre eigene Reaktion gelassen hin. Letzte Nacht hatte sie sich eingestanden, dass sie auf dem Wege war, sich zu verlieben. In eine wunderschöne Frau, der es ein Leichtes war, Männern wie Frauen den Kopf zu verdrehen. Eine Frau, die keine feste Bindung wollte, aber einen Kinderwunsch hegte. Eine Frau, die jetzt auf ihrem Bett lag und sie anlächelte, als sei das alles nicht wahr. Der Satz vieler Hundebesitzer schoss ihr durch den Kopf: Der will doch bloß spielen.

»Wie geht es dir?«, fragte sie, zog sich einen Stuhl heran und setzte sich Shahin gegenüber.

»Gut. Es ist schon okay. Sie sind alle ganz nett hier.«

»War kein Einzelzimmer mehr frei?«, fragte Lenja. Mitarbeiterinnen des Hauses bot man möglichst ein Einzelzimmer an.

»Ich wollte es nicht. Keine Extrabehandlung. Es reicht,

wenn eine Ärztin nach ihrem Feierabend noch nach mir schaut.«

Lenja ging nicht weiter darauf ein.

»Was soll ich nun tun? Dein Kollege sagte etwas von der Möglichkeit, den Muttermund zu vernähen.«

»Ich habe es gelesen. Sicher wäre das eine Möglichkeit, aber ob es nötig sein wird, wird sich zeigen. Wichtig ist, dass du dich schonst, möglichst viel liegen bleibst und dann warten wir ab, wie dein Körper darauf reagiert. Vielleicht reicht diese Maßnahme aus.«

Shahin hatte sich zu Hause nicht genügend geschont. Typisch für eine Krankenschwester.

»Muss ich Angst haben, Lenja?«

»Jetzt bist du ja hier.«

Shahin ließ es als Antwort gelten.

»Hast du Hunger?«, fragte Lenja.

Shahin überlegte und gestand: »Ja. Das Abendbrot war schrecklich.«

»Was möchtest du jetzt am liebsten essen?«

»Pizza.«

Lenja wäre fast vom Stuhl gefallen. »Was?«

»Pizza«, wiederholte Shahin unbeirrt. »Seit ich hier bin, habe ich Hunger auf Pizza.«

»Und du glaubst, dir wird nicht schlecht davon?«, fragte die Ärztin ungläubig.

»Ich glaube nicht. Mir ist nicht mehr übel.« Nach einer bedächtigen Pause zog sie eine Grimasse. »Aber dafür habe ich jetzt vorzeitige Wehen.«

»Man kann nicht alles haben«, sagte Lenja in ernstem Tonfall.

Sie sahen sich an und dann lächelten sie beide.

»Okay, du bleibst schön liegen und ich gehe Pizza holen. Was möchtest du draufhaben?«

»Du gehst Pizza holen?« Shahin schwankte zwischen

ihrem Heißhunger und dem Zweifel daran, ob sie dies annehmen konnte.

Bis sie sich darüber im Klaren sein würde, wandte sich Lenja an die anderen beiden Frauen im Zimmer und fragte, ob sie ihnen eine Pizza mitbringen könne, sie hole jetzt welche. Beide zeigten sich erfreut und amüsiert, sie nahmen das Angebot tatsächlich an. Keine von ihnen litt an Schwangerschaftsübelkeit. Nach einer kurzen Besprechung entschieden sie, sich eine Margarita zu teilen.

»Schön. Und du?«, fragte sie, als sie zum Bett am Fenster zurückkehrte.

»Schinken, Artischocken, Ananas, Paprika.«

»Nicht noch mehr?«

»Knoblauch?«

»Shahin!« Lenja war entsetzt. Was war denn plötzlich mit ihr los?

»Gut. Du kannst den Knoblauch weglassen. Ich fange vorsichtig an.«

Lenja verschwand, begegnete auf dem Flur ihrem Kollegen Ruhonnen.

»Ah, Lenja! Wolltest du noch mit mir reden?«

»Ja, natürlich!«

Beide Ärzte besprachen sich über ihre Patientin. Er sagte ihr nichts, was sie nicht schon gelesen hätte, aber es tat gut zu hören, dass man sie sofort benachrichtigen würde, falls sich etwas an Shahins Zustand änderte. Sie hatte es explizit gewünscht.

Der befremdete Blick ihres Kollegen fiel ihr nicht auf, auch nicht, als sie sich verabschiedete: »Ich danke dir. Ich muss los, Pizza holen.«

Eine halbe Stunde später kam sie zurück, brachte anständiges Besteck aus der Patientenküche mit. Im Krankenzimmer entfalteten sich die Gerüche einer Pizzeria und Lenja schaute staunend dabei zu, wie alle drei Frauen mit Appetit aßen. Das Abendessen musste heute wirklich nicht überragend gewesen sein. Und wenn Shahin auch zuerst kleine Bissen probierte, nahm sie kurze Zeit später ein Pizzastück in die Hand und biss herzhaft davon ab. Lenja war nun schon sehr lange Ärztin, aber manches verblüffte sie immer wieder aufs Neue.

Eine Stunde später verabschiedete sie sich. Shahin nutzte die Gelegenheit, um sie zur Tür zu begleiten; sie behauptete, sie müsse sowieso auf die Toilette.

»Vielen Dank! Hei!« Eine kurze Umarmung und Shahin verschwand mit einem letzten Lächeln in der Nasszelle. Lenja stand einen Augenblick da wie betäubt, ehe sie die Tür hinter sich schloss, einen Fuß vor den anderen setzte und das Krankenhaus verließ.

Nein, sie würde sich da in gar nichts hineinstürzen. Kein zweites Mal würde ihr das passieren. Erst mal abwarten, wie sich die Dinge entwickelten.

Der Vorteil einer ärztlich verordneten Bettruhe war, dass einem die Patientin einem nicht davonlief. Mit diesem Gedanken fuhr Lenja nach Hause.

KAPITEL 23

Shahin blieb im Krankenhaus.

Nach einer Woche der absoluten Ruhe sah man eine leichte Verbesserung des Gebärmutterhalses und die Ärzte empfanden die bisher getroffenen Maßnahmen als ausreichend. Shahin wurde über die Osterfeiertage unter Auflagen nach Hause entlassen, um sich danach wieder einzufinden.

Lenja war es ganz recht so, wusste sie Shahin in sicheren Händen und konnte sogar vorbeikommen, falls sie im Haus sein sollte.

FÜR SHAHIN VERGING die Zeit mit Nichtstun. Sie frönte dem Müßiggang, las viel, schaute Filme auf dem kleinen Patientenmonitor.

Die Tage wurden länger. Schnee kam und ging. Es kümmerte sie kaum, was draußen geschah.

»Du bist so tapfer«, sagte Paula irgendwann einmal zu ihr. »Ich bewundere dich, wie du das aushältst, immer nur zu liegen.« Aber Shahin nahm es gelassen hin. Lenja kam, wann immer es ihr möglich war, brachte ihr Bücher, Zeitschriften, Wolle zum Stricken. Die Risikoschwangere wurde von Eltern, Kollegen, Freunden liebevoll umsorgt.

Einmal, als Lenja kam, waren schon zwei Besucher anwesend, von deren Äußeren Lenja vermutete, dass es sich um Shahins Eltern handelte. Der dunkle Mann mit dem ansatzweise kahlen Kopf, der seine Haare über den blanken Schädel gekämmt hatte, reichte ihr die Hand, die sie erfreut annahm. Auch die Frau, die sich als Shahins Mutter vorstellte, begrüßte sie freudig. Da erst entdeckte sie eine alte Dame, die auf dem Stuhl in der Ecke saß und augenscheinlich etwas weggedämmert war. Jetzt erwachte sie und blickte umher, als müsse sie sich erst orientieren.

Lenja lächelte sie an.

Die Familie redete in der Muttersprache mit ihr. Nordkurdisch, wie Lenja erfreut feststellte, da sie der weiteren Unterhaltung weitgehend folgen konnte.

Die alte Dame, die Shahin ihr als ihre Großmutter vorstellte, musterte sie interessiert.

»Oh, du hast mir neue Bücher mitgebracht?«, freute sich Shahin. »Das ist aber nett.«

»Ich war sowieso im Haus. Ich betreue eine Syrerin auf der Chirurgie. Das erlaubt mir einen kleinen Abstecher zu dir«, antwortete Lenja.

»Ist sie das?«, fragte die alte Dame ihre Enkelin auf Kurdisch, zeigte auf Lenja. Aufgrund ihrer Schwerhörigkeit fragte sie es recht laut.

Shahin lächelte nur darüber, ging nicht weiter darauf ein.

Lenja hatte auch nicht vor, weiter zu stören. Heute Abend hatten sie noch genug Zeit füreinander, wenn sie wiederkäme.

»Ist sie das?« Shahins Großmutter ließ nicht locker.

Shahins Eltern mischten sich ein, Großmutter solle nun schweigen.

Doch Großmutter scherte sich nicht darum. Sie wandte sich direkt an Lenja: »Sind Sie die Ärztin, von der meine Enkelin immer spricht?« Sie benutzte die veraltete Höflichkeitsanrede gegenüber Höhergestellten und Lenja war gerührt darüber.

Schön, dass Shahin zu Hause von ihrer Ärztin erzählte. Sie nahm es amüsiert zur Kenntnis. Das würde sie ihr demnächst unter die Nase reiben.

»Aber natürlich«, antwortete sie ohne zu zögern auf Kurdisch. Dabei lächelte sie charmant, nahm die Hand der alten Dame. »Und es ist mir eine Ehre und eine Freude, mich um Ihre Enkelin zu sorgen.«

»Sie bekommt bald ein Kind.«

Lenja lächelte. »Wir freuen uns auch schon sehr darauf.«

Als Abschiedsfloskel verwendete Lenja einen Segen, den die alte Dame sicher noch kannte. Formvollendet führte sie deren Hand an ihre Lippen, dann an ihre Stirn und gab sie wieder frei – um in ein paar hoch entzückte Augen zu sehen.

Von Shahins verblüfften Eltern verabschiedete sie sich auf Finnisch und zu Shahin sagte sie: »Bis heute Abend.«

Dann trat sie auf den Flur und lachte leise.

Die alte Dame war aber auch zu süß. Hoffentlich begegnete sie ihr hier noch öfter.

* * *

MUTTER GELAVÊJS BLICK entging nicht die kleinste Regung im Gesicht ihrer Tochter.

»Das also war Lenja?« Sie wandte ihren Blick nicht von ihr ab, als sie zu ihrem Mann sagte: »Moah, das war Frau Doktor Tirilä!«

Als hätte er es selbst nicht bemerkt.

»Haben die Ärzte hier alle Privatkleidung an?«, fragte sie.

»Sie hat mir nur ein paar Bücher gebracht«, antwortete Shahin beschwichtigend.

Ihre Mutter schwieg. So lange, bis sie endlich sagte, worauf Shahin schon gewartet hatte: »Du musst sie unbedingt zum Essen einladen, sobald du hier rauskommst. Versprichst du uns das?«

»Ja. Ich kann sie ja mal fragen«, wich Shahin aus und nahm sich im selben Moment vor, bis zur Geburt des Kindes im Krankenhaus zu bleiben.

Zum Abschied fragte Mutter Gelavêj ihre Tochter in verschwörerischem Flüsterton: »Sag mir nur eins, hast du Maijra wegen ihr verlassen?«

Shahin seufzte auf. »Ja.« Irgendwie entsprach es der Wahrheit.

Ihre Mutter lächelte, tätschelte die Wange ihrer Tochter, wie sie es bei ihr als Kind zuletzt getan hatte und sprach im Brustton der Überzeugung: »Du wusstest schon immer, was gut für dich ist.«

Beide Eltern verabschiedeten sich auffallend ausgelassen. Großmutter wackelte glücklich mit dem Kopf und Shahin wurde es irgendwie eng in der Brust.

* * *

»Ich wusste gar nicht, dass du Kurdisch sprichst«, empfing Shahin sie am Abend.

»Ich habe auch nur ein paar Kurse absolviert, was man so braucht, um sich aufs Gröbste zu verständigen.«

»Dafür sprichst du es sehr gut.«

»Danke.« Sie würde ihr gegenüber mit keiner Silbe erwähnen, dass es einmal eine Frau gegeben hatte, mit der sie auf Kurdisch und Englisch kommuniziert hatte. Sehr intensiv und über Monate hinweg.

Shahin bemerkte, wie sie sich verschloss, und wechselte

das Thema. »Meine Eltern laden dich herzlich zum Essen ein.«

»Oh, ja?«, rief Lenja erfreut aus, trotz der Tatsache, dass Shahin so wenig begeistert schien. »Kocht deine Mutter auch so lecker wie du?«

»Mindestens«, antwortete Shahin und fand sich in ihrer Befürchtung bestätigt, dass Lenja mit keiner Faser ahnte, was von dieser Einladung zu halten war.

KAPITEL 24

*E*s kam nicht zum gemeinsamen Essen bei ihren Eltern, denn Shahin musste im Krankenhaus bleiben, zumindest noch bis Ende Mai.

Der Ultraschall zeigte ein gesundes Wachstum des Kindes und beim Liegen war Shahins Bauch, der sich nun sichtbar wölbte, weich und unauffällig.

Ann-Maarit, die Hebamme, kam regelmäßig zu ihr, fragte nach dem Neusten und wie es ihr ginge.

Ab nächsten Monat könnte sie, wenn es ihr Zustand zuließe, an einem der Geburtsvorbereitungskurse teilnehmen. Einer ist immer montags und donnerstags, der andere dienstags und freitags.

»Oh, schön. Ich werde Ella fragen, wann sie Zeit hat.«

»Ella?«, fragte Ann-Maarit.

»Eine Freundin von mir, die schon zwei Kinder hat. Sie wohnt gleich bei mir um die Ecke und kann kurzfristig kommen, wenn es so weit sein sollte.«

Ah, ja, das machte Sinn, dachte sich Ann-Maarit. Schließlich weiß man ja bei den Ärzten nie, ob sie es letztendlich einrichten konnten. Lenja war eine viel beschäftigte Frau.

»Schön, dann bring sie mit. Die ist ja bei zwei Kindern auch schon so etwas wie eine Fachfrau.«

Shahin lachte. »Ja, das ist sie ganz sicher.«

DAS JAHR SCHRITT voran und bald schon feierte man Vappu, den Vorabend des Wonnemonats Mai. Er wurde gefeiert wie Karneval. Studenten und Abiturienten zogen mit ihren weißen Mützen durch die Straßen, sangen und riefen den Sommeranfang aus. Traditionsgemäß aß man fettiges Gebäck wie Tippaleipä und Munkkis. Dazu trank man Sima, einen hausgemachten Cidre. Glücklicherweise war es Lenja gerade noch rechtzeitig eingefallen, den anzusetzen. Ende April mixte sie Zitronensaft, Zitronenschale, braunen Zucker, Wasser und Hefe, goss es in drei Literflaschen, steckte in jede ein paar Rosinen. Nun hieß es warten. In ein paar Tagen stiegen die Rosinen an die Oberfläche und zeigten damit, dass die Sima trinkbar war. Eine Flasche davon wollte sie Shahin schenken. Der geringe Alkoholgehalt würde ihr nicht schaden. Ob sie Sima überhaupt mochte? Aber als waschechte Finnin liebte sie es wahrscheinlich so sehr wie sie selbst.

Sie tat ihr leid, weil sie immer nur liegen musste, aber Lenja hatte sich vorgenommen, sie so viel wie möglich am Weltgeschehen teilhaben zu lassen. Und damit war sie wahrscheinlich nicht allein. Ihr Patientenzimmer füllte sich immer mehr mit Büchern, Journalen, Stofftieren. Seit Neuestem hatte sie sogar einen großen Fernseher. Bald würde es hier so aussehen wie in ihrer Wohnung, dachte Lenja. Aber so ein bisschen heimelige Stimmung in einem Krankenhaus war nichts, wogegen sie etwas einzuwenden hätte.

· · ·

YRJÖ RIEF AN, was sie verwunderte, denn sonst kommunizierten sie immer über WhatsApp. Er lud sie ein, den Ersten Mai doch gemeinsam unten am Hafen zu feiern, und gerne würde er ihr eine Bekannte vorstellen, die sich ebenfalls freute, sie kennenzulernen.

Lenja überlegte nicht lange. »Eine sehr gute Idee. Danke, dass du an mich gedacht hast.«

Einen Tag zuvor hatte sie mit dem Gedanken gespielt, sich für zwei Tage in ihre Hütte abzusetzen, um sie gründlich zu putzen und für den Sommer herzurichten, nun verspürte sie gar keine rechte Lust mehr.

Hierzubleiben hieße, sich mit Yrjö zu treffen, und zudem konnte sie jederzeit im Krankenhaus vorbeischauen.

Mittlerweile hatten sich diese regelmäßigen Besuche schon sehr in ihren Alltag eingepasst. Auch ihrer Umwelt schien dies nicht entgangen zu sein. Lenja wunderte sich schon nicht mehr darüber, dass Mitarbeiter ihr gegenüber ungefragt über Shahins Befinden berichteten, wenn sie beruflich in der Klinik zu tun hatte. Sie bedankte sich für diese Aufmerksamkeit genauso wie für die guten Wünsche, die regelmäßig an sie herangetragen wurden. »Ich werde es ausrichten«, antwortete sie jedes Mal.

Schön zu sehen, wie jeder an Shahins Schicksal Anteil nahm.

AM SONNTAGABEND FUHR sie zum Hafen, und Lenja begegnete ein sehr konservativ gekleideter Yrjö, auffallend glatt rasiert mit nach hinten gegeltem Haar. Es schien ihr, als wolle er heute besonders gesetzt aussehen. Und sofort erkannte sie auch den Grund dafür. Die Frau an seiner Seite, die er ihr nun vorstellte, war gute zehn Jahre älter als er.

»Es freut mich sehr, Sie kennenzulernen«, sagte Lenja von Herzen erfreut, nachdem sie ihren Namen genannt hatte.

Die Frau, die sich als Barbara vorstellte, lächelte dankbar und Lenja nahm wahr, wie erleichtert sie schien. Machte ihr der Altersunterschied etwas aus? Warum sollte das nicht auch einmal andersherum sein? Die beiden waren wirklich ein hübsches Paar.

»Bist du auch Notarin oder hast du etwas Rechtes gelernt«, fragte Lenja mit einem schrägen Seitenblick auf Yrjö und Barbara lachte. Lenja gefiel ihr Lachen.

Das Eis war gebrochen und Yrjö lächelte sie über Barbaras Schulter hinweg erleichtert an. Das durfte ja nicht wahr sein! Sie kannte ihn gut genug, um zu wissen, dass er sich tatsächlich Gedanken gemacht hatte, wie sie wohl reagieren würde.

Lenja war nun doppelt bemüht, zu einem unterhaltsamen Abend beizutragen, der es dann auch wirklich wurde.

Das Wetter ließ bereits einen längeren Spaziergang am Hafen zu und sie beobachteten eine Gruppe von Studenten, die an der Wasserorgel ein Stelldichein abhielten, Alkohol tranken und Lieder grölten. Übriggebliebene von gestern, wie es schien. Als sie in Richtung Innenstadt davonzogen, machten sich die drei auf in Richtung Sibelius-Halle, Yrjö bestellte Sekt und Wein und sie aßen das Beste, was die Karte zu bieten hatte, saßen so lange auf der verglasten Terrasse, bis auch der Letzte seinen Tisch verlassen hatte. Allesamt etwas angeheitert verabschiedeten sie sich voneinander.

Es freute sie für Yrjö, der ganz offensichtlich sein Glück gefunden hatte.

Und mit dem Gefühl, einem wunderschönen Sommer entgegenzugehen, schlief Lenja noch auf dem Sofa ein.

KAPITEL 25

»Magst du Sima?«, fragte Lenja Shahin, als sie ihr die Flasche auf den Tisch stellte. Zuvor hatte sie etwas Platz geschaffen, stapelte die Zeitschriften kurzerhand auf den Stuhl.

Shahin beantwortete ihre Frage nicht, sondern beobachtete ihr Tun und meinte nachdenklich: »Morgen kommt ein Neuzugang, ich muss hier etwas Platz machen.«

»Hier kommt noch eine Patientin rein?«, fragte Lenja überrascht.

»Ja, sie platzen aus allen Nähten. Es lässt sich nicht vermeiden.« Aber es schien ihr nichts weiter auszumachen. Dann erinnerte sie sich an Lenjas Frage. »Kommt drauf an, wer ihn macht. Ich mag ihn nicht immer.«

»Dann trink sie einfach zu den Munkkis, dann schmeckt er dir bestimmt.« Lenja packte die frittierten Donuts aus, die sie heute Morgen gebacken hatte. Das duftende Backwerk verfehlte seine Wirkung nicht.

»Hmmm«, machte Shahin.

Lenja reichte ihr den Teller, stellte ihn auf den Tisch zurück.

»Ich werde noch schneckendick«, sagte sie, bevor sie abbiss.

Lenja stieß hörbar die Luft aus. Ein Geräusch, das ausreichte, um den geschätzten Realitätsgehalt dieser Aussage zu kommentieren. Shahin war immer noch schlank; auch in der vierundzwanzigsten Woche ihrer Schwangerschaft war ihr Bauch das Einzige, das zugenommen hatte.

»So langsam könntest du etwas zulegen«, konterte sie.

»Meinst du?«

»Ja.« Insgeheim wartete Lenja auf die ersten Schwangerschaftsstreifen, die erste Zellulite oder sonst irgendetwas, das Shahin einen liebenswerten kleinen Makel einbrächte. Aber da war nichts. Im Gegenteil. Durch die Schwangerschaft hatte Shahins Ausstrahlung noch zugenommen. Und die werdende Mutter erschien Lenja wirklich als die schönste Frau Finnlands, ach was, der ganzen Welt und in Gedanken tat sie Abbitte bei ihrem Kollegen Ruhonnen, über den sie sich immer lustig gemacht hatte.

»Ich habe Angst, ich kriege die Kilos nach der Geburt nicht mehr runter.«

»Shahin«, sagte Lenja ernst, »du bist eine wunderschöne Frau, egal ob du zehn Kilo mehr drauf hast oder nicht.« Um es jedoch nicht zu persönlich werden zu lassen, schob sie grinsend hinterher: »Und du darfst mir glauben, ich kann es beurteilen, ich sehe den ganzen Tag nackte Frauen.«

Shahin hielt im Kauen inne, sah plötzlich so aus, als sei ihr das völlig neu. »Findest du?«, fragte sie.

»Ja«, antwortete Lenja.

Und in ihr Schweigen hinein öffnete sich die Tür, die Schwester kam und schob ein weiteres Bett ins Zimmer. Der Neuzugang war eingetroffen.

Am Nachmittag überließ sie Shahin sich selbst und ihrer Zimmergenossin. Sicher wollten beide nun etwas schlafen.

Sie würde wahrscheinlich dasselbe tun nach der letzten ungemütlichen Nacht auf dem Sofa.

Morgen begänne ihre Woche aufs Neue mit viel Arbeit. Die ›Wahren Finnen‹ diskutierten zurzeit über bessere Möglichkeiten der Rückführung von Flüchtlingen. Hoffentlich würde man jegliche ihrer Bemühungen im Keim ersticken. Alle Frauen, mit denen sie und das gesamte Gesundheitszentrum zu tun hatten, waren auf unterschiedliche Weise traumatisiert und bedurften dringend ärztlicher Betreuung, die sie in ihrem Heimatland nicht mehr bekamen. Was für ein Vorrecht es doch war in Finnland geboren zu sein!

Mit den Gedanken an ihre Heimat entschied sie sich spontan, doch noch zu ihrer Sommerhütte hinauszufahren. Plötzlich zog sie es geradezu magisch dorthin, als müsste sie sich augenblicklich davon überzeugen, dass der Sommer sich auch dort angekündigt hatte. An Juhannus, zum Mittsommer, wollte sie auf jeden Fall draußen sein und sie müsste noch Einiges tun, damit sie sich dort wohlfühlen konnte. Sechs Wochen waren es noch bis dahin. Ob sie Shahin über Juhannus einladen sollte? Sicher würde es ihr dort gefallen.

Nein.

Nie wieder würde sie eine Frau in ihre Hütte einladen. Es war schlichtweg zu gefährlich. Während eines finnischen Sommers, wenn der See tiefblau erstrahlte, die wärmende Sonne die Luft mit Gerüchen von Kiefernharz und Gras erfüllte, man gemeinsam in der Sauna saß, lief man zu rasch Gefahr, sich Hals über Kopf zu verlieben.

Sie seufzte auf.

Außerdem wusste sie schon im Voraus, dass Shahin nicht an einer festen Beziehung interessiert war.

Der Schotterweg endete an ihrem Grundstück und der schönste Anblick, den sie sich vorstellen konnte, bot sich ihren Augen: das strahlende Blau des Sees im Vordergrund ihre Sommerhütte. Die wärmenden Sonnenstrahlen, die auf das schwarze Dach trafen, ließen zarte Dunstschleier von ihm aufsteigen, in denen sich das Licht brach.

Lenja stieg aus dem Auto, ließ andächtig das Bild auf sich wirken.

Niemals würde sie noch einmal eine Frau hierher einladen, bevor sie nicht wüsste, dass sie bei ihr bliebe.

Niemals.

Mit diesem Vorsatz betrat sie das Gebäude, atmete den Duft des Raumes ein, eine Mischung aus kaltem Rauch und Holz, und war die nächsten zwei Stunden mit saugen, wischen und putzen beschäftigt.

Die vielen einzelnen gewobenen Teppiche klopfte sie lediglich aus. Sie hatte sie im Winter erst gründlich im Schnee ausgeklopft und sie über Nacht dort draußen belassen. Jede Staubmilbe war also abgetötet.

Die Fenster würde sie bei ihrem nächsten Besuch putzen, entschied sie mit abnehmendem Tageslicht.

Zufrieden mit ihrem Ergebnis stapfte sie über weiche Erde hinunter zum Steg. Wasser so weit das Auge reichte. In der Ferne das entgegengesetzte Ufer, eine Insel auf halber Strecke, umgeben von einem Gürtel aus Schilf. In der sich kräuselnden Wasseroberfläche spiegelte sich das letzte Licht des scheidenden Tages. Ein wunderschöner Anblick! Lenja schritt bis an das Ende des Stegs, tauchte ihre Hand in das noch kühle Nass, zog das Thermometer heraus, das dort angebunden war. Vierzehn Grad! Bald schon könnte man schwimmen. Es gab Jahre, da hatte sie um diese Jahreszeit bereits ihren Winterpelz abgeworfen. ›Den Winterpelz abwerfen‹ war eine finnische Redewendung, die das erste Eintauchen ins Wasser im neuen Jahr festhielt. Und klar, dass jeder den anderen überbieten wollte. Sicher verschaffte es einem allgemeine Anerkennung, wenn man dies so früh wie möglich tat.

Für Lenja war es allerdings noch zu kalt. Obwohl es in Verbindung mit der Sauna kein Problem wäre, schon jetzt zu schwimmen. Aber in diesem Jahr hatte sie weder die Zeit noch die Muse gefunden, sie anzuheizen.

Ihr Handy piepste. Sie zog es aus der Hosentasche, schaute darauf.

Ich spüre die ersten Bewegungen. Ich kann fühlen, wie sich mein Kind bewegt!!

Es folgten zehn Smileys.

Lenja las die Nachricht mindestens fünf Mal, bevor sie antwortete. *Es ist eben genauso aktiv wie ich,* hätte sie am liebsten zurückgeschrieben, aber Shahin würde es wohl nicht witzig finden. Also ließ sie es bleiben.

Das freut mich sehr! Gefolgt von einem küssenden Smiley.

Und genau das war es, was sie empfand.

Sie schaute sich um. Wie würde ein Kind diese Welt um sie herum wahrnehmen? Lenja stellte sich vor, wie es wäre, wenn Kinderlachen diesen Platz inmitten des Waldes erfüllen würde, ein Kind hier im sandigen Untergrund des Sees planschte und badete, mit Schwimmweste und Sonnenhut bekleidet.

Würde Shahin sie irgendwann hier besuchen kommen? Natürlich nur im Rahmen eines besonderen Events. Wenn sie zum Beispiel ihre Kollegen zum Kaffee hierhin einladen würde oder zum gemeinsamen Grillen.

Man könnte den Steg auch noch zur Seite weiterbauen und so etwas wie einen kleinen Nichtschwimmerbereich vom See abtrennen …

In Gedanken fragte sie sich, ob es ihm hier wohl gefiele. Und sie beantwortete sich diese Frage gleich selbst. Ja, denn hier war der schönste Flecken Erde, den es gab. Hier konnte man spielen, toben, schwimmen, Boot fahren, Abenteuer erleben und abends am offenen Feuer sitzen oder drinnen am Kamin und sich eine Wurst grillen.

Ihr Grundstück am See war wie geschaffen dazu, ein Kind glücklich zu machen.

Mit diesem Gedanken stapfte sie wieder durch hochgewachsenes Grün zurück zu ihrem Auto. Beim nächsten Mal würde sie den Balkenmäher aus dem Schuppen holen und gründlich mähen. Sie nahm sich vor, einen Weg bis hinunter zum Wasser anzulegen, auf dem sie das Gras immer ganz kurz halten würde. Dieses Jahr sollte es so bequem wie möglich sein.

* * *

SHAHIN MUSSTE LIEGEN bis zur achtundzwanzigsten Schwangerschaftswoche. Dann konnte man die Kontraktionen der Gebärmutter messen und sie grafisch aufzeichnen. Eine Wehentätigkeit stellte sich zwar deutlich dar, aber die Wehen hatten, sofern sie nicht schlimmer wurden und Shahin sich weiterhin schonte, keine Auswirkung auf die Geburtswege.

Im Gegenteil, Shahins Gebärmutterhals hatte zu seiner normalen Länge zurückgefunden. Das erlaubte es Shahin, die Wochenenden in ihrer Wohnung zu verbringen. Endgültig entlassen wurde sie erst in der einunddreißigsten Woche, kurz bevor sie endgültig einen Lagerkoller bekommen hätte. Sie konnte keine Bücher mehr sehen, keine Zeitschriften, keine Filme, egal welcher Art.

Sie sehnte sich nach der Natur, nach frischer Luft. Daraus wurde nur insofern etwas, dass sie zu Hause auf ihrem Balkon liegen konnte, den Blick gen Himmel gerichtet, die Wolken beobachtete und diese neue Sicht als einen wahnsinnigen Zugewinn an Freiheit empfand. Aber sie musste versprechen, auch zu Hause zu liegen, keinerlei Hausarbeit zu verrichten. Kochen, putzen und einkaufen übernahm ihre

Familie. Paula, Ella und andere Kollegen sorgten für den Zeit-
vertreib.

Lenja kam seltener in dieser Zeit, wusste sie doch, dass
Shahin zu Hause genügend Abwechslung hatte dank ihrer
Familie, die oft mitsamt dem Hund und der Großmutter bei
ihr war. Sie wollte sich nicht aufdrängen.

Sie schrieben sich stattdessen und anstelle von kurzen
WhatsApps verfasste Shahin lange E-Mails.

Ab der vierunddreissigsten Woche durfte sie dazu
übergehen, sich zu belasten. Natürlich waren schweres
Heben und Tragen weiterhin untersagt, aber sie durfte
spazieren gehen, also raus an die frische Luft, sich bewegen.
Die Hebamme meinte, das würde auch Zeit, sie solle sich
nun Kraft und Kondition für die Geburt aneignen.

Es tat gut, es zu lesen, wenn Lenja es auch längst wusste.
Ihre Kollegen unterrichteten sie regelmäßig über ihren
Zustand. Sie nahm ihren Timer zur Hand, schlug ihn auf. In
Shahins vierunddreißigster Woche wäre Juhannus schon
vorbei und sie hätte dieses Event verpasst, wie so viele
andere in diesem Jahr. Und dabei hatte sie sich so sehr auf
diesen Tag gefreut. Auf Würstchenbraten am Lagerfeuer,
Beisammensitzen, Feiern in der kürzesten Nacht, die das Jahr
zu bieten hatte. Aber auch das schien ihr nicht vergönnt.

Shahin vermerkte es auch umgehend. *Schade, ich werde
Juhannus versäumen.*

Ja, tippte Lenja in die Tastatur, *das tut mir leid.*

Sie hatte ihr diesen Satz schon mehrfach zu anderen
Anlässen geschrieben, wurde ihr plötzlich bewusst. Und sie
kam sich schäbig vor. Und sie löschte das, was sie als
Antwort schon eingetippt hatte, und schrieb stattdessen: *Das
Wetter soll sowieso schlecht werden zu Juhannus. Du wirst sehen,
wahrscheinlich schneit es sogar. Drei Wochen später sieht das hingegen*

schon ganz anders aus. Was hältst du davon, Juhannus einfach nach-
zufeiern? Hast du Lust auf ein Wochenende in meiner Sommerhütte,
sobald du es darfst? Du bist herzlich eingeladen! Terve Lenja.

Bevor sie es sich anders überlegte, drückte sie auf
›Senden‹.

Ja, sie wusste, dass sie sich an keinen ihrer Vorsätze hielt,
aber man konnte es auch übertreiben mit den Vorsätzen. Es
fühlte sich gut an, den Mut dazu aufgebracht zu haben.
Shahin hatte es verdient. Sie würde ihr ein wunderbares
Wochenende schenken. Sie würde sie verwöhnen, für sie
kochen. Sie würde sie zu einer Bootsfahrt einladen und
Shahin könnte endlich wieder den Geruch des Wassers und
des Waldes inhalieren. Wo sonst könnte man besser Kraft
schöpfen und neuen Mut bekommen als inmitten des Waldes
direkt am See? Und sie selbst war erwachsen genug, um mit
dieser Situation umzugehen. Sie war schließlich kein Teen-
ager mehr. Schluss. Aus.

Shahin mailte nicht zurück. Sie schickte auch keine
WhatsApp. Lenjas Handy läutete. Und bevor sie es in die
Hand nahm, wusste sie, wer am anderen Ende war.

»Ist das dein Ernst?« Shahin gab sich nicht lange mit einer
Begrüßung ab. Dass sie versuchte, ihre Freude so weit zu
unterdrücken, wie ihr ein normales Reden möglich war, war
nicht zu überhören.

»Ja, natürlich«, antwortete Lenja völlig ungerührt. »Ich
habe eine wunderschöne Hütte am Ruotsalainen, ein Motorboot, eine Sauna direkt am Wasser und du bist herzlich
eingeladen. Und falls du je Beschwerden haben solltest, hast
du deine Ärztin gleich zur Hand. Das ist ein Luxus, über den
nicht jede verfügt.« *Ich hörte mich an wie ein Händler auf dem*
Fischmarkt, dachte Lenja.

Dabei wäre es gar nicht nötig gewesen. Shahin juchzte auf
und Lenja beglückwünschte sich im selben Moment, den Mut
dazu gefunden zu haben, von ihrem Vorsatz abzuweichen.

»Dann sag mir schon mal, was du dort essen magst, damit ich meine Vorräte entsprechend auffülle.«

Shahin zierte sich etwas, aber es dauerte nicht allzu lange, da hatte Lenja eine lange Einkaufsliste zusammen. Nichts von dem, was darauf stand, war in irgendeiner Form exklusiv. Nein, Shahin schien ein bescheidener Mensch zu sein.

Lenja rief sofort bei dem Bauern an, in dessen Scheune ihr Boot überwinterte.

»Hei Miko! Sag mal, klappt das mit dem neuen Steg? Und bringst du demnächst mein Boot zu Wasser?«

Miko versicherte ihr, er hätte es dieses Wochenende sowieso vorgehabt. Die Bauteile des neuen Stegs lägen schon in seiner Scheune. Das Aufbauen vor Ort dauerte dann keine zwei Stunden, sein Schwager würde ihm helfen. Das Boot brächte er spätestens das Wochenende vor Juhannus zu Wasser. Reichte das noch?

»Natürlich!«, versicherte ihm Lenja und freute sich. Es lief also alles nach Plan.

Die Vorstellung von einer gemeinsamen Bootsfahrt mit Shahin beschleunigte ihren Herzschlag.

KAPITEL 26

*L*enja fieberte diesem Tag entgegen, brachte ihr Kleinod im Wald auf Vordermann, nutzte jede Stunde dort, um irgendetwas zu renovieren, zu streichen. Sie verbrachte Juhannus entgegen aller Tradition allein bei einem kleinen Lagerfeuer, briet sich eine Wurst, machte sich ein Stockbrot und freute sich auf das Wochenende, an dem sie mit Shahin hier sein würde.

Der neue Steg sah richtig gut aus. Breiter und stabiler als der alte. Und durch die erweiterte Plattform am Ende, an dem sich zwei fixe Holzbänke gegenüberstanden, ungeheuer einladend. Lenja stellte sich vor, wie es wäre, mit Shahin dort zu sitzen. Sie würde als Erste in den Genuss kommen. Direkt daneben im Wasser parkte ihr Motorboot, angebunden an zwei Pfeilern. Der Motor war durchgecheckt, der Akku geladen, das abnehmbare Dach von jeglicher Möwenhinterlassenschaft gereinigt.

Und irgendwie hatte sie den Eindruck, die Sommersaison begänne erst richtig mit diesem Tag.

· · ·

AN JUHANNUS WAR es schrecklich kalt. Helena von der Patientenaufnahme behauptete sogar, auf dem Grundstück ihrer Eltern hätte es geschneit.

Selbst wenn dies übertrieben gewesen sein sollte, eines bot Juhannus auf jeden Fall nicht: ein geselliges Fest im Freien. Denn dazu war es einfach zu ungemütlich.

Lenja war es von Anfang an egal, wie das Wetter war. Sie feierte Mittsommer dieses Jahr sowieso später.

DER TAG KAM, an dem sie Shahin abholte. Sie hatten sich auf zehn Uhr verabredet, um zu gewährleisten, dass keine von ihnen bei ihrem gemeinsamen Start ins Wochenende in Stress verfallen sollte.

Lenja wäre es nicht schwergefallen, bereits um acht startklar zu sein, aber so zögerte sie die letzten Vorbereitungen noch etwas heraus, ließ sich viel Zeit mit dem Frühstück. Sie machte sich Gedanken.

Es war eine ganz und gar private Einladung. Sicher wäre es hilfreich, eine ausgebildete Frauenärztin bei sich zu haben in Shahins Zustand, aber zum ersten Mal begegnete sie Shahin als Freundin, als Bekannte, nicht als Ärztin. Ihre Beziehung zueinander wurde ab heute auf einer anderen Ebene weitergeführt und Lenja konnte nicht abstreiten, dass sie diese Tatsache nervös machte.

Würde es gut gehen mit ihnen beiden, ein ganzes Wochenende lang? Sicher waren ihre Zusammentreffen schon öfter mehr privater als offizieller Natur gewesen. Aber bisher hatten beide immer die Möglichkeit gehabt, sich nach relativ kurzer Zeit wieder in ihr eigenes Leben zurückzuziehen.

Das letzte Glutnest ihrer – trotz aller Abwägungen – aufglimmenden Bedenken löschte Shahins Lächeln, das sie Lenja beim Einsteigen ins Auto zuwarf. Es spülte alle Sorge fort, legte ihre reine, blanke Freude frei. Unbändige Freude auf die nächsten zwei Tage.

»Schön, dich zu sehen.« Nichts, was sie jemals in ihrem Leben gesagt hatte, hatte sie so überzeugt von sich gegeben.

Shahin sah aus wie das blühende Leben selbst. Sie trug eine dreiviertellange Jeanslatzhose mit dehnbarem Bund, dazu eine blau-rot karierte Baumwollbluse. Ihre Füße steckten in Crocs. Ihre Haare waren locker zusammengefasst und fielen ihr auf die Schulter. Der kleine Rucksacktrolley, der neben ihr stand, wurde von Lenja rasch in den Kofferraum verstaut.

Sie grinsten sich an, als sie losfuhren.

»Auf ins Wochenende«, sagte Lenja. »Es ist für Juhannus wunderbares Wetter angesagt.«

Es lag an ihnen, die Feste zu feiern, wie sie es wollten. Das mit dem Wetter stimmte. Die Prognosen waren vielversprechend: Sonne satt, kein Regen.

Sie fuhren auf der 24 in Richtung Asikkala. Immer wieder warf Lenja einen Blick zu ihrer Beifahrerin, deren Bauch nun sehr an die Form eines Fußballs erinnerte. Ihre Hände lagen darauf, die Finger ineinander verschränkt. Sie sah glücklich aus und dankbar. Nichts von der Landschaft, die sie passierten, entging ihr und Lenja spürte ihren Hunger nach Feldern, nach Wiesen und Wald.

»Ist das nicht wahnsinnig schön hier?«, fragte Shahin andächtig.

»Ja, das ist es.« Lenja brauchte man das nicht zu sagen. Sie war schon immer davon überzeugt, dass Finnland das schönste Land der Welt war.

Sie fuhren an einem Hot-Dog-Kiosk vorbei. *Kuma Koira* stand in großen Lettern darübergeschrieben.

»Oh, hätte ich anhalten sollen? Wolltest du irgendwelchen Gelüsten nachgehen?«

Shahin lachte. Ein offenes, herzerfrischendes Lachen, das

sie ihr auch für eine noch blödere Bemerkung geschenkt hätte. »Nein. Jetzt noch nicht. Ich gehe davon aus, ich bekomme heute noch etwas zu essen, nachdem du mich seit Tagen fragst, was ich alles haben möchte.«

Etwas später sagte sie: »Koira heißt unser Hund.«

»Wie?«

»Ja, als Vater Finnisch gelernt hatte, hatte er unserem Hund einfach den Namen ›Koira‹ gegeben. ›Kuma Koira‹ haben ihn erst die Nachbarn genannt. Und bisher hießen alle unsere Hunde so.«

»Ah.« Fast hätte Lenja gefragt: *Aber ihr esst eure Hunde nicht auf, oder?* Aber sie war sich nicht sicher, ob es Shahin als Witz empfinden würde. Keine Witze auf ihre Kosten! Nicht jetzt, nicht in den nächsten zwei Tagen. Also verbot sie ihrem trockenen Humor jeglichen Kommentar.

Nach einer Viertelstunde Fahrt verließen sie die Bundesstraße, bogen in eine Kreisstraße, deren Kurven sie folgten. Shahin sah gespannt aus dem Fenster. »Hier war ich noch nie.«

»Ihr habt keine Sommerhütte?« Nachdem es heraus war, hätte sich Lenja gerne auf die Zunge gebissen. Woher sollten Flüchtlinge aus dem Iran denn bitte schön eine Sommerhütte haben? Erbte man so eine nicht, musste man viel dafür bezahlen. Und über so viel Geld würden Gelavêjs vermutlich nicht verfügen. »Entschuldige«, korrigierte sie sich sofort. »Eine blöde Frage.«

Shahin verzieh ihr sofort. »Gehört das Grundstück deinen Eltern?«

»Nein, es wurde mir schon vor fünfzehn Jahren überschrieben, von meiner Großmutter mütterlicherseits.« Lenja grinste, als sie ihren Satz beendete. »Um jegliche Erbschaftsteuer zu sparen.«

»Es muss schön sein, so etwas sein Eigen zu nennen.«

Shahins Stimme klang schwärmerisch und dabei hatte sie

es doch noch gar nicht gesehen. Was würde sie sagen, wenn sie es vor Augen hätte? Und Lenja konnte nicht leugnen, furchtbar gespannt auf ihre Reaktion zu sein.

Wieder bogen sie nach rechts ab. Diesmal wurde die asphaltierte Straße schmaler. Ihr folgten sie, bis sie so schmal wurde, dass kein Mittelstreifen mehr aufgemalt war. Die Gegend wurde nun sehr ländlich, Häuser oder Gehöfte störten nur noch selten das Bild vollkommener Natur. Shahin nahm es kommentarlos hin, sah staunend nach draußen.

Sie sagte auch noch nichts, als die Straße keinen Asphalt mehr aufwies, sondern nur noch gewalzt war und immer tiefer in den Wald führte. Erst als nur noch zwei Spurrillen von der Straße übrig geblieben waren und Lenja ihre Spiegel wieder einfuhr, fragte sie: »Du bist sicher, dass es hier weitergeht?«

Lenja hatte die ganze Zeit schon darauf gewartet und musste anerkennen, dass Shahin diese Prüfung mit Bravour bestanden hatte. Alle anderen Personen, die sie je zu sich eingeladen hatte, zweifelten bereits viel früher an der Richtigkeit des Weges.

»Du hast dich darauf eingelassen. Du wolltest freiwillig mit mir ein Wochenende im Wald verbringen. Ich darf dich daran erinnern.«

»Und ich darf dich daran erinnern, dass du eine hochschwangere Frau bei dir hast, der man die Anbindung an die Zivilisation noch irgendwie ermöglichen sollte.«

Shahin stand ihrer eigenen trockenen Äußerungen in nichts nach, bemerkte Lenja und lachte.

Natürlich hatte sie sich im Vorfeld genaue Gedanken darüber gemacht, aber das brauchte Shahin nicht zu wissen. Ihr Motorboot stand parat, wenn es zu einem Notfall kommen sollte. Binnen dreißig Minuten wäre Shahin in der nächsten Klinik, wo sie entbinden konnte. Müsste es rascher gehen, hätte Lenja keine Skrupel, den Notarzt zu rufen.

Einem Hubschrauber war es möglich, auf ihrem Grundstück zu landen. Die Lichtung war groß genug, der Untergrund eben und fest. Ihren Arztkoffer hatte sie im Kofferraum. Lenja war für alles gewappnet.

»Du brauchst keine Angst zu haben. Auch hier draußen kann dir nichts passieren.«

Shahin warf ihr einen Blick zu, der sie ganz warm werden ließ. »Ich weiß. Es war nur ein Witz.«

Lenja drosselte auf Schrittgeschwindigkeit. Es holperte etwas. »Wir haben es gleich. Halte dich fest.«

Unnötig, das zu sagen. Shahin tat es bereits.

Dann waren sie da.

»Boahhh!«

Vor ihren Augen erschien sattes Grün, in dessen Mitte das Holzhäuschen auf seine Gäste wartete. Im Hintergrund erschien der Ruotsalainen in schönstem Blau, seine Oberfläche sanft und ohne jegliche Wellen, Vogelmilch gleich, wie die Finnen sagen. Von tiefem Frieden erfüllt und ein Zeugnis Gottes überragender Schöpfungskraft.

»Ja«, seufzte Lenja. »Wir sind da.«

Sie parkte dicht am Haus auf der Kiesfläche, stellte den Motor aus. »Herzlich willkommen!«

Shahin stieg aus, drehte sich, immer noch mit dem Staunen ihres inneren Kindes, das Lenja so liebte, um ihre eigene Achse. »Und das hier gehört alles dir? Das ganze Land?«

»Wie gesagt, es gehörte meiner Großmutter. Aber sie ist längst verstorben.«

»Ich weiß ja, dass viele Finnen eine Sommerhütte am See haben, aber die hier ist ... ist ...«, sie suchte nach einem Wort, »einzigartig«, sagte sie schließlich.

»Schön, dass es dir gefällt. Möchtest du zuerst runter zum See oder erst dein Zimmer beziehen?«

Shahin beantwortete ihre Frage, indem sie flugs den

akkurat gemähten Weg hinunter zum See einschlug. So rasch, wie es ihr Zustand eben zuließ; Lenja bemerkte erst jetzt, dass sich auch bei ihr der Gang entsprechend verändert hatte. Ihr Kind war gewachsen und drückte auf das Becken.

»Hey, mach langsam. Du sollst dich schonen!«

Doch Shahin warf die Arme in die Luft, schrie: »Juppieh!« Noch nie hatte Lenja sie so ausgelassen gesehen. »Das ist ja herrlich hier!«

Gemeinsam schritten sie zum Ufer hinab. Die Schwangere schlüpfte sofort aus ihren Schuhen und ihre Füße tauchten in das kristallklare Nass, stapften durch einen Untergrund von Kies und Sand. Sie jauchzte auf, und es schmerzte Lenja zu sehen, wie sehr sie sich nach Wald, nach Natur gesehnt haben musste.

Als sie mit bloßen Füßen zu ihr auf den Steg trat, nahm sie ihre Hand. »Vielen Dank für diese Einladung.« Und dann küsste sie Lenja auf die Wange, ehe sie ganz nach vorne auf den Steg ging und sich mit so viel Ausgelassenheit auf eine der Bänke setzte, dass allein dieser Anblick die ganzen Kosten für die Neuanschaffung gerechtfertigt hätte.

Es gefällt ihr! Eine Tatsache, die in Lenja ein tiefes Glücksgefühl auslöste. Es war leicht, sich in eine Frau wie Shahin zu verlieben. Und noch leichter verlor man sein Herz, wenn man fühlte, dass die andere sich von denselben Dingen begeistern ließ wie man selbst.

Und so saß sie mit Shahin auf dem Steg, beantwortete all ihre Fragen und vergaß ihre Vorsätzen, die sie sich vorgenommen hatte.

»Ist das dein Boot?«, fragte Shahin.

In ihrer Stimme schwang etwas mit, das Lenja vorsichtig werden ließ. Sie dachte an Shahins Zwei-Zimmer-Wohnung mit Balkon, an ihre Eltern, die Flüchtlinge waren, und irgendetwas in ihr brachte sie dazu zu sagen. »Nein, ich habe es mir ausgeliehen, damit wir am Wochenende eine Spritz-tour machen können.«

Shahin reagierte auf wunderbare Weise. »Das ist eine großartige Idee! Du bist ein Schatz!«

Lenja war sich sicher, Shahin hätte nicht so gestrahlt, wenn sie gesagt hätte: Natürlich ist es meines. Es hat mich zwanzigtausend Euro gekostet, auch ohne den leistungs-starken Elektromotor.

Sie war von allem begeistert.

»Komm jetzt, ich zeige dir die Sauna.«

Sie gingen zu der in Finnisch-Rot angestrichenen Hütte, deren Fensterleisten und Eckkanten sich in hellem Weiß abhoben. Lenja zog den hölzernen Riegel auf, öffnete die Tür mit einem leisen Quietschen und beide betraten den Vorraum. Sie sah verschiedene Haken für Kleider und Hand-tücher. Zum Waschen begab man sich in den rechten Raum. Etliche Waschschüsseln aus Plastik lagen ordentlich auf den Kopf gedreht auf der hölzernen Bank. Daneben Schöpflöffel verschiedener Größen. Seife, Shampoo, Duschgel stand parat. An der Wand hing ein großer Spiegel.

»Hui«, war Shahins Kommentar dazu. »Ein richtiger Well-nesstempel.«

Links davon ging es in die eigentliche Sauna. Sie war groß genug, um acht Personen Platz bieten zu können. Man war in Finnland immer auf Gäste eingestellt. Über dem Saunaofen, der mit Holz geheizt wurde, befand sich ein großer Boiler, dessen Wasser beim Anheizen heiß wurde. Über einen Hahn wurde es abgelassen, sein Schlauch reichte durch die hölzerne Trennwand zum Nebenraum, ermöglichte das Waschen unter Wahrung der Intimsphäre.

Die ganze Sauna war eine Schwitz- und Waschhütte und eine praktische und günstige Möglichkeit, sich mit ausrei-chend warmen Wasser zu versorgen.

Sicher hatte Lenjas Hütte einen Brunnen und somit auch

fließendes Wasser. Dennoch befand sich dort keine Dusche. Zum Waschen ging es immer zum See hinunter. So war es nun mal in einer Sommerhütte.

»Hast du das alles selbst gebaut?« Shahin bemerkte wohl, dass die Sauna noch nicht aus den Zeiten der Großmutter stammen konnte.

»Sagen wir mal so: bauen lassen. Ich habe die alte Sauna einreißen und auf dem Grundriss eine neue erstellen lassen. Heutzutage werden Saunahütten so dicht am Ufer nicht mehr genehmigt.«

»Hattest du nie einen Freund oder einen guten Kumpel, der dir geholfen hätte, es selbst zu machen?«

Lenja grinste augenblicklich. Was war das? Der Versuch, ihre früheren Beziehungen zu erfragen? Shahin senkte den Blick, peinlich berührt.

»Sagen wir mal so: Die Freunde, die ich hatte, wären alle ungeeignet gewesen, um mit ihnen eine Saunahütte zu bauen.« Lenja lachte lauthals, nahm Shahins Hand, zog sie hinaus.

»Und jetzt komm, ich muss auspacken und du sollst dich jetzt mal hinlegen und eine Runde schonen.«

Bereitwillig ließ sich Shahin mitziehen. Lenja bedauerte es, ihre Hand wieder loslassen zu müssen, da es keinen Grund gab, um es nicht zu tun. Shahin lief stabil, litt unter keinerlei Schwindel. Einen Augenblick überlegte sie, ob sie das tatsächlich bedauerte.

Lenja trug Shahins Rucksacktrolley und eine große Umhängetasche in den Hauptraum der Hütte, stellte beides vor dem mächtigen Kaminofen ab. Sie trat an die Küchenzeile, die sich an der rechten Wand befand, denn der größte Raum der Hütte war nichts anderes als ein Wohnzimmer mit Küchenzeile oder eine Küche mit Wohncharakter. Wie man es auch immer betrachtete. Sie nahm zwei Gläser, füllte sich eines mit Wasser.

»Möchtest du auch ein Glas?«

»Gerne.«

»Such dir ein Zimmer aus«, sagte sie, indem ihr Kopf in Richtung der kleineren Zimmer wies. »Beide gleich von der Ausstattung. Mir ist es egal.«

»Mir auch.«

»Gut, dann geh du nach rechts, ich nach links.«

»Oder andersherum?«

»Oder andersherum. Wie du willst.« Lenja lächelte, reicht Shahin das Glas Wasser. Ihre Hände berührten sich dabei. Lenjas Sinne meldeten es ihr überdeutlich. Sollten sie. Dieses Wochenende würden sie ihr noch ganz andere Wahrnehmungen melden. Sie war bereit dazu.

Nachdem Lenja ihre Sachen in das linke Zimmer geräumt hatte und Shahin ihre in das rechte, stellte Lenja zwei Sonnenliegen auf der Terrasse auf.

»Ach, falls du die Toilette suchst. Mein Huussi befindet sich ...«

»Ich habe es schon entdeckt«, unterbrach sie eine gut gelaunte Stimme, »und genau da gehe ich jetzt hin.«

SHAHIN FOLGTE EINEM SCHMALEN, mit Rindenspäne bestreuten Weg zu einem kleinen Häuschen in zartem Rosa und Grün. Es hatte ein Loch in der Tür in Form eines Herzens und Shahin öffnete sie gespannt.

»Aaaach«, seufzte sie auf, »wie goldig!«

Sie trat einen Schritt vor, nahm Platz auf der Klobrille aus olivgrünem Styropor und schloss die Tür. Durch das Herz hindurch konnte man bis hinunter zum See gucken. Ein kleines Regal bot Comics und Taschenbücher an. Eine Rolle Klopapier hing an einer selbstgezimmerten Befestigung, die nichts anderes war als ein knorpelig gewachsener Ast. Sie rollte sich ein Stück Papier ab, wischte sich ab, warf es ab.

Eine Schaufel voller Rindenspäne hinterherzuwerfen, war nicht nötig. Die stand nur parat im Falle größerer Verrichtungen. Sie war versetzt mit einem Kompostbeschleuniger, um den raschen organischen Abbau menschlicher Ausscheidungen zu gewährleisten.

Was für ein wunderschönes Beispiel eines finnischen Klohäuschens. Shahin nahm sich vor, von ihm an diesem Wochenende auf jeden Fall noch ein Bild mit dem Handy zu machen.

ALS SIE DIE Holzterrasse wieder betrat, empfing sie Lenja mit einem breiten Grinsen.

»Schön, dass es dir gefällt. Setz dich jetzt. Du bist genug umhergelaufen. Was macht dein Bauch?«

»Mir geht es gut, falls du das meinst.«

Lenja sah sie spöttisch an. »Ich hatte nicht vor, dich auf deinen Bauch zu reduzieren. Aber es interessiert mich tatsächlich, wie es deinem Bauch geht. Ist er hart geworden beim Hin- und Hergehen?«

»Nein, er ist ganz weich und unauffällig. Auch verspüre ich keinerlei Ziehen. Bist du damit zufrieden?«

»Ja, sehr. Und jetzt setz dich, während ich dir was zum Mittagessen mache. Du kannst die Liege auch hochstellen und die Beine hochlegen und hier hast du was zu lesen.« Sie bot Shahin die Tageszeitung an, die sie von zu Hause mitgebracht hatte. Doch sie lehnte dankend ab.

»Ich habe das Gefühl, ich habe die letzten Monate ausreichend gelesen. Darf ich auch einfach nur die Natur auf mich wirken lassen und mich sonnen?«

Lenja lachte, bevor sie verschwand. »Das darfst du natürlich auch.«

. . .

SHAHIN ATMETE TIEF EIN. Es war atemberaubend. In Gedanken bedankte sie sich bei ihrem Schöpfer für dieses wunderschöne Fleckchen Erde, für ihr Leben, für das Leben, das sie in sich spürte.

»Baby, wach auf«, flüsterte sie zärtlich. »Ich bin an einem wunderbaren Ort. Hier würde es dir auch gefallen. Deine Mama macht sich jetzt ein schönes Wochenende mit der Frau, die an deiner Entstehung beteiligt war.« Sie seufzte auf. »Lenja wäre für dich eine wunderbare Co-Mama.«

Sie verfolgte den Flug der wenigen Wolken am Himmel, sah den Vögeln zu, sah Kanadagänse über die Lichtung hinwegfliegen und hörte immer wieder den Ruf eines Vogels, dessen Namen sie vergessen hatte. »Wahnsinn!«

»MITTAGESSEN!«

Lenja rückte den Terrassentisch zu ihnen in die Sonne, holte ebenso zwei Stühle. Dann stellte sie einen Topf mit Erbsensuppe, Butter und einen Korb Roggenbrot auf den Tisch, deckte Teller, Gläser und Besteck ein.

Dann schöpfte sie ihrem Gast zwei große Kellen Suppe auf.

»Reicht! Reicht!«, sagte Shahin, kaum dass sie die zweite Kelle in der Hand hatte.

Lenja ließ sich nicht beirren. »Du hast gesagt, du magst Erbsensuppe.«

Und sie hatte gesagt, dass ihr das Schweinefleisch darin kein Problem ist. Finnische Erbsensuppe beinhaltete ein großes Stück Schinken, das durch das lange Kochen von selbst zerfiel. Shahin schmeckte es.

»Möchtest du eine Runde mit dem Boot fahren?«, fragte sie nach dem Essen. »Darf ich dir die Umgebung zeigen?«

Sie durfte. Es war Lenja sehr recht, schon jetzt eine Runde zu drehen und nicht erst am späten Nachmittag. Erfahrungsgemäß war der See dann unruhiger, während er jetzt noch keinerlei Wellen aufwies. Ihr Boot würde die Wasseroberfläche ganz sanft zerschneiden, ohne dass der Bootsrumpf auf Wellen aufschlug, die eine stauchende Wirkung auf die Bootsinsassen haben könnten.

»Zieh dir etwas Warmes über und setz eine Schirmmütze auf. Man sollte die Sonne nicht unterschätzen, du bist sie nicht mehr gewöhnt.«

»Ja, Mom.«

Dennoch tat sie genau, was Lenja ihr empfohlen hatte.

Etwas später standen sie startklar auf dem Steg, Lenja half ihr beim Einsteigen und sie setzte sich auf den Beifahrersitz. Dann löste sie die Taue, stieß das Boot ab und nahm hinter dem Steuer Platz. Man könnte sich daran gewöhnen, an diesen Anblick, Shahin neben sich zu haben. Sie startete den Elektromotor und nahezu geräuschlos glitten sie durch das weite Blau.

»Der ist ja ganz leise«, fiel nun auch Shahin auf.

»Und er stinkt nicht«, ergänzte Lenja. »Ein Elektromotor.«

»Ist ja super! Wo fahren wir hin?«

Darüber hatte sich Lenja auch schon Gedanken gemacht. In Kalkkinen gab es ein wunderschönes Café, aber vom Hafen aus war der Weg dorthin zu lang für eine Hochschwangere, die sich schonen sollte. Nach Heinola zu fahren, erschien ihr genauso wenig erstrebenswert. Vielleicht wollte sie auch einfach nur mit ihr allein sein. Das Wochenende würde so rasch vergehen. Sie wollte es nicht inmitten anderer Menschen verbringen.

»Ich mache mit dir eine kleine Rundtour. Wir fahren jetzt in Richtung Heinola, biegen dann ab und ich zeige dir die Inseln, und unter der Russenbrücke hindurch kommen wir wieder hierhin zurück, okay?«

»Ja.«

Shahin wäre mit allem einverstanden gewesen.

»Ich habe gedacht, Kaffee trinken wir wohl lieber hier als irgendwo unterwegs.« Rhetorischer konnte man nicht mehr fragen.

»Ja, natürlich!«

Ja, es ist leicht, sich in sie zu verlieben, dachte Lenja wieder, als sie fühlte, wie glücklich es sie machte, dass Shahin von allem so begeistert war.

NACH EINER ZWEISTÜNDIGEN Bootsfahrt kehrten sie zu ihrem Steg zurück, erfüllt von der Sonne, den Gerüchen, den wunderschönen Anblicken von Wald und Felsen, Haubentauchern, Gänsen, Enten und allem, was ihnen begegnet war.

Lenja lenkte dicht an den Steg heran, sprang heraus, zurrte das Boot an den zwei Pflöcken fest, bevor sie Shahin heraushalf.

Sie roch gut. Sie roch nach Freiheit und Glück. Ihre Hand fühlte sich so gut an auf ihrer Schulter, als sie sich festhielt. An ihr.

Die Sonne hatte den Zenit schon überschritten, die schräger stehende Sonne reichte nicht mehr bis auf die Terrasse.

»Bleiben wir doch hier unten. Ich bring den Kaffee hierher.«

»Oh, ja. Soll ich nicht mitgehen?«

»Nein, bleib hier. Aber du kannst schon mal den Saunaofen anmachen. Ich habe nämlich vor, nachher meinen Winterpelz abzuwerfen.« Sie musste Shahin diese Redewendung nicht erklären. Sie war schließlich Finnin.

ALS SIE WIEDERKAM MIT einem Tablett voll leckerer Dinge, rauchte es bereits aus dem Kamin der Saunahütte.

Shahin saß auf der Bank, empfing sie mit erwartungsvollem Lächeln.

Sie tranken Kaffee, aßen Pulla, ein Hefegebäck, das Lenja mit Sahne und Marmelade gefüllt hatte.

»Möchtest du Wasser oder Preiselbeersaft?«

»Preiselbeersaft.«

Lenja hatte richtig geraten und den Krug mit dem Preiselbeersaft schon in der Hand, bevor sie geantwortet hatte.

Nachdem sie sich ausreichend gestärkt hatten, sagte Lenja: »Ich guck mal, wie weit die Sauna ist. Wie viel Holz hast du aufgelegt?«

»Vier Scheite.«

Als Lenja hineinspickte, schlug ihr schon eine merkliche Hitze entgegen. Sie spritzte Bänke und Boden noch einmal ab, um für ein ausreichend feuchtes Klima zu sorgen, und legte noch ein paar Scheite nach. Dann ging sie zurück in den Vorraum und stand vor der Entscheidung, zum Schwimmen einen Bikini anzuziehen oder nicht. Wenn sie allein war, schwamm sie grundsätzlich nackt. Waren noch andere Personen zu Besuch, schwamm sie mit Bikini, es sei denn, es handelte sich nur um Frauen. Shahin war eine Frau, aber eben eine ganz besondere Frau.

SICH FÜR EINEN Moment selbst überlassen, strich Shahin sanft über ihren Bauch. »So, Baby. Jetzt baden wir zum ersten Mal mit dir. Was meinst du? Werden wir auch unseren Winterpelz abwerfen?« Ihre Hand tauchte ins Wasser. Sie zog das Thermometer heraus. Achtzehn Grad Celsius. So warm? Sie freute sich auf ein Bad und folgte Lenja in die Saunahütte, um sich auszuziehen.

. . .

BEVOR SIE EINTRAT, kam Lenja ihr im Bikini entgegen. Der Anblick ließ sie kurz innehalten. Sie hatte einen ausgesprochen durchtrainierten Körper, wie sie sofort feststellte.

»Oh«, sagte sie, »ich habe keinen Badeanzug dabei. Ich hätte auch gar keinen, in den ich noch passen würde. Macht es dir etwas aus, wenn ich so schwimmen gehe?«

Lenja war peinlich berührt. »Quatsch, natürlich nicht. Dann schwimme ich auch so.« Und mit zwei raschen Bewegungen war sie aus ihrem Bikini geschlüpft, nahm sich zwei Handtücher vom Stapel, eines für sie, eines für Shahin, setzte sich nackt auf den Steg, wartete auf Shahin. Denn ins Wasser tauchen wollte sie mit ihr gemeinsam. Zum ersten Mal in diesem Jahr. »Nun beeil dich schon!«, rief sie.

Shahin kam. Den Anblick der nackten Frau, die ihr nun voller Vorfreude auf dem Steg entgegenkam, hätte sie gerne festgehalten. Ja, sie hatte etwas von der Begeisterungsfähigkeit eines Mädchens. Wie schön, dass sie sich das erhalten konnte, dachte Lenja wieder. Jetzt waren sie beide nackt. Und es fühlte sich gut an. Sie war nicht Ärztin und Shahin nicht ihre Patientin. Sie waren zwei Frauen, die übermütig ihr Leben genossen.

Als Shahin sich endlich neben sie setzte, zählten sie beide von zehn rückwärts auf null. Und bei null ließen sie sich vom Steg ins Wasser gleiten, johlten beim Eintauchen beide so laut, dass sie die Gruppe Enten in ihrer Nähe erschreckten. Das weiche Wasser fühlte sich großartig an auf der Haut.

Sie schwammen und planschten, bis ihnen kalt wurde.

Shahin verließ als Erste das Wasser und ging in die Saunahütte. Lenja kam hinterher. Kurz darauf saßen beide nebeneinander auf der obersten Bank und Lenja machte den ersten Aufguss.

»Aaahhh!« Tat das gut!

Nach zehn Minuten sagte Lenja: »Ich glaube, für dich reicht es mit der Hitze. Du solltest es nicht übertreiben.«

Sie verständigten sich darauf, dass Shahin noch einmal schwimmen gehen würde und sich danach noch einmal aufwärmte. Dann ginge sie nach oben zur Hütte, würde mit den Vorbereitungen des Abendessens beginnen, denn das ließ sie sich nicht ausreden, während Lenja noch hier bleiben und den Ofen noch etwas auskosten würde.

Rasch waren sie wieder draußen. Lenja sprang kopfüber ins Wasser, Shahin stieg langsam hinein.

Sie schwammen zehn Minuten, dann ging es wieder ins Warme.

»Wenn ich so ein Grundstück hätte, ich glaube, ich wäre jedes Wochenende hier, wenn ich frei hätte.«

»Ich nutze es auch, so gut ich kann.«

Shahin seufzte. Plötzlich verkrampfte sie sich, als hätte sie Schmerzen.

Lenjas Hand war sofort bei ihr. »Hast du Wehen?« Shahins Bauch war hart, sie fühlte es deutlich.

Shahin zuckte durch die unerwartete Berührung ihrer Hand zusammen.

»Entschuldige«, sagte Lenja sofort, »ich wollte dich nicht erschrecken.« Doch zu spät. Shahin rückte von ihr ab. Jeder Zentimeter tat Lenja weh.

Schließlich stand sie auf. »So, ich geh dann mal hoch. Lass dir Zeit. Ich koche schon mal die Kartoffeln und putze den Salat.«

»Mach nicht zu viel. Du kannst auch einfach warten, bis ich komme.« Lenja fühlte sich schuldig. Die unbeschwerte Stimmung war mit einem Schlag wie fortgeblasen. Und Shahins unbeschwertes Lächeln kehrte nicht auf ihr Gesicht zurück, als sie sagte: »Bis gleich.«

Lenja machte einen Aufguss und dachte darüber nach, was sie gerade falsch gemacht hatte.

. . .

SHAHIN GING mit nackten Füßen den idyllischen Grasweg zurück zur Hütte. Mist! Warum musste sie so reagieren? Es war so ein Geschenk, mit Lenja hier sein zu dürfen. Aber es war wie ein Reflex gewesen. Sie war nicht darauf gefasst, dass Lenja sie berührte. Die Frau, die sie liebte und die völlig nackt neben ihr auf der Saunabank saß. Auf alles war sie vorbereitet, mit allem hätte sie umgehen können, aber doch nicht, dass ihre Hand sie berührte, während sie beide nackt nebeneinandersaßen. Das war zu viel!

Sie hat es mir angemerkt. Ein Gedanke, bei dem ihr ganz flau wurde. Noch während dieses Wochenendes würde Lenja es bemerken, ganz sicher. Sie würde merken, dass sie hoffnungslos in sie verliebt war und sie müsste ihr gestehen, wie lange schon und dass sie es bewusst gewollt hatte, dass ausgerechnet sie ihr Kind … Und es würde ihr peinlich sein und sie würden nach gegenseitiger Absprache das Wochenende vorzeitig abbrechen.

Alle möglichen Befürchtungen drängten sich Shahin auf, als sie mit einem Hauch von Verzweiflung die Kartoffeln aufsetzte und den Salat wusch.

Lenja ließ nicht allzu lange auf sich warten.

Sie betrat die Hütte mit den Worten: »Ich glaube, wir essen lieber drinnen. Draußen ist es jetzt zu kalt, so nach der Sauna, was meinst du?«

Shahin stimmte ihr zu.

»Dann mach ich uns mal den Kaminofen an. Wir können die Würstchen ja auch direkt hier am Feuer grillen.« Lenja hatte dazu gusseiserne, handgeschmiedete Spieße.

Auch dazu gab Shahin ihre Zustimmung. Allerdings mit verhaltener Begeisterung, wie ihr schien. Sie hatte sie also tatsächlich verletzt.

»Shahin, können wir mal miteinander reden?«, fragte Lenja.

Shahin sah sie an, ihre Hand legte das Salatbesteck zur

Seite, das sie gerade noch in der Hand gehalten hatte, sah sie einfach nur an. Abwartend.

Lenja räusperte sich. »Ich möchte mich bei dir entschuldigen. Es tut mir leid. Ich habe offensichtlich ein Problem, meine beiden Rollen auseinanderzuhalten, die ich bei dir spiele. Du bist mir zuerst in meiner Funktion der Ärztin begegnet, doch mehr und mehr habe ich dich als einen Menschen schätzen gelernt, mit dem ich meine private Zeit verbringen möchte. Wenn ich auch einen zweiten Anlauf benötigte, um dein wahres, liebenswertes Wesen zu erfassen, bist du für mich mittlerweile zu jemandem geworden, den ich nicht mehr missen möchte. Ich möchte mit dir auch befreundet sein, wenn dein Kind auf der Welt ist und du mich als Ärztin nicht mehr brauchst. Es tut mir leid, wenn ich ungefragt in deine Privatsphäre eindringe, dich anfasse, ohne dass du es mir erlaubt hattest, geschweige denn damit rechnest. Es war der Reflex der Ärztin, der sich nicht wiederholen wird. Versprochen.«

Shahin hatte sie mit immer größer werdenden Augen angesehen, hatte gewartet, bis sie zu Ende geredet hatte und dann ... dann fiel sie ihr um den Hals, schmiegte sich an sie. Für einen kurzen Augenblick fühlte Lenja überdeutlich ihren anmutigen Körper, ihren Bauch. Gerne hätte sie Shahin noch länger gehalten.

Doch sie entzog sich ihr wieder und sagte: »Das ist schon okay. Ich habe es dir nicht übel genommen.« Sie nahm das Salatbesteck wieder in die Hand. »Essen ist fertig. Du kannst den Tisch decken.«

Shahins Stimme klang wieder völlig normal und der mädchenhafte Übermut war wieder herauszuhören.

Sie grillten ihre Würste dicht nebeneinandersitzend am Kamin, aßen Kartoffeln und gemischten Salat und als Nachtisch eine Schale Erdbeeren. Die erste Ernte von der Erdbeerplantage in Kalkkinen.

Es wurde ein langer Abend, den sie beide nicht beenden wollten, indem jede in ihr eigenes Zimmer ging. Und so schlug Lenja vor: »Wie wäre es, wenn ich die Matratzen und das Bettzeug hierherhole vor den Kamin? Was spricht dagegen, hier zu schlafen?« Außer vielleicht das Fehlen eines komfortablen Bettrostes.

Shahin war begeistert, und Lenja trug, wenn es auch für sie allein etwas schwierig war, beide Matratzen vor den Kamin. Rasch schufen sie sich eine gemütliche Schlafstätte, machten sie sich bettfertig, suchten nacheinander das Huussi auf, wuschen sich die Hände, putzten die Zähne und legten sich nebeneinander in das gemeinsame Lager. Lenja legte noch zwei Holzscheite nach.

»Es ist so idyllisch hier! Lädst du uns auch noch mal ein, wenn wir zu zweit sind?« Beide Hände lagen auf ihrem Bauch.

»Ihr seid mir herzlich willkommen.«

»Es bewegt sich«, sagte Shahin plötzlich.

Und Lenja konnte die Kindesbewegungen sogar sehen, so sehr trat der Fuß des Kindes gegen die Bauchdecke. Shahin nahm ihre Hand und legte sie darauf.

Lenja war dankbar darüber. Ihre Übergriffigkeit in der Sauna war vergessen. »Hallo, Baby!«, sagte sie und drückte gegen die Beule. Die verschwand augenblicklich, um ein paar Zentimeter versetzt wieder aufzutauchen. Sie lachten beide.

Lenja hatte eine Idee. »Komm, ich lese dir etwas vor. Möchtest du?«

»Was hast du da?«

»Die Mumins.«

»Ohhh!« Shahin war entzückt.

Kein Wunder, schließlich war sie eine waschechte Finnin. Lenja holte sich die Nachttischlampe aus ihrem Zimmer und schlug das Buch auf. »Welche Geschichte?« Shahin hatte bestimmt eine Lieblingsgeschichte aus dem Buch der Mumins.

Shahin überlegte. Lange. Und als Lenja schon dachte, sie wäre vielleicht doch überfordert bei der Benennung ihrer Lieblingsgeschichte, sagte sie: » ›Die Geschichte vom unsichtbaren Kind*‹.«

Sollst du haben. Eine wunderbare Geschichte! Und Lenja begann zu lesen.

»Darf ich meinen Kopf auf deine Schulter legen?«, fragte Shahin, als sie eine Seite gelesen hatte.

»Darfst du.« Lenja legte den Arm um sie und sie kuschelte sich an sie, bettete ihren Kopf auf ihrer Schulter. Ihre Körper schienen gut zueinander zu passen, denn es war sehr bequem. So las sie weiter. Wenn es nach ihr gegangen wäre, hätte sie das gesamte Mumin-Buch in der Haltung gelesen.

Aber schon bevor die Geschichte zu Ende war, atmete Shahin ganz ruhig und gleichmäßig an ihrer Seite.

Sie war eingeschlafen.

Lenja lauschte ihrem Atem, betrachtete das Bild der schlafenden Frau, deren Wimpern so lang waren, dass sie angenommen hatte, sie seien künstlich. Sie betrachtete den feinen Schwung ihrer Augenbrauen, die perfekte Nase, die sinnlichen Lippen. Eine Frau, die im Schlaf noch mehr dem Bildnis einer Statue glich und eine Aura von Erhabenheit ausstrahlte. Es dauerte lange, bis auch Lenja zur Ruhe fand.

KAPITEL 27

*L*enja erwachte und wusste, etwas war anders.

Sie erblickte die Frau, die an ihrer Seite lag und wusste, sie war diejenige, die sie jeden Morgen sehen wollte.

Wäre sie nicht in der fünfunddreißigsten Schwangerschaftswoche mit dem Risiko zu vorzeitigen Wehen, hätte sie gestern Abend die Initiative ergriffen, um mit ihr zu schlafen.

Shahin.

Die Frau, die keine dauerhafte Beziehung eingehen wollte. Oder änderte sich das noch, wenn erst einmal ihr Kind auf der Welt war? Vielleicht ließ sie sich irgendwann von den Vorzügen einer soliden Paarbeziehung überzeugen. Hätte sie eine Chance bei ihr? Oder würde sie sich auch auf etwas mit ihr einlassen, wie Yrjö es bei ihr getan hatte? Nur Freundschaft, weil mehr nicht denkbar war? Oder gar eine erotische Beziehung in dem Wissen, eine von mehreren zu sein?

Ja, sie würde sich darauf einlassen. Sie würde alles tun, um ihr nahe zu sein. Wann hatte sie eigentlich angefangen, alle ihre Vorsätze über Bord zu werfen?

Und dann hatte sie das Bild ihrer ersten Begegnung vor

Augen. Paula, wie sie Shahin als ihre neue Kollegin vorstellte. Es war zu der Zeit, als sie sich noch regelmäßig mit Ayasha getroffen hatte. Sie hatte Shahin kaum wahrgenommen. Für sie war sie nur eine aufgehübschte Frau, die sich den nächstbesten Arzt angeln wollte. Ihr Kollege verfiel ihr auch prompt. Das war für sie damals Beweis genug. Vor lauter Vorurteilen hatte sie jeglichen Hinweis auf Shahins Lesbischsein übersehen.

Nun lag sie neben ihr, erwartete das Kind, das sie entbinden würde.

Sie freute sich darauf.

SHAHIN BEGANN, sich zu regen. Lenja schaute auf die Uhr. Draußen war es längst hell, aber noch zu früh zum Aufstehen. So lauschte Shahins Atmen.

Der Tag würde so schnell vergehen wie der vorige, deshalb flüsterte sie erst, als Shahin sich bewegte: »Ich mach uns mal Kaffee.«

Eine vorsorgliche Warnung. Sie würde Geräusche verursachen.

Shahin rekelte sich auf der Matratze, kaum dass Lenja den Wasserkocher anstellte und den Papierfilter in die Keramikform steckte.

»Guten Morgen.« Shahin fuhr sich über die Augen, lächelte verschlafen und Lenja fühlte beinahe schmerzlich, wie sehr sie ihren Anblick liebte.

»Gibt es Kaffee im Bett?«, fragte sie, setzte sich auf, besann sich sofort anders. »Oh, ich muss mal dringend.«

Für eine Schwangere in fortgeschrittenem Stadium stand sie sehr behände auf und verließ die Hütte, kehrte kurz darauf zurück, um sich wieder unter die Decke zu kuscheln. »Wo bleibt meine Tasse?«

Lenja goss ihnen beiden ein. Der Topf mit Brei stand

schon auf dem Herd, köchelte bei kleiner Flamme vor sich hin.

Sie frühstückten in ihrem Matratzenlager und Lenja konnte dem einiges mehr abgewinnen als einem Frühstück draußen am Tisch. Mit Shahin nahm der sonst so vertraute Tagesablauf ganz andere Gestalt an.

»Wollen wir einen kleinen Spaziergang machen nach dem Frühstück oder eine Runde mit dem Boot drehen?«

»Boot fahren«, sagte Shahin so rasch, dass Lenja auflachte.

Diesmal fuhren sie in die andere Richtung, an Kalkkinen vorbei, durch die Schleuse Richtung Lahti und Shahin konnte nicht genug bekommen.

Zu Mittag aßen sie unterwegs und Lenja dachte an ihre vielen Vorräte im Kühlschrank. Aber die könnte man auch einfrieren. Den Nachmittag verbrachten sie wieder zu Hause in einer Doppel-Hängematte und Lenja las weitere Geschichten aus dem Mumin-Buch.

Sie wussten beide: die Zeit lief davon. Also genossen sie jede Minute, bis der Aufbruch nicht länger hinauszuzögern war.

»Wir müssen. Leider.« Lenja straffte sich, versuchte ohne viel zu schaukeln aus der Hängematte zu kommen, half auch Shahin beim Aussteigen.

Dann packten sie beinahe schweigend.

Ganz vorsichtig fuhren sie den Weg zurück, den sie gekommen waren. Lenja gab erst richtig Gas, als die Straße breiter wurde.

OBWOHL SIE SEHR VORSICHTIG FUHR, empfand Shahin die Fahrt zurück als sehr anstrengend. Vielleicht lag es daran, dass es die Heimreise war und die schönen Stunden mit Lenja definitiv vorüber waren. Und vielleicht hatte sie sich beim Aussteigen aus der Hängematte den Ischiasnerv unglücklich irritiert, denn sie spürte ein unangenehmes Ziehen im Rücken und sehnte sich danach, sich hinzulegen. Sie würde eine Ruhepause einlegen, sobald sie in ihrer Wohnung war.

Lenja redete, wie sie auch, nicht viel auf der Heimfahrt. Zum Abschied schloss Lenja sie in die Arme.

»Wir sehen uns.«

Eine knappe Abschiedsfloskel, doch ihre Stimme klang sehr zärtlich. »Es waren zwei sehr schöne Tage mit dir. Vielen Dank. Melde dich, wenn irgendetwas sein sollte.«

Shahin versprach es, zögerte den Abschied nicht länger heraus.

»Bis bald.«

Sie winkte ihr noch einmal zu und zog den Rucksacktrolley hinter sich her, den sie extra für dieses Wochenende gekauft hatte. Nun war das Wochenende vorbei, auf das sie sich so lange gefreut hatte. Aber es war schön und hatte all ihre Erwartungen und Hoffnungen übertroffen.

Auf der Heimfahrt war Lenja tief in Gedanken versunken, übersah beinahe ein Auto, das von links kam, und rief sich zur Ordnung. Zu Hause hätte sie noch genügend Zeit, sich über alles Gedanken zu machen. Als sie ankam, packte sie lustlos ihren Kofferraum aus, warf alles achtlos in den Hausflur, versorgte lediglich die Nahrungsmittel, damit sie nicht verdarben. Dann stellte sie das Handy auf Flugmodus, zündete sich den Kaminofen an, nahm sich ein Bier und setzte sich davor.

Nirgendwo auf der Welt konnte man besser nachdenken als beim Anblick eines brennenden Feuers. Und jetzt musste sie nachdenken.

Gründlich nachdenken. Über ihr Leben, ihre Wünsche und Ziele und über den Mut, den sie dazu brauchte, diese zu verwirklichen.

SHAHINS SCHMERZEN WURDEN AUCH beim Liegen nicht besser. Immer wieder fuhr ihr ein stechender Schmerz in den Rücken, um etwas später wieder abzuebben. Ob sie sich gar verkühlt hatte gestern beim Schwimmen? Schließlich war sie das kalte Wasser nicht mehr gewohnt, hatte die letzten Monate fast nur in geschlossenen Räumen verbracht. Sie überlegte, ein Schmerzmittel zu nehmen, sah aber des Kindes wegen davon ab, legte sich eine Wärmflasche auf die betroffene Stelle, rieb sich mit Muskeltonikum ein.

Aber nichts half. Im Gegenteil. Nachdem die Schmerzen immer schlimmer wurden und an Nachtschlaf nicht zu denken war, rief sie in ihrer Not Lenja an. Die ging nicht ans Telefon, also wählte sie Paulas Nummer.

»Tut mir leid, wenn ich dich noch so spät störe, aber ich habe Schmerzen, ich muss mich verkühlt haben. Welches Mittel darf ich denn nehmen, ohne das Kind zu gefährden?«

Paula ließ sich die Art ihres Schmerzes genau erklären, hörte sich Shahins Vermutung mit der Hängematte und dem kalten Wasser geduldig an, um dann letztendlich zu sagen: »Schätzchen, du hast Wehen. Mach, dass du rüberkommst auf Station!«

»Was? Das kann doch nicht sein!«, war Shahins erste Reaktion. Sie bekam Angst. »Ich bin erst in der fünfunddreißigsten Woche!«

»Das soll vorkommen. Soll ich vorbeikommen und dich begleiten?«

»Nein, nein«, lehnte Shahin ab. Sie wollte Paulas Sonntagabend nicht noch mehr in Anspruch nehmen. Bestimmt läge sie auch schon im Bett, auch wenn sie es nicht zugegeben hatte. Also beruhigte sie Paula: »Ich ruf Lenja an, kein Problem.«

Sie legten auf.

Lenja nahm nicht ab. *Lenja, wo bist du?* Kurz überlegte sie, eine E-Mail zu schreiben, aber es fehlte ihr die Ruhe, den Laptop hochzufahren.

Ella fiel ihr ein. Sie wollte sie begleiten. Aber sie hatten noch keinen einzigen Abend miteinander in der Schwangerschaftsvorbereitungsgruppe verbracht. Die begänne doch erst am Dienstag. Alles viel zu früh, dachte sie immer wieder, packte rasch ein paar Sachen zusammen. Was würde sie benötigen? Auf die Schnelle fiel ihr nichts ein. Geistesgegenwärtig schnappte sie sich ihren Mutterpass und ihren Geldbeutel mit ihrer Versichertenkarte und lief allein hinüber ins Krankenhaus. Zwischendurch musste sie immer wieder stehen bleiben.

Lenja, dachte sie jedes Mal, wenn sie es nicht mehr aushielt vor Schmerz. *Lenja, wo bist du?*

Shahin war gottfroh, als sie endlich die Tür der gynäkologischen Abteilung vor Augen hatte. Sie drückte auf den Türöffner, es erklang ein lautes Summen und sie sah direkt in das vertraute Gesicht ihrer erfahrenen Kollegin Ann-Maarit, die durch das Geräusch zu ihr umwandte.

Beinahe hätte Shahin geweint vor Erleichterung. »Ich glaube, es geht los bei mir.« Das war alles, was sie sagte und ließ sich in die Fürsorge ihrer Kollegin fallen.

Routinemäßig stellte Ann-Maarit ihr einige Fragen, während sie Shahin zu einem anderen Bereich begleitete, sie aufforderte, auf einem breiten, verstellbaren Bett Platz zu nehmen und sich auszuziehen. Es war ein überbreites Bett, das auch einem Partner noch genügend Raum ließ.

»Seit wann hast du Wehen?«

»Seit heute Abend.«

»In welchem Abstand zuletzt?«

»Zehn Minuten. Vielleicht. Keine Ahnung.«

Die Hebamme nickte zu allem, sah offensichtlich keinen Weltuntergang darin, dass das Kind jetzt schon kommen wollte. Shahin hatte eher den Eindruck, als hätte sie sowieso damit gerechnet. Dann fragte sie: »Wo ist Lenja?«

»Ich kann sie nicht erreichen. Bei ihrem Handy geht nur die Mailbox dran.«

Ann-Maarit beruhigte sie auf ganz liebevolle Art und Weise. Sie streichelte sanft über ihren Bauch, als sie sie an den Wehenschreiber schloss. Unmittelbar darauf erklangen die Herztöne des Kindes. Ein schnelles, lautes Schlagen.

»Das werden wir schon hinkriegen. Wir rufen bei ihr an. Keine Sorge.«

Die Hebamme sprach weiter ruhig und besänftigend auf sie ein, während ihr Blick dem ausschlagenden Zeiger des Wehenschreibers folgte, der wilde Zacken auf ein Papier kritzelte und es in langen Bahnen ausspuckte. Ann-Maarit zog sich ein Paar Handschuhe über.

»Darf ich mal sehen, wie weit du bist?«

Ihre Finger ertasteten Shahins Muttermund. Dann begrüßte sie eine herbeieilende Kollegin von der Wöchnerinnenstation, wann auch immer sie sie herbeigerufen hatte. Shahin kannte sie noch nicht, sie musste neu sein. Sie hatte eine angenehme Stimme, fiel ihr auf, als die Neue per Diensthandy den diensthabenden Arzt anrief. »Kommst du? Bei Shahin Gelavêj ist es so weit.«

Nein, hätte Shahin am liebsten geschrien. *Nein! Lenja ist noch nicht da.* Die nächste Wehe löste Verzweiflung in ihr aus. Wie sollte sie es ohne sie schaffen?

Der Arzt kam. Er tauscht ein paar Wort mit der Hebamme, die sie nicht verstand. Dann wandte er sich lächelnd an sie. »Das werden wir schon hinkriegen. Möchtest du eine Periduralanästhesie?«, fragte er.

»Nein.« Shahin würde den Schmerz aushalten. »Habt ihr Lenja erreicht?«

»Noch nicht, aber wir versuchen es weiterhin.«

Dann überrollte sie eine Wehe, die so mächtig war, dass sie aufschrie. Die Kollegin der Wöchnerinnenstation zog nun ihre Schuhe aus, stieg zu ihr aufs Bett, positionierte sich hinter ihren Rücken, stützte sie. »Ich helfe dir. Das schaffst du schon.«

Lenja, wo bist du? Tränen liefen über ihr Gesicht. Vor Schmerz und Enttäuschung.

* * *

LENJA LIESS DAS KAMINFEUER AUSGEHEN, trug ihre leere Bierflasche in die Küche, schaltete im Wohnzimmer das Licht aus, begab sich nach oben, ging ins Bad, putzte ihre Zähne und zog sich aus.

Minuten später kuschelte sie sich in ihr Bett. Morgen ginge wieder eine arbeitsreiche Woche von vorne los. Aber das machte nichts. Schließlich arbeitete sie gerne und wer weiß, vielleicht meldete sich Shahin ja auch mal zwischendurch.

Mittlerweile stand ihr Entschluss fest. Wenn das Kind da war, würde sie sie fragen, ob sie sich auch mehr vorstellen könnte mit ihr als nur Freundschaft. Vielleicht würde sie als Mutter ihre Meinung auch ändern, und die Vorzüge einer verlässlichen Partnerschaft erkennen. Als sie schon fast weggedämmert war, fiel ihr das Handy ein. Es befand sich noch im Flugmodus. Ob sie sich nun aufraffte und es umschaltet? Das reichte auch morgen noch. Was sollte heute noch passieren? Sogar Shahin ging es gut und sie war ja erst in der fünfunddreißigsten Woche.

Letztendlich raffte sie sich aber doch auf, weil sie nichts riskieren wollte, ging die Treppen hinunter, nahm ihr Handy, schaltete den Flugmodus auf Off und ging damit wieder nach oben. Bevor sie noch die oberste Treppenstufe erreicht hatte, hatte ihr Handy bereits dreimal gepiepst und es piepste noch öfter.

Lenja erschrak, als sie begriff, dass etwas passiert sein musste.

Sie hörte ihre Mailbox ab, vernahm Shahins Stimme, die über Schmerzen klagte und fragte, was für Schmerzmittel dem Ungeborenen zumutbar seien.

Schuldgefühle überkamen sie. Sie hatte das Handy abgestellt, nur um in Ruhe nachdenken zu können, während Shahin ihre Hilfe gebraucht hätte. Eine weitere Nachricht war eingegangen, zwei Stunden später, sie ginge nun rüber ins Krankenhaus, Paula vermutete, es könnten Wehen sein.

Lenja wurde ganz schlecht. Sie legte das Handy auf die Kommode, stellte es auf maximale Lautstärke. Während die weiteren sechs Aufnahmen ihrer Mailbox erklangen, zog sie sich bereits an, rannte die Treppen hinab. Sie schnappte sich alles, was sie brauchte, fand ihren Geldbeutel nicht, egal, Hauptsache, sie hatte ihren Führerschein, nein, sie brauchte ihren Geldbeutel, da war die Karte für das Parkhaus drin, wenn sie mit dem Auto bis zu den vordersten Stellplätzen fahren wollte. Sie suchte ihn verzweifelt, fand ihn letztendlich in einer der Taschen, die sie dabei hatte, indem sie den gesamten Inhalt im Flur ausleerte.

Fluchtartig verließ Lenja ihr Haus, fuhr mit quietschenden Reifen davon, raste in die Klinik, ohne sich um Geschwindigkeitsbeschränkungen zu scheren.

Ich habe versagt!, sagte sie sich. Wenn Shahin sie brauchte, war sie nicht zu erreichen. Das durfte ja nicht wahr sein! Sie verfluchte sich selbst wegen ihrer Dummheit. Aber es ging ihr doch gut! Woher die plötzlichen Wehen? Jetzt brachte jemand anderes Shahins Kind zur Welt. Dabei war sie doch ihre Belegärztin. Aber vielleicht hatte sie ja auch Glück und der Geburtsvorgang war noch nicht weit fortgeschritten und sie konnte übernehmen und ihren Kollegen fortschicken. Wer hatte heute wohl Dienst? Egal. Sie würde auf jeden Fall übernehmen. Shahin Gelavêj war ihre Patientin.

Ihre Hände zitterten, als sie ihren Parkausweis an das Lesegerät hielt. Die Schranke schwenkte auf und Lenja fuhr bis ganz nach vorne, stellte sich auf den vordersten Parkplatz, egal, für wen der reserviert war.

Bitte Herrgott, lass mich noch rechtzeitig kommen!

Der Aufzug stellte ihre Geduld auf eine harte Probe, aber zu Fuß hätte es noch länger gedauert.

* * *

Shahin schrie auf.

Dass es so schmerzhaft wäre, hätte sie niemals gedacht.

Sie hörte Ann-Maarit sagen: »Du musst pressen, Shahin, nicht die Wehen veratmen.«

Sie hatte es ihr nun mehrfach erklärt. Sie wusste schließlich, dass Shahin nicht die Chance gehabt hatte, auch nur einen einzigen Termin des Vorbereitungskurses wahrzunehmen.

Die Kollegin, die sie von hinten hielt und deren Arme sie fest umschlossen, redete ebenfalls auf sie ein. »Hör auf sie, Shahin. Wenn du eine Wehe hast, dann press!«

»Versuch ich doch«, sagte Shahin verzweifelt. Sie schaffte es einfach nicht es auszuhalten. Der Schmerz wurde dadurch so höllisch, so unerträglich.

Der diensthabende Arzt hatte inzwischen Einsicht in die Patientenakte genommen, die Zeit dazu hatte er. Frau Gelavêj hatte viele Wochen bei ihnen auf Station wegen vorzeitiger Wehen verbracht. Durch strikte Bettruhe, hochdosiertes Magnesium und wehenhemmende Mittel hatte man alles ganz gut in den Griff bekommen. Die Portio hatte sich zwischendurch sogar wieder auf die normale Länge zurückentwickelt. Bei ihrem heutigen Eintreffen im Kreißsaal war ihr Muttermund bereits vollständig geöffnet gewesen und die ersten Presswehen hatten rasch eingesetzt. Die Blase war mittlerweile gesprungen. Er schätzte das Gewicht des Kindes nach den bisherigen Ultraschallaufnahmen auf über zweitausend Gramm. Die Presswehen kamen beinahe im Zwei-Minuten-Takt, trotzdem ging es nicht so recht voran. Sicher war Frau Gelavêj eine Erstgebärende und sie hatte ein schmales Becken, dazu noch keinerlei Übung in der richtigen Technik des Pressens. Trotzdem hatte er den Eindruck, dass sie nicht richtig mitmachte, aber er überließ es der Hebamme, ihre Patientin zum richtigen Atmen und Pressen anzuleiten. Es brachte nichts, wenn alle auf sie einredeten.

Die Hebamme sagte, nachdem die Wehe verebbt war und Shahin wirklich ihr Bestes gegeben hatte: »Jetzt ist es wieder zurückgerutscht.« So langsam wurde sie ungeduldig. Shahin hörte es an ihrem Tonfall. Tränen rannen aus ihren Augen, vermischten sich mit ihrem Schweiß, der ihr Haar ins Gesicht klebte. Ihre Beine zitterten vor Schwäche und Schmerz und aus dem Lautsprecher des Wehenschreibers klang dumpf der Herzschlag ihres Kindes. Er war langsamer geworden. Die Hebamme stellte den Ton leiser.

»Es wird Zeit, dass wir vorankommen«, hörte sie den Arzt sagen, als er einen Blick auf die Papierbahn warf, die der Schreiber ausspuckte. Ann-Maarit begann von Neuem, sie zu instruieren, was sie tun sollte, wenn die nächste Wehe käme.

Das zischende Geräusch der sich öffnenden Tür des Kreißsaals war zu vernehmen.

Oh Allah, lass es Lenja sein! Noch nie hatte sie etwas verzweifelter gehofft.

»Shahin!«

Lenja! Vor Erleichterung rief sie schluchzend ihren Namen. »Lenja!«

* * *

»LENJA!«

Lenjas Herz rutschte irgendwohin ins Bodenlose, so verzweifelt wie sie ihren Namen rief. *Verzeih mir! Ich bin zu spät!,* wollte sie am liebsten schreien.

Sie erfasste die Situation mit einem Blick. Das Gefühl der Erleichterung darüber, dass das Kind noch nicht da war, wich der Sorge, dass Shahin offenbar nicht vorankam.

Sie eilte zu ihr, schloss sie in die Arme, küsste ihre schweißnasse Stirn, streichelte ihr Gesicht. »Ich bin da, beruhig dich. Ich bin da.«

»Das Kind. Es kommt schon!« Shahin klammerte sich so verzweifelt an sie, dass Lenja ganz flau im Magen wurde.

»Soll es kommen. Das macht nichts. Es ist reif genug.« Sie sagte es so überzeugt, als könnte sie es sowieso nicht verstehen, warum es Frauen gab, die ihre Kinder erst nach neun Monaten zur Welt brachten.

Shahin ließ sie nicht mehr los. Ihre Hand hielt ihren Unterarm so fest, dass es ihr wehtat. Eine Wehe rollte an. Ann-Maarit wies sie nur halbherzig an, was zu tun sei, ließ es zu, dass Shahin die Wehe veratmete. Der diensthabende Arzt brachte Lenja mit knappen Worten auf den Stand der Dinge, zeigte ihr den Ausdruck des Schreibers. Sie nickte. Es wurde Zeit.

Ann-Maarit wies unauffällig auf die Schere, die vor ihr auf dem Tablett lag. Lenja verstand ihre stumme Frage. Sie schüttelte den Kopf. *Nein, jetzt noch nicht schneiden. Wir probieren es erst so.* Der Diensthabende nickte. Merkwürdigerweise verlor er kein Wort darüber, dass sie ihn nicht ablöste, sondern es vorzog, sich hinter die Patientin zu begeben und sie zu unterstützen. Und die Schwester, die Shahin bisher den Rücken gestärkt hatte, machte ihr Platz. Lenja fand keine Zeit sich darüber zu wundern.

Die nächste Wehe kündigte sich an. Lenja umschloss Shahin ganz fest von hinten, bettete ihren Oberkörper halb auf ihre Oberschenkel. Bestimmt konnte sie das aufgeregte Klopfen ihres Herzens in ihrem Rücken fühlen.

»Wir schaffen das gemeinsam«, flüsterte sie Shahin ins Ohr.

»Lenja, ich wollte dir noch … «

Shahin brachte ihren Satz nicht zu Ende, bäumte sich auf vor Schmerz.

»Pressen!«, hörten sie Ann-Maarit.

»Wir haben später noch alle Zeit zum Reden. Bring erst das Kind zur Welt«, zischte Lenja.

Shahin presste. Aber nicht richtig.

»Nicht in den Kopf, Shahin. Nicht in den Kopf. Presse nach unten. Press in den Bauch. Drück es heraus.« Lenja wurde jetzt erst bewusst, dass Shahin keine einzige Stunde zur Geburtsvorbereitung absolviert hatte.

»Es tut so weh. Es tut so verdammt weh. Ich schaff es nicht.« Shahins Beine zitterten vor Schwäche, als die Wehe vorüber war. Lenja blickte zu Ann-Maarit. Die nahm nun demonstrativ die Schere in die Hand.

»Lenja, das Kind … ich wollte so sehr, es wäre …«, begann Shahin wieder.

Und da erst begriff Lenja, was ihr so wichtig war, dass sie es unbedingt noch sagen wollte.

Ihre Lippen fanden ganz nah zu ihrem Ohr. »Ein Wort von dir und es ist unser gemeinsames Kind, Shahin.« Ihre Hand strich zärtlich über ihr Haar, küssten es.

Shahin weinte und lachte gleichzeitig, wollte etwas antworten, doch die nächste Wehe rollte an.

»Atmen, atmen. Tief einatmen in den Bauch. Jetzt pressen, Shahin, presseeeeen.« Ann-Maarits Stimme hallte durch den Kreißsaal.

»Verbünde dich mit dem Schmerz, mein Schatz. Lass dich fallen in ihn, wehre dich nicht dagegen. Es ist der sinnvollste Schmerz, den es gibt«, redete Lenja auf sie ein.

Ihre Worte zeigten Wirkung.

Shahin schrie auf, ein Zittern ging durch ihren Körper. Lenja wurde ganz schlecht. So viele Geburten hatte sie mittlerweile mitbekommen, so viele Kinder entbunden. Jetzt wurde ihr übel und sie schien Shahins Schmerzen an ihrem eigenen Körper fühlen zu können.

»Ich kann sein Köpfchen sehen«, jubelte Ann-Maarit. »Noch ein paarmal pressen und ich habe ihn.«

»Ich kann nicht mehr!«, keuchte Shahin. Das Zittern ihrer Beine nahm zu.

»Natürlich kannst du. Komm. Beim nächsten Mal. Das schaffst du. Gleich ist er da.« Lenja sprach zum ersten Mal von ihm. Sie wusste sein Geschlecht schon lange, hatte es recht früh erkannt.

Shahin bemerkte es. Sie lachte auf. Nur ganz kurz. Dann kehrte der Schmerz zurück und sie tat genau das, was Ann-Maarit gesagt hatte. Die Hand der Ärztin lag nun auf ihrem Bauch, sie konnte die Wehe ebenfalls fühlen und sie feuerte Shahin an.

Nach einer weiteren Wehe rief die Hebamme erfreut: »Ich habe ihn, ich habe sein Köpfchen.«

Sie hielt ihn und bei dem letzten Aufschrei seiner Mutter, einem letzten Aufbäumen unter Schmerzen, brachte sie auch den Rest seines kleinen Körpers auf die Welt und Lenja war es, als hätte sie ihn mitgeboren. Alles tat ihr weh und ihr Gesicht war nass von ihren Tränen.

Ann-Maarit legte das kleine, zierliche, mit Käseschmiere überzogene Bündel auf Shahins Bauch, und beiden Frauen war es, als hätten sie noch nie ein schöneres Kind gesehen. Augenblicklich legten sich die Hände der Mutter schützend auf es und nicht nur die. Lenjas Hand fand dazu und gemeinsam blickten sie auf den kleinen Kerl, der sichtlich erschöpft, aber ganz zufrieden seine Mutter ansah.

»Er hat die Augen seiner Mutter«, hauchte Lenja andächtig.

Shahin Augen waren erfüllt von Dankbarkeit und purem Glück. Ihr tränennasses Gesicht wandte sich Lenja zu und ihre Lippen fanden sich zu einem ersten Kuss.

Ann-Maarit klemmte die Nabelschnur ab, drückte Lenja die Schere in die Hand, die nicht zögerte und sie durchtrennte.

»Herzlichen Glückwunsch!«, sagte sie. Und sie sagte es zu Lenja nicht weniger als zu Shahin. Lenja wunderte sich nicht mehr darüber. Etwas war ihr längst aus der Hand geglitten.

So hörte sie gelassen die Bemerkung ihres Kollegen: »Ich könnte meine eigene Frau auch nicht entbinden. Ich glaube, mir würde schlecht werden dabei.« Dann klopfte er ihr auf die Schulter und beglückwünschte sie zu ihrem Sohn, wie er es zuvor bei Shahin getan hatte.

»Die Nachgeburt kann ich dir überlassen, oder?«, fragte er schon mehr oder weniger auf dem Sprung.

»Ja, mach ich. Du kannst ruhig schon gehen.«

Als sie für einen ersten Moment allein waren, sagte Lenja leise wie zu sich selbst: »Ich habe also ein Kind und ich habe eine Frau.« Und sie sah Shahin dabei an.

Die strahlte obwohl sie völlig erschöpft war.

Die Hebamme kehrte in den Raum zurück, während beide sich wieder küssten.

Doch weitere Wehen kamen. Shahin presste die Nachgeburt heraus, versuchte tapfer, ein schmerzvolles Aufstöhnen zu unterdrücken. Lenja hielt sie fest dabei. Die Ärztin prüfte die Vollständigkeit des Mutterkuchens und überließ die Plazenta der Hebamme. Dann entsorgte sie die über und über besudelten Unterlagen, wusch Shahins Beine und ihren Bauch. Sie konnte den Anblick des vielen Blutes kaum ertragen.

NACH DEN ERSTEN GEMEINSAMEN STUNDEN, die sie allein verbringen durften, brachten sie Shahin auf die Wöchnerinnenabteilung.

Eine Schwester bot ihr an, beim Duschen zu helfen.

»Geht schon, danke.«

Lenja half ihr dabei aus Sorge, ihr Kreislauf würde dem Vorhaben nicht gewachsen sein. Doch es ging ohne Weiteres, und wieder staunte Lenja, wie rasch sich eine Frau von den Strapazen einer Geburt erholte. Als sie die junge Mutter sicher im Bett wusste, nahm sie das Kind an sich, zum ersten Mal. Sein Geburtsgewicht betrug fast zweieinhalb Kilo. Das war für eine Frühgeburt ein guter Wert. Sie legte ihn behutsam auf den Wickeltisch und begann, ihn ganz vorsichtig zu untersuchen.

»So, mein Süßer. Das hast du wunderbar gemacht und deine Mama auch.« Sie wärmte das Stethoskop in ihren Händen, bevor sie es auf die kleine Brust drückte, um seine Herztöne zu hören. Und dann gingen ihre Hände routiniert vor, prüften alle seine Vitalzeichen und Reflexe. Sie war sehr zufrieden und erleichtert.

Für dich bin ich also verantwortlich, du kleiner Wurm. Dich werde ich ein Stück weit durchs Leben begleiten. Wie offiziell ich das darf, liegt an deiner Mutter.

Das Gefühl tiefer Dankbarkeit überkam sie. Sie zog ihm eine Windel an und den kleinsten Strampler, den es in der Klinik gab, dazu ein Jäckchen und eine Baumwollmütze, damit er nicht zu viel Wärme über den Kopf verlor. Dann brachte sie ihn seiner Mutter zurück, die ihn zum ersten Mal anlegte. Und tatsächlich, der Kleine saugte ein paarmal richtig gut, bevor er selig nuckelte und einschlief. Aber immerhin, er hatte bewiesen, dass er es konnte.

Shahin sah sie an. »Ich bin die erste Frau, die im Kreißsaal nicht nur ein Kind, sondern auch die Frau ihres Lebens bekommen hat. Weißt du das eigentlich?« Ihr Blick war ungewöhnlich ernst.

Lenja Herz begann augenblicklich zu hämmern. Jetzt waren sie bei dem Thema, das sie als Nächstes angeschnitten hätte.

Aber Shahin brauchte keine Aufforderung zum Reden. Sie tat es ganz von selbst. Und sie redete viel. Aufgepeitscht durch ihre Glückshormone und die ganze innere Umstellung in ihrem Körper. Aber Lenja fühlte sich genauso. Mit jedem weiteren Satz, den Shahin von sich gab.

Als die Nacht weit fortgeschritten war, drängte sie Shahin, noch ein paar Stunden zu schlafen. Für Lenja war mit größter Selbstverständlichkeit eine Liege ins Zimmer gebracht worden. Der Kleine lag zufrieden bei seiner Mutter.

Für zwei Stunden gab sich Lenja einem kurzen Schlaf hin, dann rief sie im Gesundheitszentrum an, meldete, dass es ihr heute nicht möglich war zu kommen, ihre Partnerin hatte heute Nacht ihr gemeinsames Kind zur Welt gebracht. Es fühlte sich gut an, wie sie es sagte, und es entsprach der Wahrheit.

Sie stellte sich vor, was Helena sagen würde, wenn sie das Band abhörte, um halb acht. ›Davon habe ich ja gar nichts gewusst!‹, würde sie empört ausrufen.

Aber wie sollte sie das auch?

Lenja selbst hatte es bis vor Kurzem noch nicht gewusst.

Leise schlich sie ins Patientenzimmer zurück. Als Shahin

aufwachte, fragte sie sie als Erstes: »Sollen wir deinen Eltern nicht Bescheid geben?«

»Klar. Rufst du an?«

Lenja nickte, stellte ihr noch eine zweite Frage. »Wie heißt er eigentlich?«

»Lukas, wenn dir das auch gefällt.«

»Wunderschön.«

KAPITEL 28

$\mathcal{V}$ater und Mutter Gelavêj trafen ein, kaum dass Shahin ihr Frühstück beendet hatte. Lenja hatte ihre eigene Liege zusammengeklappt und war zum Duschen und Umziehen nach Hause gegangen.

Im Hausflur fand sie das Chaos vor, das sie gestern hinterlassen hatte. War das erst gestern gewesen? Es erschien ihr, als seien schon Wochen seitdem vergangen.

Sie sammelte alles auf, was auf dem Boden lag und räumte es an seinen Platz. Dann duschte sie, zog sich um, aß zwei Brote, bevor sie wieder ins Krankenhaus fuhr. Kaffee gäbe es dort zur Genüge, außerdem hatte sie Shahin versprochen, rasch wiederzukehren, damit sie ihre Eltern noch anträfe.

Mitarbeiter, die ihr auf dem Gang zur gynäkologischen Abteilung begegneten, blieben stehen, grüßten sie und gratulierten ihr zu ihrem Kind. Lenja bedankte sich herzlich. Ihr Kind? Wie selbstverständlich war den Kollegen ihre Beziehung zu Shahin eigentlich schon vorher gewesen?

. . .

Familie Gelavêj war heute Morgen fast komplett angetreten. Vater, Mutter, Großmutter. Der Hund fehlte. Alle drei begrüßten Lenja sehr freundlich und zuvorkommend. Herr Gelavêj bot ihr seinen Stuhl an, was Lenja dankend ablehnte. Sie setzte sich zu Shahin an die Bettkante.

Großmutter wandte sich an Lenja, hielt ihre Hände fest, schenkte auch ihr einen Segen und für das Kind, wünschte ihnen alles Gute.

Beide Eltern registrierten es peinlich berührt, trauten sich aber nicht, weiter nachzufragen.

Sicher rätselten sie schon seit einiger Zeit, ob das Kind nun der Wunsch ihrer Tochter war oder der Wunsch beider Frauen.

Für Großmutter hingegen stand fest, dass der kleine Junge ein Produkt ihrer Liebe war. »Ein Kind hat immer zwei Eltern. Von allein kommt es nicht. Zwei Menschen haben sich in Liebe dafür entschieden.« Sie nickte weise und lächelte.

Und zur Überraschung der anderen Anwesenden gab Shahin ihr ganz und gar recht. »Ja, Großmutter. Genauso ist es.« Mit Blick auf Lenja sagte sie: »Hattest du nicht von Anfang an gesagt, es sei besser, wenn zwei Erwachsene die Verantwortung für ein Kind übernehmen?« Ihr Lächeln sprach Bände und Lenja nahm ihr Angebot dankbar an.

»Es war schon immer mein Reden.«

Mutter Gelavêj erhob sich als Erste, fiel Lenja um den Hals, küsste sie auf die rechte, dann auf die linke und dann wieder auf die rechte Wange. Dabei redete sie so schnell und so viel, dass Lenja fast nichts davon verstehen konnte, außer dass sie sie in ihrer Familie willkommen hieße und Vater Gelavêj tat im Anschluss dasselbe. Großmutter, die alles beobachtet hatte, nahm Lenjas Gesicht in beide Hände und küsste sie mit ihrem zahnlosen Mund auf die Stirn.

Shahin kommentierte es lachend.

Die Schwester betrat das Zimmer, verwundert über das Durcheinander, fragte an, ob jemand Kaffee haben wollte.

Alle sagten ja, sogar Großmutter sagte ja. Auf Finnisch: Kyllä.

HELENA BESCHWERTE sich bei Lenja am nächsten Tag tatsächlich darüber, dass sie nichts von all dem gewusst hatte. Aber natürlich erst, nachdem sie ihr herzlich gratuliert hatte. »Ich wusste ja gar nicht, dass du auf Frauen stehst! Ich dachte immer, du …«

»Ich muss damit ja nicht hausieren gehen. Es ist meine Privatangelegenheit.«

»Natürlich. Ich dachte ja nur, warum hast du denn nicht früher wenigsten einmal etwas erwähnt, dass Shahin Gelavêj deine feste Freundin ist? Dann hätten wir uns besser darauf einstellen können. Das war ganz schön stressig gestern.«

»Es kam fünf Wochen zu früh«, war alles, was Lenja daraufhin sagte. Lieber ließ sie sich mangelnde Kollegialität unterstellen, bevor sie zugeben müsste: ›Ich wusste auch nichts davon. Bis gestern.‹

Die Kollegen freuten sich mit ihr. Waren zwar überrascht, freuten sich aber ausnahmslos.

»Ist es ein Junge oder ein Mädchen? Wie heißt es denn?«

»Ein Junge. Er heißt Lukas«, sagte Lenja, »genauer gesagt Eero-Lukas.«

Shahin hatte sich Lukas als Namen ausgesucht und nachdem sie erfahren hatte, dass Lenjas Opa Eero geheißen hatte, war sie nicht mehr davon abzubringen gewesen, ihren Sohn Eero-Lukas zu nennen. Sie hatte wirklich etwas von dem Temperament ihrer Mutter.

.   .   .

FÜR LENJA BEGANN eine Zeit des Organisierens und Planens. Alles war plötzlich anders.

Shahin würde noch eine Woche im Krankenhaus bleiben. Das war ganz gut so. Für den Start zu Hause hatte sie sich für die Willkommensbox entschieden und nicht für das Geld. Finnland spendierte seinen neugebackenen Müttern eine Willkommensbox. Darin befanden sich Kleider für das Neugeborene, Sommer- wie Winterausstattung, Hygieneartikel, alles was man in den ersten Wochen und Monaten benötigte. Der Karton selbst konnte als erstes Bettchen verwendet werden. Eine Schaumstoffmatratze befand sich darin und ein weiches Schafsfell.

Wie sollte nun alles weitergehen?

Wollte Shahin mit dem Kind in ihrer Wohnung bleiben oder zöge sie zu Lenja? Ließen sich beide darauf ein, so von null auf hundert? Hielt das eine Beziehung aus? Ja, das würde sie. Lenja war überzeugt davon.

»Bitte«, flehte sie, »tu mir die Freude und zieh bei mir ein. Gleich im Anschluss an das Krankenhaus. Ich möchte nicht einen Tag ohne dich und Lukas sein. Bei mir im Obergeschoss ist Platz genug für drei Kinder und am Anfang ist er doch sowieso bei uns im Schlafzimmer.«

»Eero-Lukas«, verbesserte sie Shahin, »und das mit unserem Schlafzimmer klingt gut.« Unbewusst fuhr sie sich mit beiden Händen ins Haar, fasste es zusammen, um es einen Augenblick später wieder loszulassen.

»Gut, das heißt dann also ›ja‹«, sagte Lenja äußerst zufrieden.

Ann den folgenden Tagen kaufte sie einen Wickeltisch und baute ihn in dem Raum neben ihrem Büro auf. Bisher hatte sie ihn nicht benutzt, nicht einmal als Abstellkammer.

Nach einer guten Woche holte sie Shahin aus dem Krankenhaus, empfing sie in einem herausgeputzten Haus und einem Garten mit frisch gemähtem Rasen. Auch hatte sie einen guten Teil von Shahins Kleidung bereits zu sich geholt, und natürlich Dinge, die sie für den Alltag benötigte. Sogar der Zimmerbrunnen blubberte in ihrem Wohnzimmer vor sich hin, als sei es das Selbstverständlichste auf der Welt.

Shahin jauchzte auf, als sie ihn sah. Er machte sich gut in Lenjas Wohnzimmer.

Nun waren sie also ein Paar. Shahin und sie. Und sie hatten ein gemeinsames Kind. Und das, was heterosexuelle Paare miteinander machten, bevor sie ein Kind bekamen, würde bei ihnen erst im Nachhinein geschehen. Eine Loslösung üblicher Vorgaben, doch sogar in einer Frauenbeziehung außergewöhnlich. Aber weder sie noch Shahin beanspruchte das Wort ›gewöhnlich‹ für ihre Partnerschaft, für ihre Familie.

Natürlich schliefen sie zu zweit in Lenjas Bett, meist zu dritt. An Sex war nicht zu denken. Sogar wenn Lenja Shahins Brüste berührte, dann geschah das, um einen Milchstau zu diagnostizieren, eine Verhärtung, einen zu großen Milcheinschuss. Lenja hatte sich sogar angewöhnt, ihren Blick abzuwenden, wenn der Anblick ihrer Liebsten etwas in ihr erweckte, wofür die Zeit noch nicht gekommen war.

Die letzten zwei Wochen tat sie das immer häufiger und auch Shahin suchte bald eine andere Form des Körperkontakts zu ihr. Eine Tatsache, die Lenja in diesem Stadium ihrer Mutterschaft überraschte.

»Nein«, sagte sie sogar einmal zu Shahin, »hör auf! Man hält sich nach der Geburt an eine Sechs-Wochen-Karenz. Und das nicht ohne Grund.«

»Ach, ja?« Und Shahin machte weiter, küsste sie so, dass sich Lenja kaum mehr dagegen wehrte, liebkoste sie, legte sich auf sie. Lenja wurde augenblicklich schwach. Plötzlich hörte Shahin auf, unterdrückte ein Stöhnen.

»Ich hatte dich gewarnt.« Lenja konnte es sich nicht verkneifen zu sagen. »Erotische Betätigungen lösen ganz rasch Nachwehen aus. Denke daran, dass deine Gebärmutter noch nicht zu ihrer normalen Größe zurückgefunden hat. Das kann wehtun.« Lenja zog eine leidende Grimasse, bevor sie ganz unverhohlen grinste. »Lass uns das mit dem Sex besser noch verschieben, okay?«

Shahin hörte wohl den leisen Spott in Lenjas Stimme, akzeptierte jedoch, was sie sagte. Was blieb ihr anderes übrig.

ES GESCHAH ZWEI WOCHEN SPÄTER, als Lenja am späten Abend von einer Fortbildung heimkehrte. Sie hängte den Schlüssel an den Haken, wie sie es immer tat, ging ins Gästeklo, wusch sich die Hände.

»Hallooo!«

Shahin lag im Wohnzimmer auf dem Sofa und sie sah kein bisschen mehr aus wie eine Frau, die vor wenigen Wochen entbunden hatte. Sie trug knappe Shorts, sehr knappe, ein Shirt, das ihre Arme nackt ließ. Lenja betrachtete sie eine Weile.

»Wo ist Lukas?«

»Er schläft.« Shahin stand auf, kam zu ihr. »Hei.«

Lenja wusste bevor es geschah, dass sie sie küssen würde und wie sie sie küssen würde. Sie hörte es aus diesem winzig kleinen Wort heraus. »Shahin ...«, begann sie.

»Komm schon«, war alles, was ihre Liebste sagte, schubste sie aufs Sofa, wo sie vorher gelegen hatte. Es war noch warm von ihr, sie fühlte es deutlich unter ihrem Rücken, als Shahin sich auf sie schob. Heute deutlich willensstärker als beim letzten Versuch.

Lenja wusste den Grund dafür. Ihre Blutungen hatten aufgehört, die Gebärmutter sich weitgehend zurückentwickelt. Shahin hatte nicht mehr zurückbehalten als zwei Schwangerschaftsstreifen und einen weicheren Bauch als zuvor.

Und dieser Körper lag nun auf ihr. Sie küsste sie sehr

liebevoll, wenn auch ungewöhnlich besitzergreifend. Aber sie löste in Lenja Gefühle aus, die weit davon entfernt waren, sich gegen weitere Avancen zu wehren. Als Shahins Becken sich gegen ihres drängte, fühlte Lenja, wie sie feucht wurde. Shahin unterbrach nur kurz, um aus ihrem Shirt zu schlüpfen und machte sich daran, die Knöpfe von Lenjas Bluse zu öffnen.

»Ja«, murmelte sie noch, während Shahins Hand in ihren Slip tauchte und die Stelle streichelte, die er bedeckte.

War das wirklich ihr eigenes Stöhnen, das an ihre Ohren drang? Oh, Gott! Sie fühlte Shahins Finger überdeutlich, die sich sehr zärtlich den Weg in ihr Innerstes bahnten. Sie erwartete sie voller Ungeduld. Doch die Frau auf ihr zögerte.

Hör jetzt nicht auf!

Doch sie tat es. Sie unterbrach ihre Zärtlichkeiten, rutschte sogar von ihr herunter. Und jetzt erst registrierte Lenja den Grund dafür: ein zartes Quäken, das aus dem Schlafzimmer kam.

Geh nicht, schrie etwas in Lenja. *Nicht jetzt!*

»Entschuldige.« Dann war Shahin weg, kam mit dem Kleinen wieder, als Lenja sich gerade in eine sitzende Position gebracht hatte. Sie unterdrückte ein Stöhnen. Unerfülltes Verlangen, insbesondere wenn es so abrupt war, tat nicht nur seelisch weh, auch körperlich, was ihr nun allzu deutlich demonstriert wurde. Und sie fühlte etwas ganz anderes in sich.

Wut.

Hätte er nicht fünf Minuten später losschreien können? War es ihr nicht vergönnt, seine Mutter einmal eine halbe Stunde für sich zu haben? Sogar Eifersucht stieg in ihr auf. Völlig unerwartet. Es zu erkennen, enttäuschte sie selbst. Sie versuchte, sich zu beruhigen, sah Shahin, wie sie ihr Kind stillte. Ein gewohnter Anblick. Jetzt ertrug sie ihn kaum. Sie stand auf, suchte ihre Kleider zusammen, zog sich an, ging in die Küche, trank ein Glas Wasser. Ihr Unterleib schmerzte. Ihre Libido war schlagartig fort, und Lenja war sich nicht sicher, ob sie jemals wieder zurückkehren würde. Vielleicht wenn Lukas im Kindergarten wäre. Frühestens.

Als sie ins Wohnzimmer zurückkam, war Shahin dabei, ihm auch die andere Brust zu geben.

Als der Kleine pappsatt und zufrieden war, nahm sie ihn hoch. »Nimmst du ihn mal? Ich muss kurz auf die Toilette.«

Lenja nahm ihn auf, nicht ohne sich eine Spuckwindel auf die Schulter zu legen, trug ihn umher. Sie kannte es schon. Er brauchte recht lange, um aufzustoßen. Meist sang sie ihm etwas vor oder schmuste mit ihm.

»Na, Baby. Bist du satt? Soll Mama dir ein bisschen was erzählen? Ich könnte dir erklären, was ein Coitus interruptus ist. Bei der heutigen Jugend kann man ja nicht früh genug mit der Aufklärung beginnen. Beginnen wir mit dem Pendant des Coitus interruptus innerhalb des femininen gleichgeschlechtlichen Aktes. Ich kann dir mal erzählen, wie sich so etwas anfühlt.«

Lukas stieß auf, ein Schwall Milch kam mit hoch.

»Gut, dann eben nicht. Ich dachte, es interessiert dich vielleicht.«

Nun machte er hörbar in die Windel. »Es scheint dir scheißegal zu sein. Nun gut.«

Sie zog seinen Strampler aus, entfernte die beschmutzte Windel, reinigte gründlich seinen Po, zog ihm eine neue Windel an und steckte seine Beinchen wieder in den Strampler.

»So, jetzt bist du wieder fein und wir gehen wieder zu deiner Mami, die immer für dich da ist und immer springt, sobald du Piep machst.« Es war übertrieben. Sie wusste es, aber er verstand ja noch nichts. Sie küsste ihn, nahm ihn wieder auf den Arm, drehte sich um – und da stand schon

Shahin am Türrahmen mit einem Ausdruck im Gesicht, den sie bisher noch nicht bei ihr gesehen hatte. Der war neu.

»Ich lege ihn dann mal wieder hin«, sagte Lenja.

Shahin äußerte sich nicht dazu, nahm ihr Lukas nicht ab, wie sonst manchmal. So legte Lenja ihn in sein Bettchen auf die Seite und deckte ihn zu. Shahin kam immer noch nicht hinterher.

Sonst kam sie immer. Lenja fand sie im Schlafzimmer auf dem Bett sitzend. Sie weinte. Bisher kannte sie Shahin nur weinend vor Glück. Ihre allererste Begegnung einmal ausgeschlossen. Nun weinte sie eindeutig. Als sie ihre Gegenwart bemerkte, blickte sie auf. Und Lenja blickte in ein paar sehr angriffslustige Augen.

»Meinst du, das mache ich mit Absicht?«

Lenja zog es vor, nichts darauf zu erwidern. Noch nicht. Nicht bevor sie sicher war, was sie meinte.

»Glaubst du nicht, dass auch ich endlich mit dir schlafen möchte?«

Lenja gab einen Laut von sich, der Zustimmung und Ablehnung zugleich hätte sein können.

»Jetzt, wo ich endlich meine Traumfrau habe, eine Tatsache, die ich selbst kaum fassen kann, meinst du nicht, dass auch ich endlich mit ihr schlafen möchte?« Sie war lauter geworden, ihre Stimme kippte beinahe. Ja, sie hatte Temperament. Eindeutig.

Und bevor Lenja irgendetwas antworten konnte, schluchzte Shahin auf. »Ich weiß selbst, dass ich zurzeit sehr wenig von einer attraktiven Geliebten habe. Aber ich kann nichts dafür. Wenn ich seine Stimme höre, schießt mir die Milch aus den Brüsten. Weißt du, wie ich mir vorkomme? Wie eine Milchkuh! Ich könnte gar nicht weitermachen, auch wenn ich es wollte. Mein Körper taugt nur noch zum Muttersein. Das ist ein Automatismus. Er schreit – ich verliere Milch. Mich nervt es nicht weniger als dich, aber ich kann nichts dagegen tun.« Und der Blick, den sie ihr zuwarf, hatte immer noch etwas sehr Gefährliches.

Lenja stand inmitten des Schlafzimmers. Bass erstaunt. So hatte sie Shahin noch nie reden hören. Aber irgendwie hatten ihre Worte bei aller Deftigkeit ihrer Ausdrucksweise etwas Wahres, etwas Befreiendes. Ihre eigene Frustration verabschiedete sich auf wundersame Weise. Es ging Shahin nicht anders wie ihr. Behutsam setzte sie sich zu ihr an den Bettrand, legte zaghaft ihre Hand auf Shahins Oberschenkel.

»Nun komm«, sagte sie beschwichtigend. »Es tut mir leid, wenn du es gehört hast. Du verwöhnst ihn nicht. Ein Kind hat das Anrecht darauf, dass sofort jemand nach ihm sieht, wenn es weint.«

Ich werde es lernen wegzustecken, dass seine Mutter für ihn in dem Augenblick wichtiger ist als für mich. Egal, zu welchem Zeitpunkt und egal wie schmerzhaft es für mich ist.

In Shahin arbeitete es, sie schwankte, ob ihr das als Entschuldigung reichte oder sie immer noch wütend auf sie ist. Vielleicht war es genau das, was Lenja letztendlich reizte, weiterzugehen.

»Du bist keine Milchkuh.« Sie konnte nicht verhindern, zu grinsen, »du bist die schönste Frau, die ich kenne. Eine, gegen deren Ausstrahlung ich mich von Anfang an schützen musste, indem ich ihr Eigenschaften andichtete wie Arroganz, Oberflächlichkeit, Egozentrik …«

»Was hast du?« Shahins Stimme klang scharf.

Lenja sah ein, dass dies der falsche Weg war, den sie einschlug.

Also stand sie auf. »Ich habe keine Lust, mich mit dir zu streiten.«

Shahin sah sie trotzdem kampfeslustig an.

»Ich möchte mit dir schlafen« sagte Lenja. Und sie zog sich vor Shahins Augen die Bluse über den Kopf. Shahins Mimik veränderte sich so prompt, dass sie am liebsten aufgelacht hätte. Offensichtlich hatte sie genügend Trümpfe in der Hand. Sie würde sie alle ausspielen. Einen nach dem anderen.

Sie ließ ihre Bluse achtlos zu Boden fallen. Shahins Augen folgten ihr reflexartig, um sofort wieder zu ihr zurückzukehren. Zunehmend gebannt verfolgte sie, wie sich Lenja nun auch ihres BHs entledigte. Es tat gut, ihre Reaktion zu sehen, entschädigte sie sofort für die vorige Unterbrechung. Und sie kostete ihre Wirkung aus. Als ihr Oberkörper nackt war, öffnete sie den Knopf ihrer Hose, bemerkte dabei, wie sich Shahins Brustkorb betont hob beim Einatmen. Überhaupt atmete sie schneller.

Lenja öffnete ihren Reißverschluss, zog ihre Hose nach unten, entledigte sich ihrer, mit einer nachlässigen Bewegung ihrer Beine zog sie sich die Socken aus. Dies gelang ihr nicht sonderlich galant, aber das war egal. Ihre Beute war bereits am Haken.

Mit gespreizten Beinen setzte sie sich auf die Frau, die am Bettrand saß und sie anstarrte. Sie schien die Luft anzuhalten. Und was Lenja noch mehr gefiel: Sie sagte kein einziges Wort mehr.

In aller Ruhe öffnete sie Shahins Haar, ließ es über ihre Schultern fallen, küsste sie sehr sanft. Küsste ihre Augen, ihre Stirn, ihre Lippen. »Du bist so wunderschön.«

Shahin bewegte sich nicht. Lenja zog ihr das Shirt über den Kopf, öffnete ihren BH, streifte ihn ab mitsamt seinen Stilleinlagen. Ihr Körper zeigte sehr deutliche Reaktionen sexueller Erregung. Das freute sie. Genauso wie das sichtbare Pulsieren ihrer Halsschlagader, ihre beschleunigte Atmung.

Doch auch Lenjas Erregung war wiedererwacht, forderte ein, was ihr vorhin versagt geblieben war. Shahin sank unter Lenjas sanftem Körpereinsatz rückwärts aufs Bett und rasch schoben sie sich in eine bequeme Lage. Lenja blieb auf ihr. In dem Augenblick, als sich Lenjas Becken an das ihrer Liebsten drängte, durchfuhr ein Zittern ihren Körper.

Sie sah sie an. Da lag Begehren in den schwarzen Augen, in die sie blickte. Leidenschaftliches Begehren.

Das eigene Pochen zwischen ihren Beinen schwoll an, wurde stärker. Sie wunderte sich über seine Heftigkeit. Genauso wie sie sich über Shahins plötzliche Schwäche wunderte. Sie war auf einmal so weich unter ihr, so anschmiegsam. Lenjas Hände glitten tiefer, zögerten kurz.

»Ja«, flüsterte Shahin, nahm ihre Hand, schob sie dorthin, wo sie sie haben wollte. »Lenja, mach schon!«

Als zwei von Lenjas Fingern vorsichtig in sie glitten, war nichts da, auf was sie hätte achtgeben müssen, da war nur Hitze und Feuchtigkeit. Ihr vor Erregung geweitetes Scheidengewölbe ließ sie ein. Und je tiefer Lenja in sie drang, umso weiter öffnete sie sich. Shahin entfuhr ein kehliges Stöhnen. Es war Musik in Lenjas Ohren.

»Tiri!«, keuchte sie, als sie bemerkte, wie sich Lenja, dem Pochen ihrer Körpermitte nachgebend, an ihrem Oberschenkel rieb. Sofort spannte sie ihre Muskeln, nahm ihre Bewegung auf.

Sie könnten es gemeinsam schaffen, sogar beim ersten Mal. Lenja jubilierte. Ihre Körper waren in solch einem Einklang, als würden sie sich schon lange kennen. Lenjas Finger stießen nun kraftvoller, steigerten sich langsam. Es schmerzte Shahin nicht. Zumindest deutete Lenja ihr Keuchen nicht als Schmerzäußerung.

Plötzlich bog sich Shahins Rückgrat, ihr Hals überstreckte sich, noch bevor Lenja aufkeuchte unter den mächtigen Kontraktionen ihres Unterleibes und sie sich dem Gefühl der Leichtigkeit hingab, das sich über ihren Körper ausbreitete.

Nur verzögert begriff sie, dass auch Shahin gekommen sein musste. Nach wenigen abflauenden Bewegungen blieb sie ermattet auf ihrer Liebsten liegen, versuchte, sich noch abzustützen, doch Shahin zog sich an sie, wollte das ganze Gewicht ihres Körpers auf sich spüren.

Lenja lachte leise. Shahins Hand strich sanft über ihren Nacken. Sie sagte etwas zu ihr, was sie nicht verstand. Ihre Sinne verweigerten noch den Dienst. Sie würde es wiederholen, gleich.

»Ich liebe dich, Lenja. Ich liebe dich.«

Lenja lächelte verklärt. »Wie hast du gerade noch zu mir gesagt? Tiri?«

»Alle im Krankenhaus sagen so zu dir.«

»Ach ja?« Sie grinste. »Das wusste ich gar nicht.«

Ihre Augen genossen den Anblick der erhitzten Frau. Andere Sinne ergötzten sich an ihrem Geruch, ihrem Geschmack. Ihre Lippen gingen auf Wanderschaft, erkundeten Stellen ihrer Liebsten, die sie bisher nur mit ihren Händen berührt hatte. Und Shahin hatte nichts dagegen einzuwenden.

Beide Frauen überließen sich ihrer Lust, solange es möglich war. Und als der Kleine wieder erwachte und seine Mutter ihn stillte, tat sie es mit einem Lächeln im Gesicht.

Lenja wechselte währenddessen das Leintuch, das etliche Arten menschlicher Körperflüssigkeiten aufwies.

Sie würden es schaffen, sich als Paar kennenzulernen und gleichzeitig Eltern zu sein. Lenja war sich gewiss. Shahin liebte sie und sie liebte Shahin. Was sollte ihnen noch passieren?

KAPITEL 29

*M*ithilfe professioneller Möbelpacker bewältigten Lenja und Shahin den restlichen Umzug an einem wunderschönen Sommertag. Shahins Mutter passte auf den Kleinen auf, während ihr Vater die Verantwortung für die Großmutter hatte, die von der Unruhe angesteckt andauernd irgendetwas helfen wollte. Mit dem Hund ging an diesem Tag niemand spazieren, dafür entdeckte er in einem unbeaufsichtigten Moment, dass es sich in Lenjas Garten wunderbar graben ließ.

Bis zum frühen Abend verwandelte sich das Büro im oberen Stockwerk in Shahins märchenhaftes Schlafzimmer. Es sah beinahe gleich aus wie in ihrer Wohnung. Der Raum verfügte über denselben Grundriss und Lenja hatte ihn zuvor weiß streichen lassen. Es war ihr sehr wichtig, dass so viel wie möglich von Shahins Stil erhalten bliebe. So stand das Himmelbett nun bei ihr, die Regale mit den zahllosen Büchern, die Spiegel. Alles. Es sollte Shahins Rückzugsort bleiben. Und wer weiß, vielleicht hatte Lenja des Öfteren Lust, sie dort zu besuchen.

Shahin selbst hatte das strikte Verbot bekommen, irgendetwas zu heben oder zu tragen, aber sie ließ es sich nicht nehmen, ihre Bücher einzuräumen, ihre Tücher zu arrangieren, ihre Traumfänger und Mobiles anzubringen.

Sie war angekommen. Bei ihr.

Abends feierten sie alle gemeinsam den Abschluss eines Umzugstages.

Shahins Mutter hatte die meisten Beilagen bereits vorgekocht und mitgebracht. Nur frische Brotfladen buken Mutter und Tochter nun in ihrer Küche. Es duftete herrlich im ganzen Haus. Shahins Vater hatte Fleisch besorgt und garte es nun auf einem extra für ihn gekauften Kugelgrill mit Gasanschluss.

»Warum habt ihr eigentlich nicht früher über euch beide Bescheid gesagt?«, fragte Moah sie unter vier Augen. »Wenn wir es früher gewusst hätten, mit euch, hätten wir den Umzug auch schon vorab in Angriff nehmen können.«

Sie waren auf diese Frage vorbereitet, egal, ob sie von Seiten ihres Vaters oder ihrer Mutter, oder Lenjas Eltern, oder von Freunden und Bekannten kam. Auf Shahins Wunsch hin antworteten sie beide gleich darauf, so wie Lenja ihren Kollegen geantwortet hatte:

»Lukas kam fünf Wochen zu früh zur Welt!«

Es war, was es war. Eine Feststellung. Mehr nicht. Aber jedermann wertete es als eine Antwort auf seine Frage, nahm es als eine Erklärung, warum niemand etwas wusste, niemand vorab informiert worden war. Und jeder war zufrieden mit dieser Antwort.

Lenja und Shahin ebenfalls.

Moah lächelte.

Lenja ebenfalls. »Nächstes Wochenende, Moah, wenn Großmutter diese Aufregung wegsteckt, dann gehen wir zu unserer Hütte am See. Dort baden wir und saunieren gemeinsam. Es wird euch gefallen.«

»Bestimmt wird es das. Shahin hat uns schon viel davon

erzählt.« Sein Lächeln wurde noch breiter. Er war zu einem sehr stolzen und glücklichen Vater und Großvater geworden.

Shahin rief zum Essen. »Wo bleibt das Fleisch?«

Der Tisch war gedeckt, das Fladenbrot gerade aus dem Ofen geholt, Großmutter und Shahin empfingen sie ungeduldig. Shahins Mutter kam als Letzte.

Als Lenja später, nachdem sie so viel zu gegessen hatte, dass sie fast platzte, mit ihrem Schwiegervater in spe ein gemeinsames Bier trank, während Koira, der Terrier-Mischling bereits sein zweites Loch im Garten grub, das so tief war, dass er beinahe darin verschwand, als sie Shahin mit Großmutter reden hörte und Shahins Mutter aus der Küche schimpfte, es sei viel zu wenig gegessen worden – da wusste Lenja, dass sie der glücklichste Mensch auf Erden war.

Das mit dem Glück war eine merkwürdige Sache. Letzten Sommer noch hatte sie es sich ersehnt, es verzweifelt versucht festzuhalten und doch war es ihr zwischen den Finger zerronnen. Und diesen Sommer kehrte es zu ihr zurück, unverhofft und ungeplant und in einer Dimension, die jenseits aller Messbarkeit war.

Denn was konnte sie angeben auf einer Skala von null bis zehn? Ihr Glückspegel befand sich aktuell mindestens bei achtzehn oder zwanzig.

Oder so.

ENDE

MIT FREUNDLICHER
GENEHMIGUNG IM TEXT
ERWÄHNT:

* **Die Mumins.** Geschichten aus dem Mumintal: Tove Jansson, 1. Auflage 2016, Arena Verlag GmbH, Würzburg

ÜBER DIE AUTORIN

»Nichts ist so spannend, wie die Wege zweier Frauenherzen, bis sie zueinanderfinden.«

Der Name Sanne Hipp steht für f/f-Romance.

Sanne Hipp begann eines Tages damit, sich nach Feierabend die Welt schöner und einfacher zu schreiben: mit leichten Liebesromanen zur Unterhaltung – Romance zwischen Frauen. Denn das schien ihr eine äußerst spannende Sache zu sein.

Die Autorin wohnt mit Frau und Kater unweit der pulsierenden Hauptstadt des Schwabenländles und hat ihr Hobby zum Beruf gemacht.

Mehr über Sanne Hipp auf: http://sanne-hipp.de